幼兒創造性學習
理論與實務

The Theory and Practice of
Early Children's Creative Learning

李瑞娥◎著

林　序

　　幼兒創造性學習，最重要的關鍵在於如何讓幼兒能對周遭的環境、現象、問題及活動產生興趣及好奇心。有了興趣及好奇心，才會存疑及思考所面對的問題，日久之後，才能將所學的知識及技能加以「修正與重組」，這就是所謂創造力的產生。

　　在幼兒教育中，「以學習者為主體」並建立「以幼兒為中心的創造性教學理念」是目前極為重要的研究課題。「以學習者為主體」的主角就是「幼兒」；而「以幼兒為中心的創造性教學理念」的主角則是指「幼兒教師」而言。這兩者在創造性學習中是互為表裡，相得益彰，缺一不可的。

　　本書作者李瑞娥博士，於國小任教二十餘年，現任教於美和技術學院幼保系，擔任「幼兒創造性學習」課程的教席。為了讓創造性學習能夠在幼兒的階段落實生根，作者蒐集國內外相關文獻，編撰《幼兒創造性學習理論與實務》一書，即以「幼兒為主體」及「幼兒教師為主體」兩部分來細說幼兒的創造性學習。「以幼兒為主體」的部分，內容包含：幼兒認知發展理論以及有關創造性學習的特質、環境、活動設計理論、模式和實務設計範例；「以幼兒教師為主體」的部分，內容則包含：有關創造性學習教師的教學理念、專業發展、環境，以及幼兒創造性學習與發展之研究方向。

　　本書內容豐富，理論與實務並進，在理論中從社會脈絡觀點看創造性理論，並從幼兒認知發展來探究幼兒的創造力特色；而在實務方面，掌握了如何引起幼兒的興趣與好奇心，提出實務設計的範例，期望在以「幼兒為中心」的學習中能夠有「修正與重組」的能力產生，可說是「幼兒創造力學習」非常好的一本大專參考用書。欣見本書即將付梓，深信定能為國內「幼兒創造性學習與發展」提供一個非常明確的教學與研究方向，對幼兒教育將會有極大的貢獻，故樂為之序。

前國立屏東教育大學校長　林顯輝　謹識
二〇〇七年五月

自　序

　　美國教育學家學者Jeannett Vos及Gordon Dryden在1994年出版的《學習革命》一書中指出，由於科技、知識及溝通方式的爆炸性改變，人類需要進行學習革命，重新去思考工作、失業、退休、教育等概念的真正意義；而加拿大幼兒教育學家Ingrid Crowther則認為，中國人對幼兒們的指導通常是非常「教師導向」的，幼兒們被期待以填鴨式的記憶法與強記法學習，然而世界上大部分國家都已漸漸認同幼兒教育的方向，應該注重腦部的發展並配合適當的方法，因此開啟了緩慢的教育革命，這在幼兒教育上是一種跳躍性的發展。顯然的，學習革命與教育革命理念已成了因應科技、知識高度發展的重要思潮，而革命在教育上便隱含創新與變革的意涵。

　　對個人而言，此即創造力與創造性的開發、培育，換句話說，個人的創造能力已經成為國家與個人面對科技、知識高度發展的關鍵能力；而幼兒的創造性發展與學習，除了因應將來的經濟目標發展外，更重要的是培育幼兒能以創造力去創造本身的高度生活動機與生產力，而有助於提升其生活品質與生命意義；然而，幼兒的創造性發展與其所處的學習環境有密切關係，尤其是幼兒教師：有創意的老師才能培育有創造力的學生。

　　幼兒教師為了從事創造性教學就必須進行學習；就成人學習的角度來說，幼兒教師的專業學習理念與模式必須以成人學習理論來建構，其主要觀點就是必須把教師的日常生活需求納入專業發展規劃之中。原則上，幼兒的創造性發展所涉及的層面，不僅只是與幼兒創造性學習有關的議題，同時還涉及幼兒教師的創造性專業學習層面；本書以社會文化脈絡創造性理論及成人學習理論所強調的以「學習者為主體」理念做為架構，期待能有助於幼兒教育者轉變教學信念，建立以「幼兒為中心」的創造性教學信念；更期待能以成人學習理論建構幼兒教師專業發展模式，而能有助於幼兒創造力教育之落實。

　　本書分為十一章來探討「幼兒創造性學習與發展」，除了第一章「緒

論」探討創造性發展的時代背景與幼兒創造性發展的重要性之外，其餘九章分為二個部分來探究；而最後第十一章則以幼兒與幼兒教師為主體焦點來探討與其相關的研究方向。

第一部分以「幼兒為主體」來探討幼兒個體發展、幼兒教育學術領域、幼兒園環境等三個範疇與幼兒創造性學習與發展有關的議題，包括：

- 第二章「創造性理論——社會脈絡觀點」，從個人觀點與社會脈絡觀點創造理論的分析，去探究幼兒創造力、幼兒創造性發展、大C與小C之內涵。
- 第三章「幼兒認知發展理論與創造力特質」，從幼兒認知發展與建構理論來探究幼兒期的創造力特色與其創造的關鍵期。
- 第四章「有利幼兒創造性發展之學習環境」，探究幼兒園教師、幼兒同儕團體、幼兒園環境對幼兒創造性發展的作用力。
- 第五章「幼兒創造性學習活動設計之基本理念」，探討以「學習者為主體」的終身學習理念、以「幼兒為中心」之教學理念、學習革命——全腦學習理念做為幼兒創造性學習活動設計的理論基礎。
- 第六章「幼兒創造性學習之原則、模式與執行」，探討幼兒創造性學習的內涵、執行原則與模式，並提出合作學習方式、遊戲學習方式、主題式方案教學做為轉變為以幼兒為中心的教學模式之參考。
- 第七章「幼兒創造性學習活動之實務設計範例」，先探討幼兒創造性學習活動之目標、執行、評量概念，然後提出幼兒創造性教學設計模式理念做為活動設計之參考，同時提出主題式方案設計範例做為幼兒創造性學習活動設計之參考。

第二部分「以幼兒教師為主體」來探究幼兒教師專業發展、創造性教學信念、幼兒園職場環境對其從事創造性教學活動的意義，包括：

- 第八章「幼兒創造性學習之教師教學信念」，先探討教師教學信念之內涵，然後再深入探究有關幼兒創造性學習之教師教學信念及多元化教師角色信念之課題。

- 第九章「幼兒教師專業發展理念」，探討幼兒教師專業發展內涵，然後分析幼兒教師賦權增能專業發展理念、多元文化教育理念對教師專業自主與專業地位的深遠意義。

- 第十章「有利幼兒教師從事創造性教學的專業發展——學習型幼兒園理念」，從幼兒園本位之教師專業發展談起，再從幼兒園之組織學習、組織創新，到探討建立學習型幼兒園以因應社會變遷與全球化競爭之可行性。

- 第十一章「幼兒創造性學習與發展之研究方向」，最後同時以幼兒及幼兒教師為主體焦點來探討幼兒創造性學習與發展的研究方向，包括幼兒概念發展之研究、幼兒創造力之相關研究，以及以幼兒教師為主體的行動研究方式。

　　本書企圖以社會文化脈絡的創造性理論與成人學習理論，建構一個統整性的「幼兒創造性學習與發展」教學及研究方向，以為幼兒創造性教育盡一份力量，並做為筆者深入探究幼兒教育的研究基礎；最後，非常感謝前國立屏東教育大學林校長顯輝先生為本書作序，更期盼讀者、幼兒教育先進與專業人士能不吝指教。

李瑞娥 謹識
二○○七年六月於高雄

目　錄

幼兒創造性學習
理論與實務

目　錄

第一章
緒　論

　　二十一世紀是科技高度發展的時代，各地的文化、經濟與政治在其影響下，形成了全球化現象，全球化時代所追求的是殊異、卓越、創意與創新。Jeannette Vos與Gordon Dryden曾於《學習革命》（*The Learning Revolution*）一書中寫道：這個世界正快速邁入一個完全不同的新時代，在這個新時代，所有溝通、學習、生活、工作和遊戲的每一個層面都將改變；而這些改變將會促使每個人重新思考如何學習，如何重回孩提時對學習所擁有的熱誠，如何能夠終身學習、再學習，及如何重新塑造這個世界（林麗寬譯，1997）。

　　行政院教育部為了因應全球經濟型態的改變，並迎接知識經濟時代的來臨，於2000年公布了《創造力教育白皮書》，積極引導及推動創造力教育，而《創造力教育白皮書》包含了五大願景：「培養終身學習、勇於創造的生活態度」，「提供尊重差異、活潑快樂的學習環境」，「累積豐碩厚實、可親可近的知識資本」，「發展尊重智財、知識密集的產業形貌」，「形成創新多元、積極分享的文化氛圍」（教育部，2000）。《創造力教育白皮書》所呈現的內涵是體認在全球化的知識時代，具備創意與終身學習態度是國家公民所應擁有的一項關鍵技能，也是所有機構需要激發員工擁有的技能（教育部，2001）；因此未來的教育目標將逐漸由「知識的汲取」轉移為「能力的發展」（competence development），以協助學生發展下列能力（李遠哲，2002）：

1. 應用資訊科技能力。
2. 創新與創造能力。
3. 自省與批判思考能力。
4. 分析、判斷與決策能力。
5. 設計、整合、策劃與執行能力。
6. 團隊合作、溝通與表達能力。
7. 迎接挑戰能力。

　　無論是創意或是終身學習態度的培養都必須從小開始著手。有關創造力的開發與培育所涉及的層面非常廣，然而學校教育是培育創造力與終身

學習能力最有效且最省力的途徑；原則上，幼兒教育是人類接受正式教育的開端，所謂「好的開始是成功的一半」，營造快樂的學習環境和尊重個別差異的學習氣氛，以保持幼兒對學習所擁有的熱情，並激發其創造潛能與培養其終身學習意願，這些都是幼兒工作者最重要的任務。

 ## 第一節　創造性發展的時代背景

　　人類社會由於科技的快速發展，各種網路傳播媒體的無遠弗屆，加上歐美先進國家對世界貿易的大力推展，遂使全球化現象如火燎原般的在全球延燒開來。Giddens（2000）認為人類社會的全球化強化了世界範圍內的社會關係，這種關係將彼此相距遙遠的地域連接起來，亦即此地所發生的事件可能是由好幾英哩以外的異地事件而引起。在科技高度發展的「時空壓縮」效應下，創造了全球性（globability）與在地性（locality）的對話空間（Walter, 1997）；全球化所帶來的世局變遷，使日常生活的行為疆界瓦解，這些行為普遍發生於經濟、資訊、生態、技術、跨文化衝突和公民社會等面向（Beck, 1999），全球化現象興起了全球對多元文化價值的關注，也就創造了不確定與多元化的創意空間；同時在全球化的競爭下，國家與企業組織的競爭關鍵便決定於創新，而創新的關鍵則在於個人的創造力與創意發展，基本上這一切都將以「教育」為基礎。因此在經濟、文化、政治全球化的時代，教育隱含對個人創造能力與知識建構的議題。

一、關注個人創造能力開展

　　二十一世紀的學習者必須具有獨立、自我動力、清楚表達問題、合作與批判的能力，並且要能在團體對話、合作學習中從事終身學習（Marion, David, & Talia, 2000）；開發和培育學生的創造力是二十一世紀知識經濟時代的需要，是中華民族躋身於世界先進民族之林所需要的（張武升，2002）。大陸學者項志康（2004）以七年的時間從事有關課堂教學中創造

教育實踐的研究發現，在課堂從事創造力教學，改變了學生的學習行爲、促進了學生創造性的開發、改變了教師的教學行爲、促進了教師創造性素質的提高、促進了學校課堂教學改革、推進了學校素質教育、促進了全區的教育改革、推進了全區的教育素質，並且受到學校領導教學及社會的歡迎與肯定。

有關兒童創造力發展與教育的重要性，根據陳龍安（2004）的調查報告，有九成以上受訪者認同創造力對兒童生涯發展之重要性；然而有35.9%的受訪者認爲教育政策對兒童的創造力傷害最大。台灣教育的師資、學生，甚至硬體部分，絕對是世界一流的，但爲何無法趕上歐美國家呢？國內學者吳靜吉先生（2002）認爲最主要的原因就是教育制度中缺乏對創造力與創新精神培育的關注；但是他認爲中國學生的創造力正處於「臥虎藏龍」的狀態，需要大力開發，而且大有開發的前景和希望，但是必須克服現實中阻礙開發學生創造力的各種不利因素和困難。

在現代化程度提高，能動者（agent）或主體對其生存的社會狀況的反思和改變能力隨之提昇的社會（羅世宏等譯，2005）、在強調知識創新與傳播比資金還重要的時代（Drucker, 1995），學校教育應提升學生對個人學習的主體性與能動性，藉由學生的主動反思批判去創新知識與培養個人創造力，這是現代教育的基本任務，它不僅是促進個體朝向創意發展的基礎，更是國家邁向全球化挑戰的最佳利器。

其實臺灣面對社會變遷，一直都在進行教育革新，但是在執行上似乎使不上力，並未呈現真正的成果，最大的因素可能在於教師及課程的互動上，無法掌握二十一世紀的特質與其所需的能量（陳龍安，2006）；然而教育創新是因應社會變遷最佳的方式，而推動創造力教育則是培育未來公民最重要的政策。就誠如Jeannette Vos與Gordon Dryden於《學習革命》一書所強調的：任何人都應體認到，我們今日所熟知的知識，明日都將可能變成無用之物，假若我們停止學習，我們的生命就等於停滯（林麗寬譯，1997: 72）；在科技高度發展的新世紀，任何一個教育工作者都應體認教育創新與培育創造力是因應未來世界的基本理念，並以分享、合作的方式去從事創新與創造力的學校教育，以Senge（1990）在《第五項修練》（*The Fifth Discipline*）中所強調的「超越心理模式」來突破個人的心理模

式與知識概念。如此才能發展個人教學風格，以創意教學活動去激發學生
的創造潛力，培養學生具有新世紀所不可或缺的關鍵能力。

　　陳龍安（2006）主張「培養具有創造力的人才」是二十一世紀最重要
的教育政策，未來台灣創造力教育的發展成功與否，關鍵在於是否能透過
系統而全面的方式，從結構面與生態面落實和普及，以推動創造力教學。
張武升、廖敏（2004）更主張以創造性教學培養具有創造力的人才，不僅
是時代的需要，也是教學理論與實踐變革的必然趨勢。在追求創意、卓越
的全球化時代，無論是幼兒工作者或是幼兒都應朝向創造性發展。有創造
性的教師才能培養有創造力的學生，因此，有關幼兒創造力的發展首先必
須關注能從事創造性教學的師資，在師資培育過程中有必要納入創造力教
學的理論與實務課程，如此才能加強教師關於幼兒創造性發展的理論與教
學能力，並且把幼兒納入教學與研究的實務之中，以落實本土化幼兒創造
性教學的實務發展，最後達成創造力教育的目標。

二、關注知識建構方式

　　一般來說，傳統知識概念的建構通常來自普遍性的知識基礎，這種知
識隱含形塑權威的潛在意識；教師應該重新反思知識建構方式及教育意
義，應理解知識存在的價值，在於它的「操作」，操作的知識隱含學習者
為主體的學習經驗（Usher, et al., 1997）。在全球化多元價值架構下，教育
應多關注個人獨特性與個人創意的發展，以「解放」、「賦權增能」理念
去展現多元教育機會及知識共生的關係（李瑞娥，2005）。知識的建構應
立基於教育者與學習者的互動關係上，應該避免馴化的意識與功能，如此
才能避免僵化及抑制學生的思考能力與創造能力。

　　我們應該理解真實世界的問題是複雜的，不像課本是經過設計、簡化
及精確定義的問題；學生必須自己能批判思考或反向思考才能衝破桎梏，
開創出自己的一片天空（李遠哲，2002）。由經驗所建構的知識會隨學習
者的學習經驗而產生不同的結構，是屬於動態的知識，而動態的知識可透
過互動、分享來擴散、創新，所以動態、流動的知識，可說是挑戰多元化
社會的最佳知識型式（李瑞娥，2006）。在邁向「知識經濟時代」的趨勢

中，教育環境中的創新思維、創造力的提昇及創意的實踐，能爲師資培育多元化帶來新的氣象（陳龍安，2006）。

而董奇（1995）更主張傳統教育觀念通常是阻礙兒童創造性發展的因素，如果要發展兒童創造力就必須改變阻礙兒童創造力發展的傳統觀念：

1. 將以教材傳授爲主的教學目標改變爲增長經驗、發展能力的教學目標。
2. 將以教師爲中心的教學方法改變爲注重兒童學習主動性的教學方法。
3. 將嚴格遵守常規的課堂氣氛改變爲生動活潑、主動探索的課堂氣氛。

幼兒教師應該重新反思知識建構方式及教育意義，應理解知識存在的價值，在於它的「操作」，而操作的知識隱含以幼兒爲中心的學習經驗。從1918年就開始以幼兒爲中心的Reggio Emilia幼兒教育機構已成爲世界上最有名的幼兒教育系統，而其基本理念即認爲學習是主體依賴與他人建構的過程，在幼兒建構知識的過程中，幼兒工作者是與幼兒共同建構屬於他們自己的知識與文化，而不是知識的傳遞者與促進者（Willer, 2005: 134）；Reggio Emilia以幼兒爲中心的教育理念證明人類擁有出類拔萃表現的可能性，任何人若能擁有這種能激發個人能力的學習方式，可能是人生中最美好與最時髦的境遇（Gardner, 2004: 16）。幼兒工作者應藉由多元化教學工具去發展屬於幼兒本身的情緒性、開放性、動力性的學習方式，透過分享、討論、反思的學習工具去建構屬於幼兒的知識結構。

一直以來，學校被認爲是過去五十年來，始終沒有太大改變的地方（林麗寬譯，1997：38）。然而，兒童即將面對全球化與知識化的未來世紀，學習如何創新、改變，不僅是兒童的基本能力，亦將是他們終身都必須學習的方向，人類唯有培養創造能力並以此爲終身學習的方向，才能因應未來的生活世界。學校教育是目前國民早期獲取知識、培育認同、建立抱負最重要的地方（Csikszentmihalyi, Rathunde, Whalen, 1993）；雖然台灣目前並未將幼兒教育列入正式的國民教育行列，但是幼兒創造性的發展

卻是培養成人創造力的基礎，有關個人的創造性發展必須自小開始，在教學目標與教學評量上考量幼兒的能力與動機，並以多元方式去實施教學與評量；也就是說，幼兒教育工作者必須建立以「學習者為主體」及「為學習而學習」的教育理念。

　　一個以「學習者為中心導向」的教師，較能關注學生的個人適應、接納學生觀點、激勵學生、統整學習、強調學生自主學習（劉宏文、張惠博，2001）；而且在教學上愈傾向以學習者為中心的教師，會有愈高的創意教學行為表現（林偉文，2002）；此乃因為一個以學習導向為教學目標的教師，通常會以主題或專題研究本位規劃課程，較能允許學生在學習上犯錯，讓學生在學習起點不佳的情況下，仍較有參與學習的意願（Maehr & Modgley, 1996）。通常以幼兒為中心、以學習為導向的教學法，比較能夠提高學生的學習樂趣，進而激發學生的思考與知識創新，我們都知道，唯有在與學生的舊經驗做有意義的聯結時，才能產生真正的學習意義。

第二節　幼兒創造性發展的重要性及其與幼兒工作者的關係

　　台灣創造力教育的發展始自1911年，歷經1960年代的萌芽階段、1970-1980年代初期的實驗階段、1980-1990年代的擴大推展階段，迄於今日之成熟階段，已有數十年的歷史（陳龍安，2006）；教育部又於2000年公布了《創造力教育白皮書》，積極引導及推動創造力教育，顯示創造力在全球化時代的重要性，而幼兒是未來世界的執行者、主宰者，可知其創造性發展的重要性，幼兒工作者則是幼兒的滋養者、培育者，其對幼兒的創造性發展關係匪淺。

一、幼兒是未來世界的創新執行者

　　企業組織為了因應新經濟，掌握知識新資本，已將「創新」做為整體

的核心動力與基石，最近企業界所流行的「藍海策略」（Blue Ocean Strategy）就是以「創新」超越惡性競爭力的創新思考（黃秀媛譯，2005）；在新經濟環境中生存的企業，特色就是要先除舊佈新、要能容忍失敗，還要非常有原創力（Drucker, 1995）；在強調知識創造的社會，個人應具有的共同能力，包括批判反思能力、團隊合作能力、知識管理能力，以及具備科技能力、語文能力、行銷能力、研究能力等等特殊能力（胡夢鯨，2001）；任何人在知識經濟的社會都需要關注時時在進步的技術，並以冒險進取的精神去嘗試各種各樣的創新。

然而，執行創新與創造人才的培養應從幼兒開始，幼兒期是創造力發展的萌芽時期（張武升、廖敏，2004）；幼兒是未來世界的工作者和公民，必須具備創造、創新、創業和領導的能力，因而有關創造性的發展對幼兒教育是相當重要的課題；當然用這種方式來描述幼兒創造性發展是經濟成功的基本工具，是為工作而準備的觀點，無疑地，這不是培育幼兒創造性最重要的教育目標（Parker-Rees, 2005），其實有關幼兒創造性發展的重要性，除了為了將來的經濟目標發展外，主要是讓他們在創造性學習活動中能夠累積更豐富的學習經驗，並以此培育幼兒具有高度的生活動機與生產力，而有助於他們的幸福（Rogers, 2005）。原則上，創造力可豐富個人的生命資源，人類所處的社會總是需要個人去創造與想像，才能給自己創造無限的機會；所以在創造性的學習活動中，學習活動應該能提供幼兒創造與想像的機會（Duffy, 1998）。基本上，人類從出生便具有創造的能力與慾望，對幼兒來說，創造與想像可讓幼兒發展自我概念並滿足創造慾望，與享受創作的樂趣。

簡楚瑛、陳淑芳、黃譯瑩（2001）在《創造力教育政策白皮書——子計畫「幼兒教育創造力教育政策規劃」成果報告》中，分析美、英、法、德、日、蘇聯、大陸與我國等八個國家之幼兒教育目標之後，發現德國、日本及台灣直接將「創造力」列為其幼兒教育目標，而其他各國除了前蘇聯之外，雖未直接使用「創造力」一詞，然其目標中不時出現鼓勵幼兒自由思考、啟迪其好奇心、鼓勵多方嘗試、提供其情緒上的安全感與愉悅感等呼應幼兒創造力特質的表述，足見「從幼兒教育開始、來推動幼兒創造力」這樣的理念受到已開發國家普遍地重視。基本上，就人類未來的發展

來看，確實應該把創造力納入學校教育，並且以創造性基礎課程做為促進3歲以上幼兒的基本課程，以遊戲和想像的創造性活動課程激發幼兒的內在創造潛能（Parker-Rees, 2005）。

幼兒創造性學習包括刺激內在與外在的敏感度，這樣創造能力就會完全在行動中內化，因為早期發展將提供所有後續發展的基礎（Isenberg & Jalongo, 1997, p. 77）。曾有學者就自然科學類諾貝爾獎得主進行統計研究，結果發現創造力的最佳年齡是在30歲到40歲之間，但是從小學到大學的學校教育是人才打基礎的關鍵，在這一時期雖不乏有嶄露頭角者，但主要還處於學習、積累的過程；這一過程完成得好，就能順利地進入創造成功的最佳年齡區（張武升，2002）。

原則上，除非在幼兒時期便培育創造能力，將來才有希望成為具有創意的成人，早期提供幼兒創造性學習機會對幼兒創造力的發展是很重要的（Rogers, 2005）；而日本幼兒教育學者一色八郎亦指出：「若問幼兒教育的最大目標是什麼？在於培養創造力。」（宋海蘭，1994）。所以對幼兒而言，創造性發展在其成長過程中，可說是一種需求，亦是一種能力，而創造性學習課程既可開發其創造潛能，提昇生活競爭力，亦可協助其創造生活品質，更可為國家社會培育具有競爭能力的創造力人才。

二、幼兒工作者是幼兒創造性發展的滋養者

我們可以理解到創意與創新是未來世界的關鍵能力，我們需要的是有創造力的人才，而不是讀死書的學生，時代在改變，學校應將培養與鼓勵學生創意實現做為教學目標；如此的話，學校與學校教師亦必須在教育上與教學觀點上隨之轉變、創新。將「創新」人才培育與人力素質提升，視為重要之影響關鍵，而教育則為重要的基本手段（陳龍安，2006）；對老師而言，應體認其實很多創新的能力不見得來自高深的知識，而是來自能觸類旁通的常識。如果教師能展現日益多元化的課程、學會賞識孩子們的獨特技能、能和孩子有更密切的關係、使用最少的標準化課程及外在評量（蔡瓊賢、林乃賢譯，2006），便愈能激發與培養幼兒的創造能力。

二十一世紀的教育必須重新思考教育活動所隱含的教師、學生與知識

的交戰，教師必須在教學活動中扮演多元角色，建立以學生為中心的教學模式；要能挑戰強調標準答案及教條式權威，在不放棄既有原則下，兼顧多元化教育價值（李瑞娥，2006）；但是，無論是創意或是創新，通常皆被視為是一種冒險，教師從事創造性教學對教師是一種挑戰，也是一種冒險，這亦意味著幼兒教師必須從事進一步的專業學習；而教師是屬於成人，其專業學習模式便必須以成人學習理論來建構，就是以創新的專業發展模式去激發，並促進教師克服創造性教學的障礙。Knowles成人教育學理論指出成人學習方案規劃的七個階段，首先便強調建立有助於成人學習的氣氛及建立起使成人能參與規劃的組織結構，如此才能激發學習動力與潛能（魏惠娟，2002）。若以成人學習理論來建構教師專業發展，就是要建立一種能共享知識、分享經驗的學習氣氛，建立一種能支持及鼓勵教師合作、創新的團隊，如此才能激發教師學習的熱情，而釋放內在的能量，此即涉及幼兒園的創新。

　　幼兒工作者在面對社會環境與教育環境的變遷與挑戰之下，教師除了應建立獨立自主與終身學習的態度外，並應透過教學團隊的分享、合作，持續反思個人教學模式，以及自己所扮演的教師角色（Newll, Wilsman, Langenfeld, & McIntosh, 2002）；唯有教師發展反思批判的能力，才有能力培養有批判思考能力的學生；並引導學生建立由「獨學」進入「群學」的學習模式，把學習結構由封閉轉變為開放，由知識傳遞進化到知識建構（歐用生，1998），知識的分享、對話已成為知識快速創新的方式（劉京偉譯，2000）；教師參與經驗知識分享、對話的學習團隊，能促使教師建立終身學習態度與教學創新行為，進而激發學校的組織創新，提升學校效能（李瑞娥，2005），幼兒教師若能透過團隊學習建立合作、反思、創造的能力，必能培育具有合作、創造能力的幼兒，而這些能力便是全球化社會所不可或缺的關鍵能力。

 # 第三節 幼兒創造性學習與發展之理念架構

　　從幼兒創造力發展的時代背景與其重要性的分析之中，我們可以理解到幼兒創造性發展所涉及的層面，包括幼兒創造性發展的理論、有利幼兒創造性發展的環境、教師從事創意教學的意願與動機，以及與幼兒教師和幼兒創造力表現有關的幼兒園。所以兒童創造力教育涉及很多方面，包括教育者對於兒童創造力培養的教育觀點，學校管理和班級編排及培養兒童創造力所需的教師素質等都是其中基本的因素，這些因素對兒童創造力的培養具有直接且重要的影響（董奇，1995：273）；然而依據簡楚瑛等人（2001）的《創造力教育政策白皮書——子計畫「幼兒教育創造力教育政策規劃」成果報告》，到目前為止，創造力研究多數是以「社會化」、「成人」或「經濟效益」的觀點為尺度來描述創造力；並提出在規劃創造力政策時應兼顧成人社會的需求和幼兒內在本質與動機上的特性。

　　就以幼兒為中心的幼兒教育觀點來說，Reggio Emilia幼兒教育系統已為世界幼兒教育的典範；而Curtis與O' Hagan認為Reggio Emilia幼兒教育系統的方式可歸納為（Waller, 2005）：

　　1.以幼兒為中心發展教學實務。
　　2. 強調教師—幼兒關係的重要性。
　　3.以幼兒的經驗需求去建立並執行課程。
　　4.一個豐富的學習情境對幼兒學習的重要性。
　　5.關注持續性教師專業發展的重要性。
　　6.父母角色在學校生活的重要性。

　　基本上，這些原則是在倡導社區、成人與幼兒之間的關係；關鍵人物（key person）概念是學術團隊為了照顧特殊幼兒所設計的研究成員、幼兒、父母三者之間所建立的一種完整的三角聯繫關係，在幼兒、幼兒父母

與幼兒工作者之間創造立即性的互動（Nutbrown, 2006）；就幼兒創造性學習活動所涉及的領域，包括發展人類所有的領域、促進思考、行動和溝通的能力、培育情感和敏感度、擴展身體和感情的表達技能、探索價值、理解自己本身和他人的文化（Duffy, 1998），而且涉及幼兒教師的專業發展及社區父母角色的議題；就Reggio Emilia的幼兒教育系統來說，其為一種全面性的幼兒教育理念；就幼兒創造性學習活動的實施來說，其所涉及的層面亦是一種全方位的理念架構，就誠如學者Yang與Williams（1999）所主張的：有關個人創造性發展應以「匯合取向方式」（confluence approaches）來分析，個人創造力表現與個人所處的社會環境文化是有密切關係的，並且個人的創造能力可以藉由所建構的一系列創意學習環境來加以培育。

　　Amabile（1983）從社會創造心理學觀點提出影響個人創造力表現的三個範疇，包含領域相關知識、創造相關技能、工作動機，其中以領域相關知識、創造技能對創造力最為重要。而Csikszentmihalyi（1999）在「系統觀點理論」中，則強調個人創造力發展與個體（individual）、領域（domain）、職場（field）之間的交互作用有關。同時，高敬文、朱敬財（1982）依據Klem對創造的觀點，繪製「創造的結構圖」（圖1-1），說明個人創造過程及創造產品與個人所處的學習氣氛與支持性環境有關。

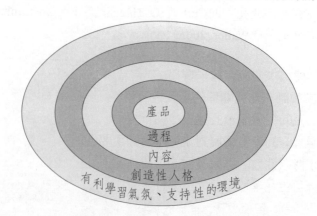

圖1-1　創造的結構圖

資料來源：高敬文、朱敬財（1982）。〈創造與教學〉。載於蔡保田主編《教育發展與心理建設》，p. 943。台北：中華。

　　在Csikszentmihalyi（1999）的「系統觀點」創造性理論之中，指出個人的創造力表現與個體背景、學門相關知識與技能，以及所處的職場環境等三個範疇有密切關係。就幼兒創造力教育而言，幼兒（個體）是創造性學習活動的主體，幼兒工作者必須先了解幼兒心理發展與幼兒創造力本質，以做為發展幼兒創造性學習活動領域的相關知識基礎，然後學習有關創造力教育的相關教學技能；另外就幼兒教師而言，從事創新的教學行為便意味著必須從事學習。創意教學的設計不能照本宣科，因為常常會面臨許多「狀況外的狀況」，需要師生延伸性的探索；而且課程通常採行小組創意團隊創作方式，需要許多討論發想（沈翠蓮，2005）；因此一個創意教師必須擁有教學資源去支持其從事創造性教學，如此便涉及一個能理解並支援創造性教學活動的幼兒園環境。

　　就幼兒創造性發展而言，幼兒教師是幼兒創造性發展的引導人，幼兒教師的教學活動要能激發幼兒的創造潛能，而幼兒園則必須為幼兒教師與幼兒建構支持創意的環境，讓其感受並了解自己擁有發展創造力的空間。基本上，建構有利於幼兒創造性發展的創意環境之前，幼兒工作者必須先具有幼兒創造性發展的理論知識，然後才能發展創造性教學的相關技能，並且願意持續從事創造性教學的動機與態度；同時創造性教學活動將會隨著環境改變而持續發展，此乃涉及幼兒教師本身的專業發展及幼兒園的組織結構，幼兒園面對追求創意與創新的教育挑戰，在經營管理上亦應有所轉變，轉型為既能促進教師進行持續性的專業發展，亦能持續性的激發教師從事教學創新的學習型幼兒園，這可能才是最佳的經營型態。

本章回顧

1. 討論發展幼兒創造性的意義。
2. 討論幼兒工作者與幼兒創造性發展的關係。
3. 討論幼兒創造性發展涉及的層面。
4. 討論義大利已推行四十多年的Reggio Emilia幼兒教育系統的核心理念。

第二章
創造性理論 —— 社會脈絡觀點

　　近來教育界所流行的名詞就是創新與創造力。創造力（創造性）（creativity）、創意（creative idea）、創新（innovation）三者，無論在國內外學術研究或實務的領域中，其意義常混淆不清（陳龍安，2006）；有關創造性的發展，教育界通常強調「創造力」（creativity），企業組織則習慣使用「創新」（innovation）一詞，而創新與創造性這兩個名詞在定義上有所差異嗎？Hussey認為創新並非創造力，兩者並非同一個構念，但是創新與創造力有相當密切的關係（引自莊立民，2002）；創新不同於創造力，創新是關於新概念能被採納並加以應用，著重於概念的實用價值（Forrester, 2000）；創新與創造力的區別，在於創造力是個人新奇的、有用的構想創造；而創新則是比較需要與團隊共同實現的特定構想（Amabile, 1996）；創新是透過實務行動來增加產品、方法或服務的價值感（Hargreaves, 2004, p. 65）。

　　基本上，創新可定義為以一種變革去創造新的政策與管理執行方式；Sternberg與Lubart（1999）蒐集有關創造性（creativity）的研究文獻發現，有關創造性的研究，常因領域不同，所使用的議題亦不同，心理學領域以創造力為議題，而與企業組織有關的創造性研究便以創新為範疇。但是有許多學者認為創造力（創造性）、創意、創新，這些名詞是可相互替換；無需加以區隔（Scott & Bruce, 1994; Sternberg & Lubart, 1999）。

　　Sternberg和Lubart（1999）更認為在有關創造性研究上刻意去區隔創新與創造力，在視野上是非常孤立的，若只以單一觀點去探討及建構創造性的發展，就有如「五個瞎子摸象」一樣，都只觸及創造性整體的一部分。就幼兒創造性學習而言，涉及幼兒與幼兒教師的「創造力」展現，亦涉及幼兒園的「創新」，無論是創造力或是創新，對幼兒創造性發展都具有深遠的影響意義；幼兒的創造能力是未來社會與企業組織創新的核心，有創意的人才，才能有創新的社會與企業組織，幼兒的創造性發展可說是任何組織創新發展的根源，所以創造力、創意、創新、創造性這些名詞在幼兒創造性學習活動的研究探究上是可以交替使用的。

　　一般來說，人類創造能力的發展乃是因為個人現有的方式已經無法解決現存的問題，而發展出一種新穎而有用的創作，它可能是一種創意概念，亦可能是一種創意產品。早期Guildford（1956）從「個人觀點」角

度，以「擴散思考」（divergent thinking）理論詮釋創造力的定義之後，旋即引起熱烈廣泛的討論與研究，其把人類的創造力視為擴散性思考的能力，把創造力定義為是一種由流暢力、變通力、獨創力、精進力等組合而成的能力。

　　有關創造性的研究始於1950年代，但是至今有關創造性的研究卻仍非常少，從1995年才開始有大量的研究論文出現；而且早期的創造力研究常常只以單一因素分析，主要都是以個人特質做為分析焦點，近年來才逐漸把焦點放在個人與環境的交互作用（Sternberg & Lubart, 1999）；主張從多元向度及動態發展觀點來探討創造力，強調個人創造力的表現是多元因素交互作用的結果，認為個人的創造力必須與既有領域環境產生交互作用才能顯現出來（Amabile, 1996; Csiksentmihalyi, 1999），所以近年來傾向以社會學角度探討並研究有關個體的創造性發展。

第一節　創造力與幼兒創造性發展——大C與小c的探討

一、創造力與創造性的定義

　　基本上，有關個人的創造力表現，經常以其所提出的創意產品或概念來確認。而個人的創意概念和作品，必須具有新奇與獨特的特質，且必須是正確的、有價值的、實用的、適切的（Amabile, 1996; Mayer, 1999），而創作產品或概念的實用性、新穎性、價值性、適切性等判定，則必須由個人所處環境的文化脈絡或守門人決定（Csiksentmihaly, 1999）。然而通常有創造能力的人都具有一種能習慣性解決問題、塑造作品或是在某一領域找出新問題的能力，而且其所提出的創新概念或作品，總是會在一個特殊的文化脈絡中被接受（Gardner, 1993; Sternberg & Lubart, 1995; Yang & Williams, 1999; Csiksentmihaly, 1999）。

　　有關創造力的解釋，教育學家及心理學家都有各自不同的看法

（Davis, 1986; Gardner, 1993; Amablie, 1996; Runce, 1996; Beetleston, 1998; Csiksentmihaly, 1999），而其定義更呈現多元化現象，包括創造力是一種發明能力、是一種擴散思考、是一種想像力、是一種歷程、是一種適應力表現、是一組能力、是一種人格特質；有關各學者對創造力的定義，茲條列如下。

1. Torrance（1965）將創造力定義爲是一種能力，包括敏覺力（sensitivity）、流暢力（fluency）、變通力（flexibility）、獨創力（originality）、精進力（elaboration）。

2. May（1975）認爲創造力是在既有的狀況加入一些新成分的過程，創造力可能是一種能力、技巧、動機與態度的整合（蔡瓊賢、林乃馨譯，2006）。

3. Davis（1986）主張創造力是一種創造歷程，可從下述情況中表現出來：（1）創造者解決問題的一系列步驟或階段；（2）當新概念或解決方案突然迸發的刹那，使知覺發生轉變；（3）創造者在有意無意之中引用新的概念、關係、意義、知覺、轉換等技巧和策略。

4. Gardner（1993）認爲創造力是一個能夠經常性解決問題、產生新產品或是能夠定義新問題的能力，而創造力的產生通常受到創造者的智力、人格特質、社會環境及機會的影響。

5. Amablie（1996）把創造力視爲是個人工作動機、領域相關技能與創造力相關技能交互作用的結果表現。

6. Runce（1996）亦認爲創造力是一種適應力的表現，是由經驗轉變、個體的主觀意識、動機、知識與經驗的結合運用。

7. Beetleston（1998）把創造力視爲一種學習型式、陳述力、生產力、原創性、創意思考／問題解決、創造行爲。

8. Mayer（1999）認爲創造力是指其創造作品具有原創性與實用性。

9. Csiksentmihaly（1999）認爲創造力是指創造者的產品或概念，能對個人所處環境的文化脈絡有幫助的表現。

10. Schirrmacher（2002）主張創造性是以新方式來看事情的能力、突破限制與超越既有的資訊、非傳統性的思考、製造獨特的東西、綜

合不相關的東西變成一個新東西（賴碧慧、吳亮慧、劉冠麟譯，2005）。

11. 施建農（2002）主張創造力是智力活動的一種表現，是人透過一定的智力活動，在現有知識和經驗的基礎上，經由一定重新組合的獨特加工，在頭腦中形成新產品的形象，並通過一定的行動，使之成為新產品的能力。

12. 陳龍安（2006）綜合各學者的創造力定義，將創造力定義為：個體在支持的環境下結合敏覺、流暢、變通、獨創、精進的特性，透過思考的歷程，對於事物產生分歧性的觀點，賦予事物獨特新穎的意義，其結果不但使自己，也使別人獲得滿足。

二、幼兒創造性發展

　　傳統上，都以「創造力」（creativity）一詞做為對個人創造能力表現的研究；而陳文玲（2005）認為創造力涉及目的、技術以及領域的判準，只能為少數人所有，且難以跨界適用。而我們從各學者對創造力的定義解釋中亦發現，創造力不僅是一種能力，亦不只是一種目的、技術；事實上還隱含「性向」與人格特質的意義，若用「創造性」（creativity）一詞的話，則包含了創造能力與性向。

　　基本上，創造性是一種能力，也是一種歷程，涉及個人的人格特質與社會文化背景，事實上個體的創造表現不只是單純的心智狀態，還包含其創意行為或作品，必須能被其所處環境的人們所接納。就創造力內涵而言，創造力是一種能力、技巧、動機和態度的整合，而創造力可分為兩種層面：（1）「大寫C」（C creativity）：指發明一項被社會所認定為新穎的事物，此種創造發明能豐富文化內涵；（2）「小寫c」（c creativity）：指對某人而言是新的想法或產品（吳靜吉，2002；蔡瓊賢等譯，2004；陳文玲，2005；Csiksentmihaly, 1999）；換句話說，「小c」是指對日常生活有貢獻的創造力，「大C」則是指能對特定領域的問題解決有貢獻的創新能力（Csiksentmihaly, 1999）。

　　就幼兒而言，其創造作品或概念，可能無法達到實用性與價值性的標

準，但是其新奇與獨特的表現應該是值得鼓勵與讚賞的，所以在幼兒創造力教育之中，應以發展「幼兒創造性」為目標，「創造性」一詞除了隱含個人的「能力」之外，亦包含幼兒在創造性歷程中所涉及的幼兒社會生活文化脈絡對其創造人格、價值、態度等性向的發展。幼兒「創造性發展」較傾向充分掌握並應用幼兒對環境事物的好奇，然後以各種學習活動促使幼兒以其好奇心及方式去體會並探索自己的生活環境，所呈現出來的創造表現；而幼兒創造性學習則是強調，為幼兒提供一種創造經驗與創造過程的活動，藉此讓幼兒累積其創造經驗，而朝向將來能以其創造力去發展及創造自己豐富的生命，當然也包含能發展其未來專業知識與技能所需的創造力；所以「創造性」一詞，對幼兒而言較具發展性與延展性。

　　一般來說，幼兒創造性學習是屬於小c的創造力發展，期待藉由日常生活的創意經驗，將來能發展獨特的創造力而對社會有所貢獻。就幼兒創造性教學來看，則是以大C的創造性觀點來發展幼兒的小c發展，使其朝向大C的方向發展與貢獻（蔡瓊賢、林乃馨譯，2004）；值得關注的是，創造力不會憑空出現，創造力發展必須有充實的知識經驗與支持性環境作基礎，幼兒的創造性發展必須以支持性環境條件列為第一優先，在鼓勵與自由的環境下，以多元文化價值觀點建構以幼兒經驗為基礎的創意教學環境，幼兒才能累積相關的創造知識與創造技能。

　　所以Schirrmacher（2002）認為幼兒教師必須了解幼兒創造性發展的內涵（賴碧慧等譯，2005）：

1. 創造力是一種態度而非天資，包含願意嘗試、突破、操作的態度。
2. 創造力是一種做的過程，過程可產生經驗，然後支持一個人致力於創造。
3. 創造力或許會或許不會產生一個完成的作品。
4. 創造力是一種技巧，包含跳舞、畫畫、手工藝等等，必須在創造後練習、實作的技巧。
5. 創造力是一組個性特質，包括好奇、專注。
6. 創造力是一組環境狀態，包括學校、家庭、同儕。
7. 創造力有一些培養的方程式。

第二節 創造性理論內涵──個人觀點與社會脈絡觀點創造理論之探討

　　傳統創造力的理論，主要以Guildford的「擴散思考」理論去探討個人流暢力、變通力、獨創力、精進力等擴散性思考能力的研究所建立的。這類的創造性研究大部分都以個體爲焦點，以測驗「創造力人格特質」的觀點去建構創造力理論，忽略了「創造情境」（creativity situations）的影響力（簡佩芯、劉旨峰，2005；Amabile, 1983, 1996; Csiksentmihalyi, 1999），傳統創造力的研究目的，主要是找出創造力的共通性，然後運用實驗操作方式去印證其效果，並沒有關注個別差異的問題。其實人類的發展既不只是能力的發展，也不只是創造力的發展，還必須包括意志、情緒、動機和性格等方面的發展（Fox, 1981）。

　　有關個人的創造性發展應關注社會環境的影響，以個人、創造歷程、創造產品、環境等四個研究向度來建構（Amabile, 1983, 1996）；應該把個人的創造性發展焦點放在個體與環境交互作用上，並以「匯合方式」去分析探究，所以從事創造性理論的探究必須具備許多學術訓練，包括心理學、組織行爲、教育學、歷史、社會學等（Yang & Williams, 1999）。

　　有關幼兒的創造性發展，可依據各學者所提出的創造性研究結果做爲學習活動的理論基礎，除了傳統個人觀點的創造力研究外，還包括Amabile（1983, 1996）的「脈絡理論」、Gardner（1983）的「多元智慧理論」、Csikszentmihalyi（1999）的「系統觀點理論」、Sternberg與Lubart（1999）的「投資理論」等社會觀點創造性理論。

一、個人觀點創造力理論

　　Guildford（1976）在「智力結構的三維模式」中提出，人類的思考可以從思考的內容、運用及結果來探討，基本上可分爲擴散性思考及聚斂性

思考，而創造力所呈現的特徵有：

1. 敏感力（sensitivity）：容易接受新現象，發現新問題。
2. 流暢力（fluency）：思考敏捷，反應迅速，對於特定的問題情境能夠順利指出多種反應或答案。
3. 變通力（flexibility）：具有較強的應變能力和適應性，具有靈活改變定向的能力，能夠發揮自由聯想。
4. 獨創力（originality）：產生新穎的、非凡的思想能力，表現出新奇、罕見、原創的觀念及成就。

原則上，Guilford早期所提出的擴散性思考就是創造力（劉世南、郭誌光，2002），而Torrance則更進一步採用Guilford的理論，應用於評量訓練創造力的效果，他的「創造思考測驗」（Torrance Tests of Creative Thinking, TTCT）包括利用語言和圖形的形式來測量流暢力、變通力、創造力與精密度，迄今為止，影響力仍大（陳龍安，2006）；而吳靜吉等人則分別於1992年、1993年1998年依據Torrance的測驗編製「拓弄思語文創造思考測驗乙式」、「拓弄思圖形創造思考測驗甲式」，建立適用於華人的創造思考測驗工具。就一般學校教育來說，大部分教師都只關心訓練學生尋找一個正確答案的聚散性思考，反而大為束縛了學生的創造力（董奇，1995）。

二、脈絡觀點創造性理論

Amabile（1983）以社會心理學的觀點說明個人創造力的發展應該考慮個人創造歷程的認知、人格、動機及社會影響；而創造力概念化最理想的方式是經由個人特徵、認知能力與社會環境聯結後的行為來進行概念化的定義，不能只定義為人格特質或是一般能力；Amabile（1983, 1996）的社會觀點創造性理論，主張個人的創造力表現與三大要素有關：

1. 領域相關知識（domain-relevant knowledge）：包含「領域相關知

識」、所需的「專門技術」以及「領域的特殊天賦」，此部分涉及天生的認知能力、感覺或動作技巧、正式與非正式教育的影響。

2. 創造力相關技能（creativity-relevant skills）：包括「合適的認知風格」、內隱與外顯的「產生新穎概念的巧思策略」、工作處理風格（例如，持續維持專注、面對困難的容忍度等等風格），此部分涉及個人的訓練、過去創發新概念的經驗，以及個人人格特質。

3. 工作任務動機（task motivation）：包括個人特質性動機與狀態性動機兩部分。特質性動機是個人面對工作時的基本態度，就是個人對工作的興趣、愛好程度及對任務所進行的認知、評估，這是對工作的最原始興趣；而狀態性動機是指個人在處理工作時所察覺的原因，若是個人察覺外在環境的壓力高時便會減損內在動機，進而抑制創造力的發展。

　　Amabile（1983, 1996）強調個人內在動機、領域相關知識及能力，以及創造力相關技能，這三個因素不僅相互作用，而且每一個因素都會受到個人內在、外在因素的交互影響；此三個因素以領域相關知識最為基本，其次是創造力相關技能，最後是工作任務動機。而Amabile把個人動機做為其對個體創造能力表現的研究焦點，他認為過去有關個人創造力的研究，忽略了個人動機與所處社會環境對其創造力的影響力量。Amabile早期有關個創造性的研究，主張內在動機有利個人的創造性發展，而外在動機則有害創造性發展，但是後來其研究發現，個人的內在動機與外在動機都有利於創造性發展，其創造性發展的架構如圖2-1所示。

　　Amabile（1996）的脈絡理論強調創造力是工作動機、領域相關技能、創造力相關技巧等三個因素的交集，交集愈多，創造力便愈高。其特點描述如下：

1. 工作動機：Amabile主張內在動機有利創造力，而有些外在動機亦有利創造力發展；如綜效性外在動機，這是一種能提供訊息資源讓個體去從事創造的動機；而另一種是授權性外在動機，能提供資源讓個體有能力去做一些事。

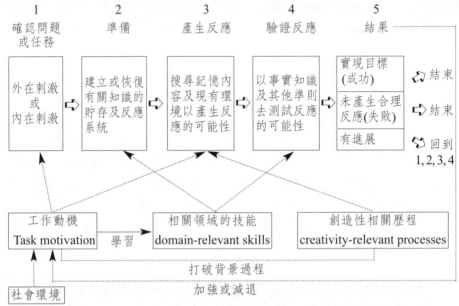

圖2-1　創造力發展脈絡架構

資料來源：Amabile, T. M. (1996). *Creativity in Context: Update to the Social Psychology of Creativity*, p113. Boulder, Colo: Westview Press.

2. 工作環境：Amabile認為環境會影響內在、外在動機，以致影響創造歷程中的不同階段、領域相關技能的學習及打破創造力相關歷程的思考。

3. 以問題解決歷程為核心：從Amabile的創造力發展脈絡架構（圖2-1）可知，創造力發展的要素與環境因素都以問題解決歷程為核心，個體會掌握每一因素在創造歷程中的影響機制，加以應用或改善。

　　就Amabile的脈絡理論而言，外在動機與內在動機最適合的運用角色，就是充分善用個人的外在和內在動機在整體創造行動的需求上（Runco & Shaw, 1994），就可適時發揮個人創造力，所以個人內在與外在動機都有利於個人創造力發展。

三、多元智能理論

Gardner（1983）提出多元智能理論（Multiple Intelligence: MI），以挑戰傳統「智能是一種單獨能力」的想法，其理論認為人類至少具有八種智能：

1. 語文智能：有效運用口頭語言和書面文字，以表達想法和了解他人的能力、學習多種語言的能力、使用語言達成某種特別目標的能力。
2. 邏輯數學智能：有效運用數字和邏輯推理的能力。
3. 視覺空間智能：能確認和操作廣大空間方向的潛在能力，及較小範圍空間模式的能力。
4. 肢體動覺智能：善於運用全身或身體某些部位來表達想法和感覺、解決問題、生產或改造事物的能力。
5. 音樂智能：能覺察、辨別、創作、欣賞和表演音樂的能力。
6. 人際智能：覺察並區分他人情緒、動機、意向及感覺，同時能依此與人做有效相處的能力。
7. 內省智能：正確自我了解，有效處理自己的慾望、情緒和能力，並有意義的運用這些訊息調適自己的生活，規畫和引導自己人生的能力。
8. 自然觀察者智能：對生物的分辨觀察能力、對自然景物敏銳的注意力，以及對各種型態的辨認力。

智能是解決問題的能力，或是在各個文化背景中，能創造該文化所重視之作品的一種能力（莊安祺譯，1998；Gardner, 1983）；智能是一種處理訊息的生理心理潛能，這些潛能在某種文化情境中，可能被激發來解決問題或創作該文化所重視的產品；而文化包含個人在自身、家庭、老師和其他人影響之下所做的選擇和決定（李心瑩譯，2000；Gardner, 2000），智能是一個能夠適應生命中新問題和新情境的基本能力（洪蘭譯，1999；Sternberg, 1988）；所以不同文化對創造智能的需求便有所差異，對非洲

土著而言，個人的創造智慧在於成為最優秀的狩獵人，而不會是聞名於世的詩人或音樂家（董奇，1995）。

基本上，Gardner所提出的多元智慧理論有兩項基本特質：

1. 說明人類智能的豐富性，指出人類所具有的智慧至少具有七項、八項，甚至更多，個人可以依照自己的喜好或所處文化的偏好去發揮或連結這些智能。
2. 主張每個人有各自獨特的智能組合，有關個人創造性的發展，應該考量如何去激發及開展每個人所擁有的獨特智能。

由於受到個人與文化環境的交互作用影響，而經常表現出各自不同的智慧，以致世界上沒有兩個智能完全相同的人，重點在於讓每個人都能適切應用各自獨特的組成方式，把各項智能適切的裝配在一起（董奇，1995）；當個人所處的環境愈具有啟發性，所擁有的教育資源愈豐富，就愈可能變成一個有創意、有能力的人，這時與生俱來的遺傳特性就顯得不是那麼重要了。

另外，Sternberg（1989）的《超越IQ》（*Beyond IQ*）一書，與Sternberg和Gardner一樣都反對傳統的智力理論，他們認為在這個世界上，真正關鍵的不是我們的智慧程度，而是在生活上能運用智慧所創造出來的成就。Sternberg把人類智慧分為三個不同的層面——部件的（componential）、經驗的（experience）及情境的（contextual）（洪蘭，2000）：

1. 智慧的部件：將智慧與個人內在的世界聯結起來。以個人的後設部件、成就表現部件、知識獲得部件等處理歷程，來探討人類的心智機制。
2. 智慧的經驗：將智慧與個人的內在與外在世界聯結起來。強調智慧在處理新奇的事物和自動化心智歷程所扮演的角色。
3. 智慧的情境：將智慧與個人外在的世界聯結起來。強調個人在環境的適應、選擇及塑造真實世界與自己生活的關聯性能力。

Sternberg強調實用性智能，認為智能就是用來學習如何解決問題的心智機制（心智部件），它決定我們該用什麼策略去解決問題，及如何真正解決問題；一個有智慧的人知道什麼時候應該堅持，什麼時候則需要放棄。Sternberg（1989）認為智能是可利用練習來加以訓練的，只要有動機、毅力，天下沒有什麼是不可達成的；一個人的成就是真正運用智能所創造出來的，而不是靠個人的智能程度。也就是說，個人創造性的高低並不是完全決定於與生俱來的智能，其最關鍵的因素在於個人所處環境對其本身所產生的影響力。多元智能理論讓我們認知人類的智能包含非常多的認知能力，而有關幼兒創造性發展，其焦點便在了解幼兒的特殊智能，然後針對不同智能的幼兒，應用最合適的學習方式去激發它、培養它。

四、系統觀點創造性理論

Csiksentmihalyi（1999）認為早期創造力的研究，焦點放在個人的人格特質，只以紙筆測驗的心理計量方式來衡量個人創造能力，這種計量方式忽略個人與情境之間的發展關係，忽略創造力展現的心路歷程。同時，Csiksentmihalyi認為個人的創造力表現不會來自真空，個體所處的環境通常能操縱文化去阻礙或激發個人的創造性發展，個人創造力通常源自於特殊情境；其觀點主張人類的創造性所隱含的創造力具有與生俱來的個人特質與透過模仿技術產生的特質，也就是說，個人的創造能力是可以透過環境有系統的方式加以培養的。

Csikszentmihalyi（1999）在「系統觀點創造性理論」（Systems views of creativity theory）中，說明個體（individual）、領域（domain）、職場（field）之間的交互作用對個人創造性發展有深遠的影響意義，如圖2-2所示。

Csikzentmihalyi（1996, 1999）的系統觀點創造性理論內涵包含：

1.個體（individual）：指個人所有的範疇，包括其人格特質及相關背景。除了關注個人創造傾向與潛能外，個人必須透過學習歷程內化領域知識、符號系統、規範、判準等等，才能避免盲目變異的陷

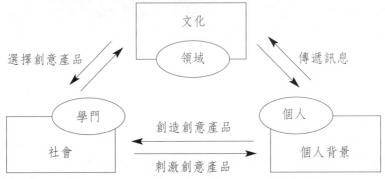

圖2-2　系統觀點創造性理論架構

資料來源：Csikszentmihalyi, M.(1999). Implications of a systems perspective for the study of creativity. In R. J. Sternberg (ed.) *Handbook of Creativity*, p.315. NY: Cambridge.

阱，而此乃涉及個人的系統內化與動機，稱爲「神馳」（flow）狀態。

2.領域（domain）：指各個學習領域的象徵符號，各相關領域結合起來所形成的文化。領域代表創造產品所在的知識系統、象徵符號系統，而文化就是這些各種不同的知識系統所組成的，個體如果要能產生創造作品，必須學習與內化領域的知識、技巧和內在判準。

3.職場／學門（field）：學門是指有關新穎概念篩選的機制及規準，包括所謂的守門人（gatekeeper）角色，他們決定創新能否被納進某一個領域或另創一個領域，學門也就是屬於某一領域的社會組織，通常包含領域中的專家、教師、批評者、成就先驅等等；在系統模式中的守門人，是屬於各學門範疇的執行者，對個人創造性發展扮演極重要的位置。

Csiksentmihalyi（1994, 1996）認爲個人創造性的發展常來自於一種「神馳」狀態，他發現一個人的專注程度、突破挑戰能力，是創造力發展的重要因素；當人們神馳於某種活動時，會願意付出龐大的代價投入活動以達成目標，而這種內在動機常與個人所處的環境有密切關係。系統觀點

的創造性理論幫助我們認知個人創造性發展的多元化因素，可以藉由個體的歷史脈絡去檢視個人的創造性發展，考量個人所處的環境、文化對其創造性發展到底是激發還是抑制的作用；基本上，系統觀點創造性理論讓我們認知到個人的創造性發展並不只是個人單一性的因素產物，而是社會系統對個人的創意作品所做的判準與接納程度；亦可能是其學門與領域守門人對其創意作品所做的評定價值，以決定其可以成為領域中一個有成就的創造者，並持續傳承下去。

五、投資理論

Sternberg與Lubart（1995）依據Rubenson和Rounco於1992年所提出的經濟心理學創造過程模式，而發展出「買低賣高」（buy low and sell high）的創造性投資理論，以經濟學來探討如何藉由個人、組織系統和報酬，促使人類投入人力、財力和時間來發展創造潛能。投資創造性理論認為創造者在提出自己所創造的產品或概念時，通常都會被大眾視為無聊、怪異的，而給予拒絕；但是如果這個創新概念或產品具有成長潛力或是具有創意價值，而且創造者若是能面對被質疑、被拒絕的阻力並持續透過擴散與行銷的方式，讓領域中的其他人接納這個創新概念或產品，便能使創新概念得以發揮價值，最後以高點賣出，也就是所創新的事物被人們所了解與接受了；然後再去重新發展另一個創新歷程。有學者曾以諾貝爾獎得主做為研究對象，發現這些諾貝爾獎得主在創造新概念時，最初都被拒絕或嘲笑，而他們會試圖去說服別人，行銷他們的創新概念價值，最後讓人接受，其創新概念或產品便宣告成功（Yang & Williams, 1999），他們也因此獲得了諾貝爾獎。

在「買低賣高」的投資創造性理論之中，「買低」是指主動追求別人尚未知曉的想法，或是別人丟棄但具有成長潛力的想法；「賣高」是在這個想法或產品替你賺很多錢，變成很有價值時，就要放手賣掉去進行新的創造（洪蘭譯，1999）；其實把創造力比喻為一個投資「買低賣高」的過程，是一個十分具有創意的觀點（陳龍安，2006）。投資理論觀點，涉及個人在發展創造性概念或產品時，必須具備該領域的相關知識與技能，才

能以個人的專業知識去評估這個創新概念或產品的價值性，評量擴散與行銷的利益及風險。所以投資創造性理論認為創造性發展若能考量風險成分、投資策略、投資工具、資本、市場需求、投資評估、代價、利益等因素會更貼切（洪蘭譯，1999；Sternberg & Lubart, 1995），投資理論所謂的「代價」，具有多重的意義，最明顯的是，極富創意的人在成名後，常因過多的雜事圍繞而無法再專心創作；另一種代價是他人對創新者想「買低」的拒絕及排斥，因為他擾亂舊有的秩序，讓人感到不安；對創造者的另一種代價是過多創意反而產生固著性，以致不再有創意產生；當然創意也會有風險、代價，但是豐富的利潤常常是一切辛苦的回報，創造所獲得的利益可能是有形的物質，亦可能是重要而無形的成就感與滿足感。

如此的話，有三種智慧能力對個人創造性發展特別重要（Sternberg & Lubart, 1999）：

1. 綜合能力──能綜合問題並找出新方式。
2. 分析能力──能認知創新概念的價值。
3. 實踐能力──知道如何去追求及行銷個人所創造的新概念。

投資理論強調的綜合、分析、實踐等三種創造智慧的能力，隱含個人態度對個人創造性發展的重要意義，不僅涉及個人自我效能的問題，亦涉及個人必須具有克服障礙、危機和容忍模糊的信念。當個人面對一群人詮釋自己所提出的創新概念意義與價值時，必須具備積極性與持久性的意念，才能以自己的創新思考與行動來說服別人接受，而使創新產品或概念以高價賣出。但是個人所創造的產品或概念是否真的具有成長「賣高」的行情，則需要個人的分析與選擇，否則只是一味固持己見的行銷與實踐，可能最終仍是白忙一場，並無法得到大眾的欣賞與接納，以致無法達成「買低賣高」的行情，也就是說，創造者所創發的創新概念並沒有價值，即使付出所有心血，終究會失敗，這或許也是一種創新的「風險」與「代價」。

基本上，個人「買低賣高」的創造能力，與個人的知識（knowledge）、智能（intelligence）、思考型態（thinking style）、環境

（environment）、動機（motivation）、人格特質（personality）有關，此六種不同資源的匯合，將可決定個人創造力的表現（Sternberg & Lubart, 1999）：

1.知識（knowledge）：知識是創造力的基礎角色；但是過多的知識也會使思想僵化。
2.智慧（intelligence）：智慧在創造力表現中，具有綜合、分析與實踐等三個功能。
3.思考型態（thinking style）：思考型態是指一個人如何利用或發揮它的智慧，它不是一種能力，而是一種個人選擇那種能力的方式。
4.環境（environment）：有些環境能激發創造力，有些則會抑制創造力；環境對創造力產生的過程扮演相當重要的角色。
5.動機（motivation）：「買低賣高」的創造者，能夠不管別人的想法而投入，並做出最好的投資，必須要有強烈的動機才能去實踐。
6.人格特質（personality）：「買低賣高」的創造者通常具有冒險性與幽默等特質。

綜合以上的創造性理論分析，我們都知道創造力的展現必須具有新穎且有價值的理念或行動，而且必須考量社會脈絡的價值與文化，不能只以自己的觀點、價值去建立創造作品的判斷規準。除非參照某些創意規準，否則創造者無法得知自認創新的一種概念或產品是否真的具有新穎性、價值性，唯有能通過「社會評價」的創作產品或概念，才能斷定其真正的「價值」（Csikzentmihalyi, 1999）；基本上，個人創造力發展會受到所處環境的影響，並在很大程度上取決於一個人的個性，在本質上由創造性態度、創造性行為和創造性產品，以及其他影響因素組成，其核心是創造性行為，它包括創造性思維、創造性習慣和創造性活動（施建農，1995）。

Csikzentmihalyi系統理論包含了三個層面，其中的組織文化扮演很重要的角色，個體在組織中不斷的受到組織文化的影響，而組織文化也持續受到個人的影響。就兒童創造力發展而言，社會環境文化脈絡對他們的影響可分為（董奇，1995）：

1. 文化手段因素：一個人創造潛能的發掘，創造力發展必須憑藉某些文化手段或是物質手段，例如，印地安部落一個很有創造力的兒童，其發展的結果也只能是一個優秀的捕獵者；而貝多芬也沒有出現在亞洲、非洲，而獨獨出現在歐洲的德國，顯然有其深刻的文化原因，所以任何傑出人物，都是特定文化的產物。

2. 文化指向因素：如果文化僅僅指向過去，指向已經存在的文化，不但難以促進兒童創造力發展，還會常常壓抑兒童的創造力；生長不意味著個體要拋棄過去，兒童創造力的發展必須從全面體驗既有的和正在生成的東西為出發點。

3. 文化平等因素：男性創造力得分高於女性，這在很大程度上是由於文化對女性的歧視所造成的，這種結論已得到多方的證實。

4. 文化變遷因素：當一種文化偏離常規發展，而出現更新時，這種變化中的文化背景對兒童創造性的發展即具有促進作用，如歐洲文藝復興時期的文化變遷，即影響和造就了一大批傑出的人物。

綜上所述，個人創造性的發展可以說無法獨立於社會、歷史與文化之外，無論是個體的敏覺力、流暢力、變通力、獨創力、精進力的發展，或是對事物賦予獨特新穎意義的判斷、分析、投入，都與個人所處的環境有相當密切的關係。從Amabile於1983年出版了《創造社會心理學》（*The Social Psychology of Creativity*）一書後，創造力的研究開始考量創造歷程中的認知、人格、動機及社會影響因素；而幼兒將面臨的二十一世紀是充滿不確定與創意的社會，以社會角度去建構幼兒創造性發展與學習的架構，將有利於發展幼兒創造性，以豐富個人的生命意義；同時，新生兒一出世就置身於某種既定的社會文化環境之中，這種社會文化環境構成了幼兒心理發展的重要背景，有關幼兒的創造性發展也就更離不開所處的大環境。董奇（1995）認為早期幼兒被視為是成人的隸屬品，傳統教育經常要求兒童整齊劃一，思想道德絕對單純，而創造就意味著與傳統和常規相背離，意味著破舊立新。如此的話，若要幼兒創造性得到高度發展，便意味著必須對現有的教學模式與傳統教育理念有所挑戰；幼兒教師若要轉變傳統教育，便必須重新對幼兒認知發展與創造性人格特質建立新的理解力與洞察力。

本章回顧

1.討論創造力、創新、創造性的意義。

2.何謂創造力之大 C 與小 c？其對幼兒創造性學習的意義是什麼？

3.敘述多元智慧理論內涵，及其對幼兒創造性學習的意義。

4.討論脈絡觀點創造性理論內涵，及其對幼兒創造性學習的意義。

5.敘述系統觀點創造性理論內涵，及其對幼兒創造性學習的意義。

6.討論投資觀點創造性理論內涵，及其對幼兒創造性學習的意義。

第三章
幼兒認知發展理論與創造力特質

　　幼兒創造性學習活動的對象是幼兒，幼兒工作者必須對幼兒的認知發展程度與創造特質有所理解，才能建構以幼兒認知概念及創造經驗為基礎的創造性學習活動。傳統的教學是以教師為主，學生只是被動地接受；自從Piaget的理論公諸於世之後，它對兒童教育產生極大的衝擊（陳淑敏，2001）。

　　Piaget（1971）主張幼兒的認知發展是個體主動對外在世界產生作用，再經過個體內在的轉換而獲得的；Vygotsky（1978）亦認為個體的心智發展是個體思維與外界環境密切交互作用的歷程，並認為這是一種相當複雜的內化歷程而非封閉的個體運作。心智功能的發展並非只是將外在轉為內在的單向移動，而是將個體心智功能的內在水準重新建構，使能與外在社會水準緊密相連，也就是內化作用之後，心智便已有了新的組成（陳淑敏，2001）；另外，如果一個教育工作者不清楚幼兒創造力發展表現在哪些方面，就很難讓人信服其是否能夠有效地培養幼兒的創造力（張武升、廖敏，2004）；因此，幼兒工作者有必要重新思考幼兒認知發展歷程與了解其創造表現特質，以提供「適時」而「有效」的創造性學習活動去促發幼兒的心智內化與重構；唯有對幼兒的認知發展與創造人格特質重新有所認識，才有可能發展以幼兒經驗為基礎的創造性課程去引發幼兒產生認知衝突，然後藉由有意義的學習活動讓幼兒重新予以調適、轉化、創新其認知概念。

　　國內的幼兒教育大都引用Piaget理論、Vygotsky理論、建構理論來實施教學工作。這些教學理論或課程模式大都強調：教學是師生合作建構意義的歷程，而非單向灌輸知識的活動，主張教師應配合幼兒的興趣與發展去設計課程與實施教學，幼兒是能主動學習的，在幼兒的學習過程中，教師是扮演引導而非主導的角色，教師宜透過各種方式引導幼兒去建構知識（陳淑敏、 張玉倫，2004），有關幼兒創造性學習的發展有必要探究幼兒認知發展理論、創造性人格特質、幼兒創造力特色等三層面做為理念基礎，而使幼兒工作者更能掌握幼兒發展狀態及創造特色，以提供有利於幼兒創造性發展的學習活動。

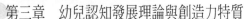

 # 第一節　幼兒認知發展與建構理論

　　人類的認知發展是一種心理作用，亦是有機體的整體性活動。童年時期是認知發展非常迅速的時間，在2歲之前，大腦已經達到成人大腦75%的重量，而在5歲之前，大腦已經達到成人大腦90%的重量（賴碧慧等譯，2005）；有關人類認知發展的研究可分為兩個流派，一為源自歐州以研究心智發展為主的皮亞傑式認知心理學，一為起自美國以研究訊息處理為主的認知科學式認知心理學（張春興，1988）；在人類的建構歷程方面，訊息處理概念有許多基本觀念與皮亞傑的見解不謀而合（鍾聖校，1993：24）。有關Piaget理論、Vygotsky理論，以及其理論所發展出來的建構理論探討於後，以做為課程發展與教學的理念基礎。

一、Piaget的理論

　　Piaget的理論有過許多種的名稱，包括認知發展論、過渡原理、互動理論與建構主義，皮亞傑理論著重於思考以及解釋，經由一段時間後，孩子們如何思考或認知改變的發展階段（賴碧慧等譯，2005）。Piaget的理論觀點認為智能的活動與有機體整體的功能是不能分割的，個體智能的發展與學習、認知結構息息相關，當個體主動的透過同化或調適的歷程與環境互動時，其認知結構將逐漸擴大且愈發精緻，也就是說，個體（人類）是主動的創造者，而非被動的接受者（Piaget, 1971）。Piaget認為認知有兩個主要部分，一是本能的（instinctual），其受到成熟因素影響；二是發展的（developmental），其與腦神經發展有關（鍾聖校，1993）；主張人類的一生，將隨著年齡及經驗的發展，而經歷感覺動作期（出生到2歲）、前運思期（2歲至7歲）、具體運思期（7歲至11歲）、形式運思期（11歲以上）（Piaget, 1971），不過Piaget對兒童的主要研究對象是以處於具體運思期的兒童為主，並以晤談—描述方式加以研究（陳淑敏，2001）。

依據Piaget（1971）的理論可知，人類早在個體出生後，即開始運用與生俱來的反射作用進行同化作用及調適作用；兒童在知覺外界的訊息後，便經由同化及調適兩種學習機制，達成組織（organization）及適應（adaptation）的兩種認知功能（cognitive functions），進而重組及建構新的認知結構。而兒童的認知改變起因於與人們、地方及環境中的事物交互作用的結果，是根據對物體的行動及與同儕和成人間的互動建構知識（賴碧慧等譯，2005）。

Piaget的認知發展結構以基模爲基本單位，這是個體在適應環境時所展現的基本行爲模式，認知結構持續透過組織與適應活動而不斷地成長與變化；而「適應」又以「同化」作用，將外界刺激整合於自己的認知結構之中，當個體不能整合外界刺激於認知結構時，會以「調適」作用自行修正或改變認知基模以整合外界刺激。「同化」是個體以現有的，能獲得的或是喜歡的思考方式去闡釋或解釋外在事物；「調適」則說明個體發現外在事物的性質不同，而注意該現象的關係，並企圖做一種認知的處理，也就是兒童遇到新情境，原有之認知與新知識產生衝突，兒童必須對自己的認知重新調適與同化，以求自己與環境的平衡（鍾聖校，1993）；「同化」會影響認知基模的成長（量的變化），「調適」則是影響認知基模的發展（質的變化）（陳淑敏，2001）；也就是說，每一個個體各自均有既有的認知經驗——稱爲「基模」，當個體遇到新的刺激或問題情境時，個體會將新經驗與既有基模進行核對，並產生認知作用（郭靜晃等，1994），而知識的發展既非主體亦非客體獨自運作的結果，是二者之間交互作用的結果（Piaget, 1971, 1983）；在知識的發展過程中，個體不斷地去經驗外在事物，同時也主動地將經驗賦予意義，這就是一種知識的建構（陳淑敏，2001）。

Piaget（1983, 1997）指出，影響認知發展的因素包括：成熟（生物性因素）、物理環境（物理與邏輯經驗）、社會交互作用（社會經驗）與平衡化；其中以平衡化對認知發展的影響最重要。社會互動與傳遞（平衡化）的型式包括家庭親子互動、學校班級教學、同儕討論、仿效楷模等等，同儕之間適當的認知層次上之差異，會在互動時造成認知衝突，能促進認知結構重組，使個體認知層次更進一步發展（鍾聖校，1993）；Piaget特別

強調合作的社會關係對認知發展的重要性（陳淑敏，2001）。

同時，Piaget（1983, 1997）指出，邏輯不是在發展之初便已存在的天生機制，而是思考發展到最後的特徵，是一種動態和可逆的平衡化；透過合作能確保心理的平衡化，藉由合作能使個體區別心理運思的真正狀態及遵循法則的理想推理狀態。Piaget的理論亦提到自我調整的學習、兒童主動探索、同儕交互作用等觀念，都具有濃厚的兒童中心色彩，為盧梭（Rousseau）以來，斐斯塔洛齊（Pestalozzi）、福祿貝爾（Froebel）等一脈相承的兒童中心教育觀點奠定理論的基論（鍾聖校，1993）。

在教學上，Piaget（1983）認為教師應該放棄權威者角色，而站在一種平等的立場與兒童進行討論，讓兒童在討論之中去驗證其觀點，教師並不只是宣揚自己本身的觀點、強迫兒童服從而已。以Piaget的觀點來看，教育的目的是培養兒童智能上的主動性，並使兒童能將所學的知識與技能類推到新的情境（陳淑敏，2001）。有關皮亞傑的理論具有下列的意義（鍾聖校，1993）：

1.訓練可以加速兒童的認知發展。
2.兒童所了解的比皮亞傑推測的多。
3.認知階段並非如皮亞傑說的那麼截然分明。
4.人有時用形式邏輯處理問題，但有時仍具體地思考。

這些意義觀點，正是幼兒工作者在創造性學習活動中開展與培育幼兒創造力的立基點。

二、Vygotsky的理論

Vygotsky的社會文化歷史認知發展論（sociocultural-historical theory of cognitive development）是從社會文化歷史角度探究心智的發展，特別強調社會文化脈絡對人類心智發展的影響力。Vygosky（1978）認為兒童認知概念的建構是個體思維與外界環境交互作用的結果。Vygotsky（1962）將兒童透過生活經驗所形成的概念稱為自發概念（spontaneous conception）；

而經過教學所獲得的概念稱爲科學概念（scientific concept），換句話說，科學概念是指經過正式教育所獲得的知識。Vygotsky主張認知發展就是從基本心理功能轉化到高級心理功能的過程，而在此轉化過程中，歷史傳承、社會規範、家庭和學校教育所教給兒童的語言、文字、符號、解決問題的方法以及工具製作和使用等，都是影響兒童認知發展的因素（張春興，2004）；Vygosky社會文化取向的心智歷程理論隱含人類的心理建構兼備天性（nature）與培育（nurture）的功能，並企圖藉由教育的培育把人類與生俱來的能力發展出來，只是未能提出相關的研究方式，讓我們能夠將天性與培育完成聯結作用（Wertsch, 1985）；根據Vygosky的觀點，心智歷程是個體思維和外界環境密切交互作用，而非孤立的個體運作（Lin, 2004）。

Vygotsky（1978）指出，兒童從日常生活經驗與觀察中發展而來的自發性概念，具有情境、實證與實用性，代表兒童現階段的發展層次，而學校所學得的正式科學概念，通常與自發概念之間存有差異，稱爲「最近發展區」（Zone of Proximal Development）。Vygotsky（1962）的科學概念學習是以自發概念爲基礎，而所學得的科學概念將使自發概念產生變化，兩者之間呈現相互影響的關係，兩者緊密交織成長，最後凝聚發展爲一個穩固的概念系統。兒童以日常生活中的自發性概念爲仲介，促其科學概念逐漸朝向成熟與有系統之路發展，教師必須了解的自發性概念與最近發展區，爲其搭構學習的鷹架，以提升其認知發展層次（周淑惠，2003）；也就是說，Vygotsky認爲自發概念要轉化爲科學概念，必須透過教學（陳淑敏，2001）。

然而，Vygotsky（1962）主張不能用直接教學法把自發概念轉變爲科學概念，必須透過成人的提問、提示、示範等等方式，去提升兒童的心智發展（Vygotsky, 1978），也就是說，Vygotsky不認同傳統教師主導講授的灌輸方式，而主張以幼兒經驗爲基礎的方式從事教學工作。學校的教學目的應該是協助兒童在其學習的實際能力之上發展其潛在能力（Vygotsky, 1978），他認爲學習是一種人與人之間的動態過程，所以老師必須與孩子建立舒適及合作的關係，知道每個孩子的「最近發展區」，透過成人及同儕的協助是可以完成的，而合作式學習與小組作業是被極力推薦的（賴碧

慧等譯，2005）。

　　原則上，Vygotsky的認知發展理論有兩點要義（張春興，2004）：

1. 語言的認知發展功能——語言對兒童的認知發展具有兩方面的功能，一是在文化傳承中，成人將生活經驗和解決問題的思維方法經由語言傳遞給兒童，其二是兒童以學得的語言為工具，用於適應環境和解決問題，從而促進以後的認知發展。
2. 從實際發展到最近發展區——Vygotsky提出學校教育可提升兒童認知發展水準，兒童實際發展水準是他獨自思維操作解決問題時所表現的成就，而可能認知發展水準，則是指在成人或教師適當協助之下可能達到的成就，而「最近發展區」是從兒童實際認知發展水準至潛在認知發展水準之間的差異。

三、建構理論

　　從啟蒙時代以來，一直都以「實證主義」為學術思想的主流。實證主義將知識的重心置於知識內容與驗證方法，是「客觀」的知識論者（朱則剛，1996：40），這樣的知識概念通常來自普遍性的知識基礎，這種知識隱含形塑權威的潛在意識，隱含既得利益者的馴化意識與功能（李瑞娥，2005），所以遭受很多的攻擊與批判，而建構主義即是對實證主義知識論的反動（陳淑敏，2001：26）。

　　建構主義的論點可追溯到Giambat-tistzvico於1710年的研究論著。但是，Piaget是第一位根據研究兒童如何得到知識，而主張學習者是自己主動地自我建構知識的建構論者（陳淑敏，2001）；Piaget主張知識是個體主動地在真實世界透過同化與調適的作用中所建構出來的；其理論認為人類所有的知識都來自於行動，個體若想認識一個物體或一件事物都要應用行動來實踐，並將行動藉由同化與調適方式整合於一個行動基模之中，而這些方式適用於個體發展所有的知識層次，包含最低層次的感覺動作到最高層次的形式運思。

　　基本上，建構主義假設孩子必須主動地建構他們的知識，如此的知識

是無法透過指導式的教學而習得的，孩子們利用他們已知的事物來測試新的知識，其結果就是腦力的建構再次被重建（賴碧慧等譯，2005）；建構主義視學習為一種主動建構之過程，強調讓學生產生多元化之觀點，並鼓勵學生主動思考（吳耀明，2006）。建構主義學者強調，認知的過程在本質上是一種目標導向的有意識活動，學習者藉由心智上的投入，從而建構意義（王靜如，1987）；強調知識的形成是由認知個體主動的透過行動實踐建構而成，並不是被動的接受或吸收知識，有關知識的獲得是一種透過行動、交互作用、同化、調適的認知過程。

陳淑敏（2001）認為，Piaget的知識建構是個體與外在世界互動過程中，主動地去找出事物之間的關係；知識是被創造出來的，任何知識如果在所創造的脈絡中證明為合宜，即是有效的（available），知識建構是一種調適作用，社會互動則可引發認知衝突，同時也是接著發生的調適作用的重要因素。Piaget觀點的建構主義主張（Staver, 1998）：

1. 知識是個體從內在主動建立的思考。
2. 社會互動是建構知識過程中的重要因素，知識建立於學習者之間的交互作用。
3. 認知具有功能性與適應性特徵。
4. 認知目的在於讓個體組織其經驗世界，而不是去發現客觀存在的世界。

而Vygotsky的理論亦主張，知識是經由各種形式的互動所創造出來的，此理論特別強調透過對話去創造知識的意義；建構主義觀點的學習不是刺激與反應的連結，而是需要自我調整（self-regulation），以及透過反思與抽象作用建立概念結構（陳淑敏，2001）；基本上，建構主義者認為人類所建構出來的知識，是目前為止最佳的知識（黃達三，2004）；既然知識是建構而得，建構的材料「經驗」當然不可或缺（鍾聖校，1993），而經驗除了由個體行動來獲取之外，亦可從社會互動中獲得。皮亞傑的社會互動指的是人與人之間思想觀念的交流，而人與人之間的直接對話（討論）為最直接、頻繁的一種社會互動（江紹倫，1980）；同時，Vygotsky社會

文化歷史的心智建構理念，更是強調人類認知的發展過程是從人際之間的互動轉化爲個體之內（intrapersonal）的歷程（楊文金，2000）。

在建構式教學上，教師可提供討論、實際操作的方式，讓學習累積建構的經驗，或是以合作、分享方式去建構經驗與知識的意義。從建構主義觀點而言，教學是一種交互辯證的過程，教師應重新思考被自己視爲理所當然的教學方式、調整自己和學生互動的方式，以及調整自己處理事物的方式（甯自強，1996）；建構主義認爲學習是學生自己主動建構的過程，有關兒童認知概念的發展與知識結構的建構是一種動態的過程。幼兒教師在教學之中，應該破除「我們所擁有的就是眞理，兒童最好都要能相信我們所說的話」的觀點，而努力傾聽幼兒所說的話與觀察幼兒所做的事，並以此詮釋與建立幼兒概念發展結構與教學內涵。

 # 第二節　高創造性之人格特質

人格（personality）具有個性、品格、性格等意義，它反應在個人行爲、態度、價值觀念、感情、動機上；從自我概念的認知上亦可了解人格的表現；因此，人格可定義爲表現在行爲中各種不同素質的總稱（石銳譯，1990）；一般來說，人格是個體與其環境交互作用所形成，使個體於適應環境時，在需要、動機、興趣、態度、價值觀念、氣質、性向、外形、生理等方面，各有不同於其他個體之處（楊國樞，1984）；人格特質由於受到個人生涯、家庭關係、適應壓力、病痛、遺傳等影響，而形成不同的人格特質；個人事件與文化事件等生活事件亦會影響人格的形成（Merriam & Caffarella, 1999）。換句話說，人格的形成與文化、社會階層、家庭、遺傳與體型有關，這些因素將影響個人自我概念、自尊、自信等等的發展，最後形成個人的人格特質，所以人格發展兼具個體與環境的關係及其獨特性、可變性、多面性。

而Guildford認爲「創造性人格即是具有創意者的人格中之特質組型」（引自簡楚瑛等，2001）；我們都知道創造的產生乃是由於有機體無法控

制既有的結構，有機體為了因應環境的變化，便會以產生變異（variation）來因應（Lessem, 1990），創造歷程其實就是一種演化過程，而演化歷程就是「變異」（variation）與「選擇」（selection）在交互作用下所形成的「自我組織」（self-organization）歷程（詹志禹，1999），如此的話，個人察覺能力在創造性的複雜資訊中就變得很重要，傑出的創造者必須善於尋找問題、創造問題或發現知識的鴻溝與矛盾，察覺問題所在，然後尋找處理問題的訊息。就創造性投資理論而言，創造者對所創新的概念或作品必須具有「買低賣高」的判斷能力與擴散行銷能力；通常剛創新的概念或作品可能會被拒絕與排斥，創造者除了必須能看出自己創意產品的潛力外，還必須具有行銷、傳播、說服別人和改變別人價值觀的能力，這是一種「實踐的／脈絡的」（practical-contextual）能力（Sternberg & Lubart, 1999）；就系統觀點創造性理論而言，個人生產的各種變異產品，必須經過學門（field）社群的判斷與選擇，才可能變成所謂的「創造性產品」，並受社會文化所保留（Csikszentmihalyi, 1999）；一個人如果想要在某一個領域有傑出創造，他便必須掌握該學門所使用的創意判斷原則或價值規準，否則，他將無法判斷自己作品的品質，自然也談不上「珍惜自己的作品」；如果要讓同一領域的人們接納個人的創造作品，那麼，溝通、傳播、說服和領導能力就變得非常重要。

因此，高創造能力的人通常具備的人格特質有：強烈動機、智力、好奇心、忍耐心、深度承諾、獨立思考與行動、強烈自我實現慾望、強烈自我知覺、強烈自信、對獨立思考與行動採取開放態度、被複雜和晦暗不明的事物吸引、對研究有高度情緒投入才能（Graft, 2002）；一個有創意的人，要擁有產生新想法的綜合智慧，及認清問題、評估想法價值的分析智慧，更需具備有效的溝通與傳達技巧，且能實際表現或精進想法的實踐（Sternberg & Lubert, 1995）。

在實證研究上，發現資賦優異者通常都具有超乎一般人的問題發現能力及「買低賣高的能力」（Sternberg & Davidson, 1999）；其他各學者對創造性人格特質的研究亦提出不同的結果，茲條列如下。

一、國外研究方面

1. Amabile（1988）以120位來自不同公司的科學家爲訪談對象，發現這些人具有多項正面人格特質、高度自我動機、特殊認知技能、冒險導向、豐富的專業經驗、高水準的團隊成員、廣泛的經驗、良好的社交技巧、聰穎、不爲偏見及舊方法所束縛的處事態度。

2. Oldham與Cummings（1996）綜合各學者對創造思考人格特質的研究結果，發現高創造力者具有廣泛興趣、易爲複雜性事物所吸引、敏銳的直覺、高度審美觀、強烈自信心、對曖昧情境的忍耐度高等人格特質，這些人格特質與創造力測驗的表現有穩定的關係。

3. Runco與Walberg（1998）以創意研究員爲研究對象，發現高創造力者必須具備能發現問題、適應的認知、冒險、適應性人格、傳統的認知、獨立、動機強烈等特質。

4. Sternberg（1999）則認爲對創造表現有正面影響的特質有能容忍混亂的狀態、有克服困難的意願、成長的意願高、內在動機強、適度的冒險，以及爲爭取被認定而努力的意願。

5. Csikzentmihalyi探究91位當代傑出人士，發現這些傑出人物所呈現的人格特質有（杜明城譯，1999）：
   （1）創造性人物往往精力充沛；但又經常沉靜自如。
   （2）創造性人物向來聰明；但又有點天眞。
   （3）結合了遊戲與紀律，或責任心與無所謂的態度。
   （4）創造性人物的思考，一邊是想像與幻想；另一邊則是有現實的根底兩者相互轉換。
   （5）創造性人物似乎兼具內向與外向兩種相反的傾向。
   （6）創造性人物在同時具備了不尋常的謙卑與自豪。
   （7）創造性人物在某種程度上跳脫了嚴苛的性別刻板印象。
   （8）創造性人物是叛逆而獨立；但同時在某種程度上卻又是一個傳統主義者。
   （9）大多數創造性人物對自己的工作都很熱情；但又能極爲客觀。
   （10）創造性人物的開放與敏銳經常使他們陷於悲喜交雜之境。

6.懷斯（Wiles）的研究認為具有創造力的人，大都較能接受各種新事物、做事能專注、樂於接受各種挑戰、勇於面對各種衝突（引自陳龍安，2006）。

二、國內研究方面

1.賈馥茗（1972）綜合各家觀點，認為高創造性的人格特質有自由感、獨立性、幽默感、堅毅力及勇氣等五項。

2.陳昭儀（1990）以20位傑出發明家為對象所做的研究發現，這些人具有創造力及想像力、情緒穩定、自信、力行實踐、樂觀進取等人格特質。

3.魏美惠（1994）在實證研究中發現創造力較高的人，通常具有：

（1）能容忍模糊概念的存在（tolerance of ambiguity）：指在做事情時並不一定要遵守，做決定時也沒有任何預設立場。當面對一些模糊或曖昧不明的生活情境時並不畏懼，反而能保持一顆開放的胸襟，也往往有豐富的想像力，不會自我設限。

（2）思考自由（functional freedom）：一般人受到某種訓練或處於某種環境太久之後，思考方式無形中會被限制而導致功能僵化（Functional Fixity），無法跳離某種思考模式，富有創造力的人則能意識到自己思考上的自由，並能充分的發揮思考的功能。

（3）富於彈性（flexibility）：在考慮問題或解決事情時能懂得變通，不侷限於一定得符合原則或達到某一種標準，而給自己預留許多變化或發展的空間。

（4）喜好冒險（risk taking）：創造力較高的人自信心較高，他們較具有獨立思考的能力，也不會怕失敗受到別人嘲笑，對任何事多願意去冒險，較不會計較得失。

（5）不易滿足（delay of gratification）：高創造力者的另一特質是他們不畏艱難、繁瑣，不易滿足於現狀，會不斷的嘗試尋求改進或追求更高境界的作品。

4.黃麗卿（1996）的研究認為高創造力者：
　（1）能從事隱喻、類比或邏輯的思考能力。
　（2）具有獨立判斷的能力。
　（3）早熟的性格傾向。
　（4）喜好研究複雜的事理。

5.洪榮昭（1998）的研究發現高創造力者通常：
　（1）具有廣泛的興趣。
　（2）具幽默感。
　（3）自信心較強。
　（4）反應敏捷。
　（5）對生涯中的障礙具有挑戰的勇氣。
　（6）待人處世的態度直率坦然。

6.林展立（2001）以少年為對象的研究發現，高創造力者具有好奇、有自信、好勝、負責、隨機應變、愛創新、善用時間等特質。

7.詹志禹（2002）的研究結果發現，學習內在動機很強、擅於發現問題、勇於嘗試、不怕錯誤、不怕失敗、注重內在成長、擅於掌握判準、擅於溝通與傳播等特質的人，比較能發展出高創造力。

8.簡楚瑛、陳淑芳、黃譯瑩（2001）針對幼教學者與教師研究所蒐集的資料，認為有創造力的幼兒具備的特質有：能透過語言、肢體等動態方式反應出新的想法，且在適當時機表達、能透過平面作品的靜態方式展現創造力、具有問題解決的能力、願意去嘗試、對事情的執著。

9.陳淑芳（2002）以幼兒老師為研究對象，研究結果認為創造力高的人樂觀、腦筋靈活、善觀察、愛思考、好學習、常幻想、對新奇事物的接納度高、肯動手、樂於嘗試、不怕挫折、能包容異己、不墨守成規、善於解決問題、常有獨特意見、喜愛團體、生活豐富而有變化。

 # 第三節　幼兒期創造性特色與關鍵期

　　幼兒時期是眾人公認最有創造力的成長階段（鄭青青，1993），而且創造性高的兒童往往具有獨特的人格特徵，其個性的獨特在某種程度上也是其創造性的一種反映，愛護兒童的創造熱情，積極開發兒童的創造能力，就意味著要尊重兒童的創造個性（董奇，1995），掌握幼兒創造特色將有助於設計合適的創造性學習活動課程，並有利於幼兒的創造性發展。

一、幼兒創造力特色

　　早期Torrance（1962）曾定義七個創造力指標來解釋高創造力孩童的行為，包括好奇心、有個性、對問題的敏感度、再重新給予定義、自我感覺、原創性、洞察力。Guildford（1956）認為高創造性人物出現頻率最高的當屬於好奇心、有毅力、專注、自信、開放、具冒險性、獨創性等特質。方啟敦（2004）從90年代初期，先後對學校中創造力表現較為突出的小創造、小發明競賽獲獎者進行調查研究及典型分析發現，這些獲獎學生通常具有高創造精神、創造慾望和熱情、經常勤思好問、富有想像，在創造性思維能力、富有自信心、不怕困難、意志力較強等方面尤其突出。創造力高的兒童和一般兒童在信息處理過程中存在某些差異，如主試者不做任何指導，學生只依靠自己固有的策略對自由呈現的材料進行識記，創造力高的學生在完成回憶作業上要比其他同伴表現傑出（董奇，1995）。高創造力的兒童，其人格特質確實異於一般兒童，高創造力兒童會表現出幽默、積極的態度，富有勇敢、不屈於傳統規則的傾向，且勇於嘗試，並能獨立做抉擇，在情感與想像方面也呈現豐富多感（鄭青青，1993）。

　　幼兒老師認為高創造力的幼兒會主動學習、有發明能力或創新能力、喜歡動手做東西、觀察敏銳有洞察力、喜歡探究提問、適度冒險、好奇心高、舉一反三、思路清楚頭腦清晰（吳巧瑜，2005）。一般在各領域中，創造性兒童所共有的特性包括熱情、勤奮、自信、精力旺盛、興趣廣泛、

敏感、好奇心強、反應敏捷、思維靈活、富於想像、有高度的獨特反應、獨立性強、願意嘗試困難複雜的工作等（張武升、廖敏，2004）。基本上創造性人格特質並不會因爲是幼兒或成人而有所不同，敏感性高、充滿想像力、勇於冒險、喜歡獨自進行工作、主動提出問題、反傳統、特立獨行、具有幽默感、對自己有自信並具獨創性，是高創造力者的基本特質。另外，Guildford（1956）認爲高創造力的兒童易被列爲負向特質的則有不合群、不合於世俗。

　　然而，董奇（1995）認爲兒童的創造力表現與成人是有差異的：

1. 兒童的創造力是不斷發展變化的，兒童的創造力不像成人的創造力已經定型，兒童創造力會隨著兒童年齡的增長而漸趨成熟，兒童在社會規範的習得、個性的形成、知識和經驗的豐富，都會促使兒童創造力產生相應的變化。

2. 兒童的創造力較爲簡單、低層級，學前兒童思考發展正處於直觀動作和具體的形象思考階段，抽象的邏輯思考形式至多才剛剛萌芽。由於學前兒童還不能進行系統化的學習，活動範圍又小，知識累積比較薄弱；所以學前兒童只能進行直觀的、具體的、形象的、缺乏嚴密性和邏輯性的創造，造成兒童的創造力大多脫離現實，帶有很大的誇張成分，不符合邏輯規範和規則，只是一些較簡單、低層級的創造，不具有什麼社會價值和實用價值。

3. 兒童的創造力自發性較強，針對性較差，藉以表現的活動及領域相當廣泛。兒童正處在什麼都不大懂、什麼都不夠清楚的時期，他們對所接觸的任何東西都表現出濃厚的興趣，並且總是用他們自己的方式去行動，因此，他們的創造力幾乎在所從事的全部活動中都能發現。

4. 兒童創造力主要表現爲創造性想像，創造性想像和創造性思考被稱爲創造力的兩大支柱。幼稚園小班或更小的兒童的創造實際上是一種無意想像的結果，而中班以上兒童的創造主要是一種有意想像；我們可以毫不誇張地說，兒童就是借助想像來創造的。

但是，董奇（1995）亦認為兒童時期的創造力雖然不夠精緻，卻仍然有它的價值存在，因為：

1. 創造，是經過長期的發展形成的，是個體與環境長期交互作用的產物，兒童創造力的經驗對後來發展的創作活動是極為重要的。
2. 有些心理學家認為兒童的創造力可使兒童得到重大的個人樂趣和滿足，從而導致他們個人與社會的良好調節。
3. 兒童的創造力在兒童的同伴關係群體關係中具有重要的作用；在任何兒童團體中，當頭頭的必須對其領導的團體做出比較突出的貢獻，創造力的表現是一途徑。

二、幼兒創造力發展關鍵

Arasteh認為個體從幼兒到青年時期的創造力發展有四個關鍵期，而創造力發展的第一個關鍵期是在5至6歲之間，即在幼稚園階段（引自簡楚瑛等，2001）。根據研究指出，當人們觀察到別人的臉部表情時，便開始啓動預備的行為回應，拉緊反應精神，以適度表現情緒；原則上幼兒的情緒與童年發展有高度的移情關係，這是幼兒從社會文化互動所察覺形塑而成的（Griffiths, 2005），是社會文化歷史所形成的，幼兒會將觀察到的成人照護者的生活表現，回應在幼兒本身的情緒及行為表現上。而幼兒生活經驗對人類大腦與人類本質開展的重要性，就如同環境與基因之交互作用一樣，有著密不可分的作用力（Parker-Rees, 2005）。

而幼兒期表現最突出的就是好奇心，3、4歲的幼兒總愛東摸摸，西看看；到了5、6歲，這種好奇心進一步發展，不再滿足於表面現象，他們常常追根究底，有著強烈的求知慾和認識興趣（張武升、廖敏，2004）；幼兒的好奇心、創造性想像的發展是幼兒創造力形成和發展的兩個最重要表現（董奇，1995）。新生兒的探究反射在某種程度上可視為好奇心的最初表現；嬰兒期開始用手觸摸或用舌頭去舔，都是對新奇事物的好奇，然後是幼兒期常常追根究底，並提出非比尋常的問題，而經常令父母困惑或無法回答，都是好奇心的表現；通常幼兒具有廣泛而強烈的好奇心，特別喜

歡從事以前沒玩過的遊戲，嘗試做以前沒做過的事情，並從中表現出他們的創造性。幼兒的創造力比較是屬於個人層次的創造，原則上，幼兒只要能突破既有的創造性活動類型，都可以視為創造力的表現（詹志禹，2002；馬祖琳等，2005）。

有關幼兒的創造力發展可從三個重點探討（簡楚瑛等，2001）：

1. 人格特質：好奇心、挫折容忍力、積極的學習態度、堅持力、大膽、敏感。
2. 思考及行為特質：變通能力、創新力、精進力、具有想像力、解決問題的能力、流暢性、具有邏輯思考組織的能力、能根據舊有的生活經驗，重新組合新的意義、獨特性。
3. 情境角度：在適當的時機、場合表現出的創新思想或行為。

若以學習關鍵期研究個體自出生到年老，其創造力發展的顛峰期（peak period），可以發現0歲至5歲的幼兒需要大量的訊息及獲取處理訊息的能力，這種能力主要是受生理與環境互動的影響，創造力雖然不至於會在此時期固著，但是早期的剝奪可能將不利於幼兒的創造性發展（Dacey, 1989）；其實幼兒就像是海綿一樣，不受時間、空間限制，不斷地在吸收資訊，能天馬行空自由思考未知的事物，他們對環境充滿好奇、喜歡不斷摸索以滿足其好奇心，其可塑性是很高的（吳巧瑜，2005），幼兒是很開放且具有創造力的，只是很多大人都希望孩子能守規矩，當來自大人的外在壓力漸漸增加、孩子周遭環境愈來愈封閉時，孩子會漸漸發現：他們不被鼓勵去對事物表現興趣及好奇心，也不被鼓勵從事有創造力的探索環境（蔡瓊賢、林乃馨譯，2006）。

幼兒在5至6歲是創造力的高峰期（吳美姝、陳英進，2000），而3至5歲的幼兒階段是創造力培養啟蒙時期，是發展好奇心、培養創造性想像與培養獨立性的時期，可以開展遊戲、繪畫的活動，以發展幼兒的創造性，但是到了5歲（大班）時，幼兒學會妥協社會要求，順應家庭之外的權威，其創造力發展不如3至4歲時期（方啟敖，2004）；所以幼兒教師必須掌握幼兒創造力的高峰期，避免讓幼兒為了服從與順應大人的權威而放棄

創造性的表現。

三、幼兒創造力的發展階段

基本上，幼兒老師應針對幼兒發展階段及不同創造類型的兒童，給予適當引導，即使具有共同的發展階段與創造人格特質的學生，也會因為家庭背景與生活背景的不同而表現出一些獨特的人格特徵。

基本上，幼兒的創造力發展可分為三個時期（吳美姝、陳英進，2000）：

1. 第一期　「感覺動作期」：出生至2歲的嬰兒透過肢體感官的探索，表現其創造力；嬰兒經由觸摸、嘗試、模仿等身體的肢體動作得到各種感官上的經驗，這個時期最重要的是創造性遊戲。
2. 第二期　創造力「運思前期」：2到4歲的幼兒想像力豐富，運用操作方式表現其創造力；幼兒適合具體實物經驗的學習，此時幼兒的模仿性與想像力越來越豐富，喜歡運用語言及想像遊戲來學習事物，並且重複學習也不厭倦，以滿足幼兒的好奇心。
3. 第三期　幼兒創造力發展「直覺期」：4至6歲的幼兒認為所有東西都有生命；此時抽象概念能力提高，想像力增強，遊戲方式具幻想和模仿性，同時幼兒會自己幻想一些情節，畫出一些物體之間的關係，並且喜歡從事創造性活動，是創造力的高峰期。

而游乾桂（1996）則將心理學家的研究結果統整之後，把幼兒創造力發展分為三個階段：

1. 夢想家（2-4歲）：幼兒腦力剛開始發展，習慣隱身於自己的夢想世界，並且全神貫注於不斷湧現的靈感、印象與意向。
2. 詩人（3-5歲）：開始能在不同概念中尋找關聯，以類比、比喻與其他詩體的方式理解聯想力，並表達心中的想法，但尚未能將想法化為文字。

3.發明家（4-6歲）：試圖把類比的概念轉成可適用於外界的實際概
　念。

　　幼兒教師在創造性學習活動設計時，除了關注幼兒創造性人格特質的
培養之外，亦可設計讓幼兒觀察生活周邊有創意的人物，讓幼兒比較自己
與這些人物的差異、並透過模仿而縮短這些差異。對成長中的幼兒而言，
創造的活動隨時隨地都在發生，從幼兒呱呱落地的那一刻起，嬰兒的每一
個聲音、每一個動作都成為創造的起源（廖怡佳，2005），創造的能力是
人類與生俱有的，心理學家發現90%的5歲兒童都具有創造力，但是隨著年
齡的增加，其創造力便日益下降，到了成年人時，具有創造力者不到10%
（毛連塭等，2000）。這種現象可能與學校教育只關心學習成就有關，其
實，就算幼兒園沒有學習與考試的壓力，但是幼兒的好奇心、獨特性、堅
持、探索等創造性特質，通常不見得會受到老師的支持；根據吳巧瑜
（2005）的研究發現，一般幼兒教師並沒有那麼偏好具有創造力特質和複
合特質的幼兒，而較喜歡主動學習、有禮貌、合群、人際關係好、懂事貼
心、認真負責、與老師互動佳、有良好衛生習慣、天真善良及注意力集中
專注等屬於情緒智力特質的幼兒。
　　從幼兒創造力發展特質來看，有關幼兒創造性的發展與幼兒所處環境
有極密切的關係，而且幼兒的創造性發展具有極大的可塑性，但是也非常
脆弱，很可能在創造能力尚未發展成熟之前，就在成長環境中被扼殺了。
有關幼兒的創造性學習，要能兼顧個別性與群體性，給予幼兒補充性與合
作性的空間概念、理解知識與建構知識及衡量創新知識的價值性
（Dahlberg & Moss, 2005）；同時理解孩子是設計創造性活動的源由，了解
每一個孩子都是獨一無二的，都有自己面對世界生存的方式（蔡瓊賢、林
乃馨譯，2006），創造性的學習過程可以有不同的管道，如思考、說話、
遊戲、寫作、唱歌和實驗等等，年級愈低的兒童，其創造力表現愈傾向於
著重過程而無意於成果（廖怡佳，2005）。
　　其實幼兒階段之創造力教育，關鍵問題在環境生態，而非在幼兒本
身，幼兒創造力教育首要應從與幼兒成長及學習密切相關的家庭環境與幼
稚園環境著手（簡楚瑛等，2001）；而幼兒園在創造力教育上，主要在培

養兒童具有創造力發展的健康心理（董奇，1995）：

　　1.培養兒童探索新事物的興趣。

　　2.促進兒童自我意識的協調發展

　　3.幫助兒童形成良好的人際適應能力。

　　4.提高兒童對失敗的忍受力，正確地對待他人的批評。

　　幼兒老師為了建構有利於幼兒創造性發展的學習環境，應該積極了解並掌握幼兒的創造特性，然後在激勵與引導之下，充分累積幼兒的創造經驗，以利幼兒成長後的創造力發揮；累積幼兒的「小c」經驗，促使其朝向「大C」發展，而後有能力去展現足以豐富文化內涵或改變文明的創造力。

本章回顧

1.敘述Piaget理論與Vygotsky理論的核心理念。

2.討論建構式理論的內涵。

3.討論高創造性者的人格特質。

4.討論高創造性幼兒的人格特質。而你喜歡這些人格特質嗎？

5.敘述幼兒的創造力表現特色。

6.敘述幼兒創造力的發展階段。

第四章
有利幼兒創造性發展之學習環境

　　Csikszentmihalyi的系統觀點創造性理論主張，個人所處的學門領域守門人掌握創造作品的價值性與原創性判準；換句話說，在幼兒創造性發展的過程中，幼兒教師對幼兒的創造表現是扮演守門人的角色，對幼兒初期創造性發展扮演非常關鍵性的角色，而這個關鍵性角色對幼兒的創造性發展可能是促進者，亦可能是抑制者。簡楚瑛等人（2001）認為幼兒創造學習環境的設計必須植基於對幼兒的理解來規劃，強調應從理解孩子的觀點出發，營造孩子與自然環境、社會，以及人與物互動過程中所形成的氣氛，也是時間與空間協調整合而成的整體環境；在「創造活動」的實踐過程中，要加入「兒童的創造力」和「以兒童為活動主體」的教育以豐富兒童的人生。而廖嘉桂（1999）亦指出對創造力成長有益的教育環境必須具有下列條件：

1.沒有比較的教育環境。
2.免於受制約恐懼的教育環境。
3.具足歡笑的教育環境。
4.具流動課程的教育環境。
5.根植於大自然的教育環境。

　　然而根據陳龍安（2006）的研究指出，台灣學生缺乏創造力的原因就是因為：

1.教育環境方面——教學方式缺乏多元化。
2.在評量方面——強調結果，不重過程的單一評量方式。
3.文化思想——東方人與西方人思考方式不一樣。
4.文化傳統方面——害羞保守、過於謙虛、害怕樹大招風。
5.受限環境——有限空間、扼殺創意。
6.人格特質——個性自私、見不得別人好、沒有嘗試新事物的精神。

　　因此，就幼兒創造性的發展而言，幼兒園教師除了避免負面環境外，更應以積極方式提供正面的學習環境。一般認為，孩子在幼稚園中影響及

接觸最深的有三大要素，一是學習環境，二是老師，三是同儕（簡楚瑛等，2001）。就學習環境而言，幼兒同儕團體對幼兒創作產品的欣賞接納或嘲笑都將對幼兒的創造力表現產生影響；我們都知道次文化存在於任何一個團體，而幼兒的次文化是幼兒所獨有的、特殊的規範、行為及價值體系，它不同於成人文化的規範和價值觀，這些幼兒同儕團體文化對幼兒創造性發展具有深遠的影響作用。就幼兒創造性發展而言，幼兒園在幼兒創造性學習環境所扮演的角色與地位，兼具對教師與幼兒的影響力，教師的創造性教學需要幼兒園整體組織的支援，如果幼兒園能激勵及支持教師嘗試各種創造性教學活動，教師便能勇於接受各種創造性教學的挑戰。因此有關幼兒創造性發展在幼兒教育方面所涉及的層面，除了家人之外，還包含幼兒教師、同儕、課程、教學等，就幼兒創造性學習環境而言，則包含幼兒園創意教師、幼兒同儕團體、幼兒園等三個層面。

 # 第一節　幼兒園創意教師

　　自60年代以來，國外做過大量的研究，發現教師的創造力與學生創造性發展有正相關（Scheblanva, 1996），教師的教學風格、人格特徵，甚至相貌都會對學生的創造力發展產生影響（Sterberg & Wanger, 1994; Russ, 1993）。

　　一般來說，由於幼兒本身充滿好奇、探索的特性，而使得每一個幼兒都具有個體的能動性，個體的能動性是每一個個體對未知事物進行主動探索和發現的願望與能力；教師若在教學上能發揮幼兒的能動性，關注幼兒對學習的主動參與，讓幼兒能以一種想像、嘗試和發現的方式去學習，便能充分發揮幼兒的能動性，並能激發幼兒樂於從事創造性學習以建構其知識構念。在幼兒創造性發展的過程中，老師的愛、鼓勵、接納具有非常重要的位置，在充滿愛、鼓勵氛圍中成長的幼兒，將充滿自尊、自信地去探索生活中的創意，以累積創造經驗與發展創造性（賴碧慧譯，2005）；幼兒教師應該避免傳統以教師為主導的教學過程，認知幼兒教師並不是教學

權威者，也不是知識的傳授者，而是鼓勵幼兒主動參與學習的引導者與促進者。

一、激勵型幼兒教師的行為

我們從Piaget的理論與Vygosky的理論探討中，理解到人類認知的發展是個體主動與環境交互作用所建構起來的，同時，Vygotsky（1962）主張不能用直接教學法把自發概念轉變為科學概念，必須透過成人的提問、提示、示範等等方式去提升兒童的心智發展（Vygotsky, 1978），也就是說，幼兒教師應該建立以幼兒經驗為中心的創新型師生關係，持著鼓勵、接納的態度與幼兒共同建構知識概念。兒童在教師的激勵與引導下，便能大膽想像、積極思考，主動地進行了解、認識新奇未知的事物，探求不同事物的關係，體驗探索的艱辛和成功的喜悅，在學習中發掘自己內在的潛力，培養、發展各種能力，不斷提高創造力（董奇，1995）。

從事創造性學習的教師應該善於吸收最新教育成果及觀察幼兒發展狀況，然後轉化為自己的獨創見解去發展有效的教學新方法，並將其積極地運用於教學中，讓幼兒能自信的、主動的去嘗試、體驗各種學習活動，並在探索中培養容忍挫折、獨立學習等能力。因為傑出的創造者都必須有適度的自信，才能看重自己的作品，更需要能容忍挫折與失敗、勇於嘗試、堅持自己的追求，才能有「買低賣高」的創造成果：（Sternberg & Lubart, 1995, 1999）。基本上，激勵型教師在教學思考上較靈活而不僵硬，而且敏感度高、能接納新知、勇於嘗新、自我反思，並能肯定創造力的價值，在教學上能允許並欣賞幼兒行為表現的差異性，能解讀、接納幼兒的不同表現；激勵型的教師較能激發學生的學習動機和創造發明的動機（Atkinson, 2000）；激勵型教師在幼兒創造性學習中所扮演的角色是激發者、促進者、引導者和欣賞者，而不是維護自我權威和教材的代言人。

學者吳靜吉（2002）認為教師要有高度的洞察力、敏覺力、樂在工作及富彈性的特質，才能陶融創意文化，培養團隊創造力，而且讓學生都能發掘自己的優點、擅長的智慧，展現自我的生活風格，在參加團隊時能在團隊中創造利基（niche），因而能互相貢獻、互相欣賞，成員也就越能欣

賞各自的優點、長處，因而產生異質交流的創意表現。日本學者思田彰認爲幼稚園教師在開展幼兒創造力的同時，應提醒自己具備以下條件（簡楚瑛等，2001）：

1.自己本身具有創造力。
2.有強烈的求知欲。
3.努力建立起具有高創造性的班級。
4.創設寬容、理解、溫暖的班級氣氛。
5.具有與兒童們在一起共同學習的態度。
6.創造良好的學習環境。
7.注重對創造活動過程的評價，以激發兒童的創造渴望。

基本上，幼兒教師在創造性教學中也能有所受益（蔡瓊賢等譯，2004）：

1.能展現越來越多元化的課程；
2.學會賞識孩子獨特的技能；
3.能和孩子們有更密切的關係；
4.幼兒較少有行爲問題；
5.使用最少的標準化課程及外在評量。

幼兒教師可從多方面入手，包括：鼓勵學生提出創意、引導學生發揮想像力、布置多采多姿的教室環境、更新教學模式等等。但是幼兒教師必須了解，幼兒永遠存在著個別差異，而且這些個別差異是值得珍惜的，教師必須能抱持多元智能的觀點（Gardner, 1993），從事幼兒創造性學習活動，幼兒教師應敏銳辨認學生的智能，擅於扮演伯樂的角色，輔導幼兒發展自我與建立自尊自信，那麼對幼兒創造性的發展就變成極爲自然的事情，對幼兒工作者而言，建立以幼兒爲中心的教學理念是從事幼兒創造性學習所必備的教學信念。

教師對幼兒創造性發展到底是扮演培育者還是抑制者？這個角色扮演

在幼兒創造性學習情境中是非常重要的課題，教師在幼兒從事創造性活動時到底是要介入還是不介入，這個問題涉及「創造力」對幼兒的意義為何。如果說創造力的「創造」必須是一種「有異於先前狀態或成果」之呈現或展現，那麼若以幼兒發展的觀點出發，就可以說幼兒創造力是一種幼兒對變化自己、對自我與世界之認識的一種內在自發性的動力：想要「更新自己先前」對自己與世界的認識、想要「更新自己先前」與自己和世界之互動的方式（簡楚瑛等，2001），也就是說，幼兒將藉由「創造力」去更新自己對所處世界的先備概念，甚至是迷思概念的改變。

基本上，教師從事創造性教學時，所應關注的包括認知、情意、技能，並應兼顧幼兒創造、思考、批判、反思等能力的發展，而不應只是強調「創意」。一個被鼓勵和能讓情緒感覺安全、自在、可以自由創意表現自己的良好環境對兒童而言是必需的，但是教學上教師不可高估或低估兒童在所有創造性活動中自我意識的成長（蔡瓊賢、林乃馨譯，2005），人類個體在生命成長的過程中，只要周圍環境給予的限制愈少、生命就能自然地展現愈多個體在社會化後愈來愈隱沒的「創造力」（簡楚瑛等，2001），幼兒教師應當認知到創造性發展是終身追求的教學目標，這個目標將可為老師與幼兒提供一個發展創造性的方向，讓幼兒在安全、被尊重的環境中，不畏懼失敗，接受挑戰，並能以自己的速度與方式從事創造的感覺與經驗，這才是最重要的。

幼兒教師幫助幼兒表達創造力時，應（蔡瓊賢等譯，2004）：

1.幫助幼兒接受異動的情境，以避免過度擔憂。

2.讓幼兒了解有些問題是沒有簡單的答案，以避免緊張。

3.讓幼兒知道有些問題是有許多答案，評估看看哪個最好。

4.讓幼兒學會判斷和接受他們自己的感受。

5.獎勵幼兒的創造力。

6.讓幼兒享受創造及解決問題的樂趣。

7.讓幼兒能欣賞他們自己與他人的差異性。

8.幫助幼兒發展堅忍不拔的耐心與毅力。

　　許多父母與老師都主張當孩子在從事創作時不應介入，而應任其完整自我表現，否則會干擾、抑制孩童的創造力，甚至造成心靈受傷（Rogers, 2005），但是我們都知道創造力不會來自真空（Csiksentmihaly, 1999），而且在創造性歷程中，以領域相關知識最為重要（Amabile, 1983, 1996），所以在創造性學習活動中，必須能讓幼兒建構基本的概念，幼兒教師應站在促進者的角色，適時而有效的提供概念說明及一些支援機會，讓幼兒能有基本概念去從事想像、實踐、反思，並從中去創造與建構知識。

　　Rogers（2005）主張幼兒工作者應該理解成人過多的意見會干擾幼兒的想像、創新和簡易的探索，教師在正規教育中時常未經思考便譴責幼兒對所處環境的概念，而且教師還經常透過幼兒的角色扮演去提供成人對幼兒所想要的決定、覺察和描述等行為；因而經常干擾幼兒從事概念建構的探索。其實一個真正能激勵幼兒創造性發展的幼兒工作者，應該藉由創造性學習活動的角色扮演遊戲去引導幼兒與別人產生相互的聯結，並且讓幼兒能盡情的發揮創造想像，教師必定會因而對幼兒的創作表現驚訝不已；教學上幼兒教師最好能提供開放性目標（open-ended）的潛力教材，並應用新概念與想像力來維持幼兒從事創造性活動（Jones & Reynolds, 1992）。

　　Cropley（2001）認為一個能支持兒童創造力表現的教師通常：

1.能鼓勵學生獨立學習。
2.教學風格能探索社會整合、合作模式。
3.能引發學生自我精熟事實知識的動機，使學生擁有可協助擴散思考的穩固基礎。
4.能延緩評論，除非學生已思考過。
5.能鼓勵變通性。
6.能提昇學生自我評價能力。
7.能認真思考學生的建議和問題。
8.能提供學生接觸大量資料、情境的機會。
9.能協助學生學會處理挫折和失敗，使他們有勇氣再嘗試新奇、不尋常事物的勇氣。

而Feldhusen and Treffinger（1980）則建議幼兒教師以下列的行動去啓發兒童的創造思考：

1.支持並增強兒童不平凡的想法。
2.即使在失敗的情形下，也應該以支持的氣氛告知其可接受的標準。
3.重視兒童的興趣與想法。
4.允許兒童有充分的時間思考。
5.製造師生及同學間，相互尊重與接納的氣氛。
6.傾聽並與兒童打成一片。
7.讓兒童有機會成爲決定的一份子。
8.覺察兒童創造的各層面，並給予鼓勵。

一位激勵型的幼兒教師，在促進幼兒創造性發展方面，除了增加激勵行爲外，更應該避免那些會抑制幼兒創造性發展的行爲；Rogers（2005）針對幼兒創造性發展列表說明了激勵者行爲與抑制者行爲，如表4-1，可供幼兒工作者參考。

二、抑制幼兒創造性發展的因素

幼兒教師行爲會對幼兒創造性發展產生抑制的因素，除了Rogers所列出的行爲外，還包括忽略幼兒的探索、想像，把學習工作與遊戲嚴格區分，有些老師總是對於充分準備過於執著，並藐視幼兒的幻想、白日夢，有時過於權威主義，強調一致性與統一性的價值標準；另外，還有許多學者提出會阻礙創造力發展的因素。

Krippne認爲會阻礙創造力發展的因素有（引自黃瑞煥、洪碧霞，1983）：

1.每件東西都必須有用。
2.每件事都必須成功。
3.凡事都應完美。

表4-1 幼兒創造性發展之激勵者與抑制者行為

激勵者行為	抑制者行為
給予時間	限制時間
焦點放在孩童的思考	權威
延後判斷	預先回應
強調獨立	鼓勵依賴
對結果樂觀	悲觀
傾聽	批判
表現出真正的興趣	疏忽，漫不經心
假設它能做	反對
分享任務	行動支援者
挑戰兒童去試驗	堅持固定例行公事
有用的幫忙	貶抑的建議
接受孩子的決定	獨裁
跟隨孩童的興趣	干擾
在旁共同思考	無耐性
公平處理	給予決定
在錯誤中學習	取笑
應用開放性問題	拒絕新概念
鼓勵遊戲	仔細盤問
有價值的創造概念	不給予回饋

資料來源：Rogers, S. (2005). Supporting creaitvtion. In J. Willan, R. Parker-Rees, & J. Savage (eds.), *Early Children Studies*, p. 112. Learning Matters Ltd.

4.每個人都應喜歡你。

5.你不該喜歡獨處甚於群居。

6.你必須認真、注意。

7.你不可逾越社會性別角色的常模。

8.不要過度表現自己的情感。

9.凡事力求清晰，別曖昧混淆。

10.不能動搖文化的基礎。

而魏美惠（1996）提到的阻礙創造力發展的因素，包含：

1.比較的心態。
2.缺乏安全感。
3.怕人批評。
4.不敢嘗試新事物。
5.缺乏遠見。
6.鑽牛角尖。
7.得失心較重。

同時Torrance亦指出五種影響美國兒童創造力發展的因素（張春興、林清山，1973）：

1.過分重視成就，養成兒童不敢有超越常軌行為的習慣。
2.在社會團體的生活壓力下，個人不能不放棄自我的特立獨行，去遵從大眾，迎合別人。
3.教師不鼓勵甚至阻止學生發問書本外的問題，因而阻滯兒童想像力的發展。
4.社會上過分強調兩性角色差異，忽略了女性創造思考能力的培養。
5.把遊戲與工作截然劃分，使得工作情境嚴肅、緊張，因而不能從中養成創造思考的習慣。

郭有遹（1998）則以文化及環境說明有礙創造力發展的因素：

1.文化環境上的阻塞：
　（1）禁忌。
　（2）恥笑夢想、深思、懶惰、狂狷。
　（3）只容小孩有稚氣與玩心。
　（4）缺少幽默，認為解決問題是一件很嚴肅的事情。
　（5）輕視感覺、直覺、求樂與價值判斷；重視理智、邏輯、數字、

功用與實務。

（6）尊重傳統，不求新求變。

（7）普遍認為任何問題都可用科學方法與金錢來解決。

2.環境上的阻塞：

（1）個體之間缺少互信合作。

（2）權威角色倚重自己的主意、而不獎勵其他人的主意。

（3）有許多對於自由思考機會的干擾。

（4）缺少將構想付諸實現的支持。

董奇（1995）則主張教師應該改變會阻礙兒童創造力發展的傳統教學觀念與教材：

1.將以教材傳授為主的教學目標改變為增長經驗、發展能力的教學目標。

2.將以教師為中心的教學方法改變為注重兒童學習主動性的教學方法。

3.將嚴格遵守常規的課堂氣氛改變為生動活潑、主動探索的課堂氣氛。

 # 第二節　幼兒同儕團體

　　Csikszentmihalyi的系統觀點創造性理論主張個體所處的社會領域文化對個體創造性發展具有重要的影響；就「守門人」來說，幼兒的同儕團體就是其創造作品價值判準的守門人，對幼兒創造性發展具有重要的影響力量。在幼兒同儕團體發展中，其主要重點在於強調人類的認知能力發展，經常是透過個人與環境、個人與個人的互動經驗中逐漸建構出來的（Bruner, 1979）；幼兒在同儕團體可獲取大量的訊息去增進處理訊息的能力，這種能力受到生理與環境互動的影響，而且期待能被同儕接納為團體

的一份子。而簡楚瑛等人（2001）更主張多給孩子同儕間互動分享和討論的機會，益發能挖掘激發幼兒的創作慾望和潛能，若過分限制孩子間談話、玩耍分享的機會，則很多新創意和想像，都會在孤獨中消失怠盡，錯失創作萌芽之機。

一、同儕團體對幼兒的意義

兒童的創造力在兒童的同伴關係與群體關係中具有重要的作用；在任何兒童團體中，想當「孩子頭」的，可藉由創造力的表現對其領導的團體有比較突出的貢獻（董奇，1995）。基本上，幼兒以三種能力去發展內在潛力以朝向主動性個體（Stewart & Joines, 1987, p. 266）：

1. 察覺性（awareness）——對任何聽、看、觸、味、嗅的獨特感覺，這是幼兒世界的方式。
2. 自發性（spontaneity）——在眾多情感、思考、行為主題中的選擇能力。
3. 親密性（intimacy）——能與家人、他人建立開放的分享情感與需要的能力。

而人類在互動中的對話過程就是一種學習歸納推理的行為，所有的幼兒都會在兒童時期藉由面對與別人的對話互動，而學習自我控制，以完成社交、情緒的任務發展與心理發展，有些兒童會成功，但是有些則不會成功（Bloomguist, 2006, p. 26），而幼兒透過互動過程可培養察覺、自發、親密的情緒能力發展，並有利於幼兒的創造性發展。兒童能在互動過程中澄清彼此的想法，將知識做有系統的組織，分享彼此的發現，以討論的方式來解決問題（葉明達，1998）；幼兒能在學習環境中，逐漸累積能力去跟隨成人與社會的引導，而控制內在的挫折、壓力，然後培養自我控制；同時可以透過社交與他人建立關係並累積社交技能，學習理解及表達感情、理性思考，如此才能擁有正向自尊，最後以自我導向方式去探討這個世界並從事學術性行為（Bloomguist, 2006）。

　　另外，人類通常無法透過解釋活動去塑造其推理的技能，而這個現象在3歲左右即出現；即使是成人，其解釋能力往往也相當薄弱且缺乏效力，而同儕團隊能讓幼兒學習如何有效解釋（洪瑞雲、吳庭瑜，2002）。所以兒童的同伴關係是存在於兒童之間的一種人際關係，反映兒童個體或團體尋求滿足需要的心理狀態；兒童與成人缺乏平等交流的滿足感，而與同伴交流則處於一種平等、非權威的氣氛中，對兒童具有極大的吸引力，他們能相互模仿，學習對方的創造方法和技巧（董奇，1995）；可知幼兒同儕團體的交互作用，有助於幼兒發展健康的心理，同時可以培養其溝通與表達的能力，並學習容忍、接納、尊重他人的能力，而這些能力都是個人創造性發展所必須具備的能力與態度。

二、幼兒園的同儕關係

　　幼兒園時期是幼兒最先與其他人分享成人的注意與關注的場所，在同儕團體之中，幼兒必須學習融入團體、分享資源、輪流、等待、傾聽、表達、獨立工作的方法與時機等社會技巧（蔡瓊賢、林乃馨譯，2005）；兒童最初的創造應該說始於模仿，當兒童進入幼稚園和學校以後，隨著兒童本身的社會化、個性發展、兒童自我意識與控制能力的增強，兒童的創造力才會愈來愈集中地表現在他們所感興趣和他們所看重的活動上（董奇，1995）；幼兒的合作行為在3、4歲時即有明顯的行為表現，特別是在遊戲互動中，如共同建構積木、合作角色扮演等即可發現（劉秀娟，2004）。在同儕互動時，社會的榜樣行為除了會影響其他組員之外，更可改變其行為；而透過符號傳遞知識，更跨越時空的不利因素，讓學習者之間的行為或經驗得以交流（李建億，2006）。社會學習理論（Social Learning Theory）學者Bandura（1983）特別強調行為、個體和環境是交互影響的關係，而且是聯結在一起的系統，三個學習因素互相融合，沒有次序、階層的關係，這是一種交互決定論（reciprocal determinism）的觀點。而幼兒透過「個人—環境—行為」的多重互動便能產生豐富的學習經驗。

　　在同儕相互模仿之下，可使幼兒在互動中相互學習，若發現自己的觀念不對時亦能相互的察覺，並立即修改幼兒同儕之間的交互作用，將有助

於幼兒在相互學習、模仿之中學習自我控制與成長的能力。然而教師亦必須認知同儕之間的競爭與比較的壓力，或是爲了讓同儕接納的壓力，兩者都將影響兒童創造性發展，同時董奇（1995）認爲從眾心理、性格狹隘、固執、自我評價不恰當等不健康的心理，也會影響兒童的創造性發展。老師在教學活動中，必須善用同儕力量去培養兒童社會性行爲，讓幼兒在團隊中宣洩情緒與發展情緒能力，幫助幼兒克服負面情緒，而增強正面情緒。設計一個創造性活動以提供幼兒與別人一起工作、談話、相處，讓幼兒在一個溫暖、安全的情境中，嘗試並探索新工具、新方式、新教材，進而發展創造性行爲（蔡瓊賢、林乃馨譯，2006）。

其實有關幼兒的學習就是藉由觀察和確認自己生活中的「重要他人」（significant others）的行爲，而選擇如何與所處世界建立行爲角色模式（Bandure, 1983）。幼兒經常藉由聽、看、嗅、摸等感官與所處環境中的人、事、物進行交互作用，透過語言與非語言的互動來建構自我概念；教師可應用幼兒的同儕團體，促進幼兒自我意識的發展，幫助幼兒有良好的人際適應能力，以提高幼兒對失敗的忍受力，並能正確的對待別人的批評，這些都是朝向創造性發展的健康心理。

 第三節　幼兒園創意環境

我們都知道人類一出世就置身於某種既定的社會與文化環境之中，這種社會文化環境也就構成了人類心理發展的重要背景；就正規學習環境而言，對幼兒創造性發展最有影響力的除了老師與同儕以外，就是幼兒園環境。學校教育是一種有目的、有組織、有系統的教育，在影響兒童創造力發展、潛能開發的諸多因素中，居主導地位（董奇，1995）；傳統上的教育觀念，將教育定位於傳遞知識，以建構社會關係與網絡職責（Reading, 1996），學校教育所強調是「正確」，而非「創意」的學習。

傳統教育所傳遞的知識是立基於中產階級團體觀點建構的，這種知識是屬於「大論述」的概念與承諾，隱含形塑霸權角色的知識（hook, 1994;

Hayes & Colin, 1994）；傳統的現代化教育計劃與知識通常隱含著社會工程，它企圖引導進步的意識和功能，兼具預前所設定的教育目的和教育模式（Usher et al., 1997）；由於現代教育觀是根植於目標知識的傳遞，幼兒因而被區隔為知曉與無知、成熟與不成熟、有能力與無能力（Ranciere, 1991），所以傳統的學校教育與教師訓練，埋沒了人類與生俱來的創造天賦，多數兒童都擁有豐沛的創意能量，但這份能量卻在日後的成長過程中一再受到壓抑（董奇，1995）。

　　Dahlberg與Moss（2005）主張教育工作是去定義別人話語中的思想，並去引導這些不尋常的思想；而學前教育是一種倫理學的實踐，應以「傾聽想法」（listening to thought）的方式去實踐幼兒教育。也就是幼兒教育應該是去傾聽並了解幼兒生活世界的意義與思想，然後再引導去建構認知概念與知識結構。教育是在一種不能相容的共存情境中去建立穩定且可交換知識的過程（Reading, 1996），成功的幼兒服務是有能力適時提供多元化的物品服務，提供完善的幼兒照護工作，並關注未來的發展。

一、幼兒園轉型的必要性

　　急遽變遷的台灣社會，不僅政治、經濟、生活產生巨大的變動，這個現象亦反映在教育革新上，幼兒園在這種變遷的潮流衝擊下，勢必亦要有所創新與變革。徐聯恩、林素君（2005）針對九十三學年度台北市獲得幼教評鑑績優的14所國小附設幼兒園為研究對象，發現其中9所從單元教學轉變為主題教學，其中2所則將其原有的單元教學進行本土化與統整化的教學；他們認為這種改變就是一種創新，而創新即是一種改變。

　　生活在急遽變遷的時代，甚至有人說是典範轉移的時代，或是從一個世紀轉向另一個世紀的時代；幼兒園勢必要重新反思知識建構的方式及教育意義，幼兒工作者必須體認最好的幼兒教育方式就是能將幼兒培育為有創意、能創新的人。因為幼兒所面對的未來世界將不再是「過去習慣於做什麼」的世界，未來是難以想像的世界，或者是一種大災難也說不定，幼兒教育應朝向幼兒生活行為的研究，以避免複製例行事務的教育（Dahlberg & Moss, 2005)；幼兒園將轉變傳統教育模式，改變為以幼兒為

中心、關注同儕互動的教學關係，就是一種創新。

對幼兒園而言，「課程創新」是指幼兒園改變其現有的課程，採用新的課程理論與方法，或者自行發展設計一套更具有自己園所特色，也更能符應社會與時代需要的課程（徐聯恩、林素君，2005）；而一個組織想轉型或創新成功，唯有當員工願意投注時間與精力去達成新目標，以及願意承受創新的困難與壓力時，創新或改革才會成功（Daft, 2004）；此乃因為創新是一種危機（Hodge, Anthony & Gales, 1996），任何的創造性行為通常都隱含內在衝突與內在矛盾的複雜自我，這個由個人所建構的內在世界，隱藏個人最基本的意識行為（Runco & Shaw, 1994）。然而，人際之間的互動張力，可刺激解決問題的動力，給彼此持續性的支援，使個人能忍受各種衝突與不平衡（Runco, 1986）。

根據簡楚瑛等人（2001）的研究發現，幼教老師不僅感受到創造思考與創新能力對自身教學和生活十分重要，更認同創造思考與創新能力對幼兒學習和發展上的重要性；然而仍然有許多老師受限於空間、資源、班級人數和個人能力，而無法將培養幼兒創造力列為教學的重點。所以幼兒園領導者必須體認幼兒教師與同事的關係，就如同幼兒同儕關係一樣，幼兒園若能促使教師合作的話，可藉由良好的溝通與合作，提供教師創新的資源，減少創新所帶來的不確定與焦慮，如此將可促使教師樂於從事幼兒的創造性教學，亦將促使幼兒園的轉型成功。

Amabile（1996）認為組織成員所處的工作環境，是影響組織創新的重要因素，而工作環境可稱為組織氣氛。如果組織領導者能改變組織先前的情感、人員、目標、技術、團隊、結構設計等，將可促進組織氣氛創新（Hodge, et al., 1996）；基本上任何一個組織都會形成一套價值觀，而這些價值觀通常會對組織成員產生根深蒂固的影響力，它能協助組織成員了解組織中的哪些行為可以被接受，哪些行為不能，一般來說，這些價值通常都以符號或故事呈現（Moorhead & Greffin, 1998）。因此，幼兒園面對社會的變遷必須轉變幼兒教育理念進行課程創新，然而若想轉型或創新成功，就必須建立鼓勵創新的組織氣氛，才能促進幼兒園所有成員轉換心靈思考模式與教育觀點，以促進幼兒教師的教學創新與幼兒園的組織創新。

二、有利幼兒創造性發展的幼兒園環境

　　研究發現，在創造性人才開發與培養中，有一種群體連鎖反應現象，亦即在一個創造群體中，主體與主體之間產生相互影響、促進和啟發，從而都分別做出傑出的創造性成就，有關開發和培養學生的創造力，要重視和努力建構能夠產生連鎖反應的創造群體；而師生連鎖反應是較為典型的類型（張武升，2002）；創造性課程與整體學習環境是互補關係，不是相互孤立的關係（Tegano, et al., 1991），幼兒園的課程轉型乃是一整體性、系統性的變化，並非只是更換課程內容即可奏效，系統性的了解和支持實為轉型中不可或缺的（簡楚瑛、林麗卿，1998）。就「守門人」角度來看，幼兒園的經營者是教師從事創造性教學的守門人，幼兒園的組織文化對創造性教學與幼兒創造力培育所隱含的價值觀，都會影響幼兒園所有成員的價值觀與行為。

　　幼兒園的課程改變涉及幼兒園整體園所的變化，非僅有課程內涵的改變而已；而且在課程改變的歷程中充滿了不確定性與複雜性（徐聯恩、林素君，2005），園方必須能提供幼兒自然可創作的遊戲素材及空間，提供展示幼兒創意表現及作品之媒介，還要能支持並配合教師創意的教學活動所需的設備與經費，更要能整合家長、社區及社會資源以支援教學（簡楚瑛等，2001）。創造性教育活動只有在能被接受的環境中，才能持續的創發，一個創新、轉型的幼兒園，能讓幼兒習慣性的展現他的創造力，把創意變成一種習慣，讓幼兒不成熟或是粗糙的創造作品得到接納與鼓勵，也能讓社區家長接受與認同；而幼兒教師所從事的創造性教學活動亦同時能受到接納與鼓勵。

　　幼兒園在鼓勵教師關注幼兒的創造性發展上，應（賴碧慧等譯，2005）：

1.慶賀創造力，以活動認同創意英雄。
2.重視孩子們的創造力。
3.成為一個有創意的夥伴。
4.提供時間與空間以從事創造性的表達。

5.提供玩具與材料以助益創造力。

6.提供心理上的氣氛以助益創造力。

7.透過課程安排創造力與創造性的表達。

　　我們必須了解幼兒園在整個課程轉型創新歷程中，會涉及幼兒園整個組織層面，包含人員的投入、資源的投入、時間的投入等等（徐聯恩、林素君，2005）；而領導者的特質、內部結構特徵、組織外部特徵都會影響組織創新（Rogers, 1995），課程創新具有逐漸演化性、整體牽動性、複雜不定性等特性（周淑惠，2005），所以幼兒園實施課程改變或課程創新並不是件簡單的事（徐聯恩等，2005），而幼兒園領導者必須讓員工建立對幼兒園所變革創新的承諾，通常員工必須經歷三個承諾階段（Daft, 2004）：

1.準備階段——從備忘錄、會議、演講及個人的接觸中得到變革的訊息，並明瞭變革將會直接影響其本身的工作。

2.接受階段——在承諾階段中，領導者應該幫助員工逐步了解變革所產生的影響，及改變的正面效果，並能立即配合執行。

3.承諾階段——是真正承諾的開始，領導者應對員工的安置慎重處理並透過討論建立對行動的承諾，然後將創新的事物變成體制化營運的一部分。

　　根據陳淑敏、張玉倫（2004）針對國小附設幼稚園的研究發現，幼兒教師大都提到幼稚園未得到校長的重視，缺乏學校行政的支援，有些抱怨幼稚園經費被挪作他用，甚至因為校長缺乏幼教理念，對教學做不當之限制或干預，有些教師因而得過且過，不積極思考改進教學。所以Hallmann認為傳統學校教育經常由於下列因素，而妨礙兒童的創造力發展（引自董奇，1995：192）：

1.過分追求成功。

2.以同齡同學的行為做為楷模的不當後果。

3.禁止假設疑問和提問。

4.教師和家長不能容忍學生嬉戲態度的存在。

5.經常有人對創造行為抱有偏見。

6.強大的隨俗壓力使得創造性活動難以開展。

7.在時間的壓力下工作，把思考活動侷限在規定的時間內完成。

　　幼兒教師的創造性教學可說是幼兒創造性發展的最佳途徑，而幼兒園是否擁有一套能激發及促使教師從事創造性教學的經營理念，對幼兒創造性發展是非常重要的。在追求多元價值與創意的社會中，幼兒園應以多元化教學、課程、典範，重新思考在幼兒教育活動中，教師、幼兒與知識的交互作用，思考教師在教學活動的多元角色。幼兒教育工作者要關注並促進所有的幼兒都能參與學習，就如同成人參與學習一樣，必須認知有些幼兒可能很容易受到被排斥所造成的壓力傷害，幼兒機構要能敏感地回應幼兒的多元需求（Booth & Ainscow, 1998）。

　　基本上，有助於提升兒童創造力的學校環境，可從五個方向來探討（董奇，1995）：

1.創造型校長：能夠創造性地開展工作，其個人品格、工作風格、領導方式等方面也應具有如下獨特的表現：（1）好奇心和不滿足感；（2）對自己的工作非常熱心；（3）靈活、開朗，能接受新信息並主動運用它們；（4）不因循守舊，對傳統的觀念和做法敢於大膽質疑；（5）具有較強的感染力。

2.有助於教師創造性發揮的學校管理：學校管理成功的基本條件是要建立一個有共識、結構合理、協調合作的學校領導團體；使成員均認同以發展兒童各種能力為重要教育目標，其中尤以創造力為重；其管理的具體內容就是容許、鼓勵和幫助教師創造性地進行教學。

3.建立安全、自由的團體創造氣氛：教師在改善團體氣氛方面應遵循以下原則：（1）給予兒童應有的信任；（2）減少不必要的規定；（3）拒絕評判；（4）對兒童表示誠懇的支持。此外，激發兒童創造性的團體氣氛還應提供某些情境讓兒童體驗到自我價值感、對團體

的歸屬感和個人能力感。

4.展示與激發兒童創造力的學校佈置：應有專門的區域來展示兒童的創造性產品，以及其他所有能激發兒童創造慾望的刺激物，如兒童富有想像力的圖書、作文、他們自己設計的小製作等等。學校裡應設置專門的活動區域，以促進兒童從事創造活動，能獨立進行嘗試的時候，教師不宜過早地「參與」，並防止兒童之間的相互干擾。

5.完善學校評量體系，使創造力可多元呈現：兒童創造力考察的教育評估體系可以從兩方面著手：（1）改變基本的教學考試形式和內容；（2）重視兒童在專門領域中創造性活動的表現。

另外，影響創意教學成果的三大因素之一就是環境教材，而創意教學環境教材包括視聽設備、空間座位、實作場地、模型、發明圖片等；環境教材不僅限於教室內的情境（沈翠蓮，2005）；幼兒園的物理空間經常是創造性學習活動能否成功的重要因素，一個理想的創造性活動空間包括（賴碧慧等譯，2005）：

1.良好的環境可幫助溝通：窗簾、地毯可降低噪音，顏色要明亮、易清洗；地板容易清潔、不易磨損、舒適；溫度、採光（自然光）、通風良好；用水方便、器材易取用、椅子搬動不會有噪音、要有低矮不深的開放式櫃子。

2.安全最需特別考慮：確定所有低處的窗戶都安全、移走有毒的含鉛畫筆和植物、確定所有玩具都安全、創造性活動中第一次使用的教具應注意使用安全要素。

基本上，幼兒園學習環境的創新是持續進行的動態歷程，在幼兒園進行的改變過程中，身為幼兒園領導者的園長與幼兒園教師之間的溝通、互信、互動型態，都會影響幼兒園學習環境的創新成效。幼兒創造性學習活動所談的是教師必須轉變傳統教學模式，建立新的教學理念去發展幼兒創造潛能；而幼兒園則應該轉變組織型態，支援並建立幼兒教師有關創造性學習的理念，提供有利幼兒創造性發展的學習氣氛與空間設施，以促使幼

兒教師樂意為幼兒園的創新有所承諾，並全力以赴努力完成幼兒園的創新目標。

本章回顧

1. 敘述有利幼兒創造性發展的學習環境因素。

2. 敘述激勵型的幼兒創意教師必須具備的條件。

3. 幼兒從事創造力表現時，幼兒教師應注意哪些事物？

4. 討論哪些幼兒教師的行為對幼兒創造性發展是激勵者行為？哪些是抑制者行為？

5. 敘述對幼兒創造性發展有阻礙的因素有哪些？

6. 討論幼兒同儕對幼兒創造性發展的影響。

7. 討論幼兒園面對社會變遷必須如何轉型？

第五章
幼兒創造性學習活動設計之基本理念

　　教育部所公布的《創造力教育白皮書》，其五大願景包含了「培養終身學習、勇於創造的生活態度」，「提供尊重差異、活潑快樂的學習環境」，「累積豐碩厚實、可親可近的知識資本」、「發展尊重智財、知識密集的產業形貌」、「形成創新多元、積極分享的文化氛圍」技能（教育部，2001），《創造力教育白皮書》隱含創造能力與終身學習能力是國家公民應有的關鍵技能，而尊重差異、提供可親近的知識則是培育公民朝向創造力與終身學習的方式，也就是說，學校應該提供多元化學習管道，並以創新的學習方式開展學生的創造力及促進學生朝向終身學習的方向邁進。

　　其實終身學習理念早已成為國際組織所重視的教育典範，並且已成為各國教育革新的核心理念；而終身學習最關鍵的理念，便是強調以學習者為中心的學習理念（魏惠娟，2000；李瑞娥，2004），就幼兒創造性學習活動來說，Piaget與Vygotsky的認知發展理論及建構理論，所強調的核心理念亦主張幼兒學習應以幼兒經驗為中心；同時由於科技的發展對人類大腦功能的研究有了新的發現，而衝擊現有的教育觀念，產生所謂的學習革命。有關幼兒創造性學習活動的設計，應關注終身學習理念、以幼兒為中心的理念、學習革命——全腦學習理念，以做為學習活動規劃之基礎。

第一節　終身學習理念

一、終身學習的時代意義

　　我們都知道二十一世紀是科技高度發展的社會，是強調知識經濟的社會，在科技與知識急遽發展的時代，終身學習也就成為因應知識急遽發展的最佳學習理念。從1960年代中期以來，由於聯合國教育科學文化組織（UNESCO）的倡導及研究，終身學習普遍獲得學者的重視，隨著科技與知識的日新月異，終身學習已成為先進國家教育改革的新動力與新典範。建構一個以終身學習為導向的教育體系，也已成為我國眾多教育改革策略

中，備受矚目與期盼的議題之一（林清江，1995；蔡培村，1997；魏惠娟，2000；Hasan, 1996）。

教育部於民國87年公布《邁向學習社會白皮書》之後，終身學習在我國的發展更具有政策性與系統性，使得我國「活到老，學到老」的觀點獲得更具體的實踐；而民國92年「終身學習法」通過後，使終身學習的實施策略更具體、更明確，並已成爲教育革新的原動力。而終身學習的理念具有四大特質（OECD, 2001）：

1. 提供系統的學習觀——終身學習架構要能覺察學習機會的需求與供應，並涵蓋生命全程，包括正規、非正規與非正式學習型態。
2. 學習者爲中心——終身學習的核心策略便是迎合學習者及其多樣化的學習需求；這是一種將教育政策焦點，由正規機構學習轉移到學習者爲需求的學習理念。
3. 重視學習動機——強調學習者的學習動機，重視學習者能依個人學習需求、能力與情況，自訂學習進度與進行自我導向學習。
4. 抱持教育政策多元目標的平衡觀點——多元目標涉及到經濟、社會或文化成果、個人發展以及公民身分等等；而這種終身教育採取個人層面的優先性，可能改變個人的一生，並且每項目標均應納入政策發展中。

二、終身學習的核心理念——以學習者爲中心

終身學習的核心理念就是強調重視學習者的需求與動機，教育必須迎合學習者的學習需求，才能使學習者樂於學習，進而培養終身學習的態度，而終身學習的核心策略便是建立以學習者爲中心的教學理念。終身學習學者Day（1998）認爲終身學習的挑戰，在於使個體在早期學校生活中，就要培養出樂於學習的態度。同時，唯有終身學習的理念貫串整個教育體制，學校教育改革的理想才能落實（楊國德，1999）；而學校教育雖然只是終身學習的一環，但卻是極爲重要的一環，因爲學校教育仍然是目前我國國民早期獲取知識、培育認同、建立抱負最重要的地方

（Csikszentmihalyi, Rathunde & Whalen, 1993）。終身學習主張個人在一生中都要不斷的學習才能適應社會的需要，所以教育系統要在兒童幼年時就激發他們有終身學習的動機和準備（魏惠娟，2002）；因此終身學習態度與理念的培養，必須從小便讓幼兒能樂於學習，使其感受學習的樂趣，才有可能培養幼兒具有終身學習的態度與能力，而為達到此目的，最好的方式就是建立「以幼兒為中心」的教學理念。

　　一般來說，以學生為中心的教學法，可提高學生學習的樂趣，並提供學生思考與知識建構的機會。教學上如果能以學生為學習的主體，便能夠培養學生從事學習導向（learning oriented）的學習，而能有利於學生朝向自我成長與精熟學習，他們就比較能夠熱愛學習與懂得如何學習（Maehr & Midgly, 1996）；如果學生是屬於表現導向（performance oriented）的學習，也就是強調人際競爭、要求勝過別人的學習，那麼這樣的學習就是為了名次、為了文憑、為了獲取別人的讚許或為了害怕輸別人而努力，最後難以成為一個終身學習者（吳靜吉，1999；Maehr & Midgly, 1996）。

　　在科技與知識急遽發展的全球化時代，終身學習的趨勢，已掀起全球學習革命，為了搭上這一班學習列車，無論是政府、學校或企業組織以及個人，都必須徹底檢視傳統做事的方法與習慣，敏於學習，勇於做必要的改變（魏惠娟，2002）；學校應該是活的系統（Living System），而其特色便是建立以學習者為中心的學習、鼓勵多元化、了解世界各部件的相互關係及變遷，學校要能經常探索教育理論在教育過程中的應用，並利用社會關係網絡與資源來重整教育；而不只是背誦，只求正確答案而已（Senge, 2000）。真正的學習意指：學習最後應導致行為的改變，不應只是取得一些新資訊，也不應只是產生一些新構想而已（郭進隆譯，1994，頁301）。

　　如果我們仍然繼續以教師中心、記憶為主、外在控制的方式教育學生的話，我們就是在培育學生面對一個即將不存在的世界（魏惠娟，2002）；而創意、創新是讓知識不至於貶值的要素，無論應用在個人、團體或是組織，創意最根本的意義是打破原有規則，建立新的模式（遠見雜誌，2000年9月），這就是為什麼Griffiths（2005）主張一則一則的故事對幼兒是極其重要，為什麼要對幼兒說故事？為什麼要敘述幼兒的行為？這

也就是Gelder與 Savage（2005）所強調的，由下而上所建立的幼兒照護觀點更能引出幼兒創造性發展，幼兒工作者若能以積極方式朝向以「兒童親善」（child-friendly）的方式來照顧和教育幼兒，才更能夠洞察幼兒的需求與學習。

　　在日常生活中，父母和老師應用心觀察幼兒的探索行為，不要馬上指示幼兒解決的方法，只要從容地守護著，及時地、適時地送出鼓勵、嘉許的信號，孩子就會有更多勇氣去嘗試，對於幼兒創造力的開展，成人需要學習「靜觀」和「等待」（簡楚瑛等，2001）。因此建立以幼兒為中心的教學理念不僅能培養幼兒在未來世界成為終身學習者，亦能促進幼兒朝向以其創造能力去開創未來的世紀。

第二節　幼兒為中心之教學理念

　　近年來台灣幼教界受西方教育思潮的影響，強調以幼兒為主的教學（陳雅美，1999）。民國81年，國內幼教界學者簡楚瑛參觀過義大利Reggio Emilia的教學後，有感於以幼兒為中心的教學深具意義，因而她與其他學者致力於方案教學的提倡與推廣（陸錦英，2004）。Reggio Emilia已推展方案教學四十幾年，其主要的策略是在迎合多元團體的幼兒服務需求，方案教學（project-based）是以賦權增能、整體性發展、家庭與社區、夥伴關係的學習原則去支援與引導幼兒的學習，而不只是以方案為本的技能性知識的促進而已（Waller, 2005）很多研究都顯示傳統教師講授的教學方式，學生不能真正了解所學習的知識，也不會將所學到的知識加以應用（Driver & Bell, 1986）。此乃因為幼兒教育在60年代被視為成人的預備，認為幼兒教育就是使幼兒被動的接受成人所安排的教育，而70年代到80年代初，有些幼兒研究者開始反思並挑戰幼兒是消極接受的觀點，這種教育理念並無法使幼兒成為主體性的學習者（Griffiths, 2005）。

　　傳統上，兒童教育學是一種「教師導向」的教育模型，學生的學習內容、方法、時間等均由教師負責，全部都由教師決定；在教學過程中，教

師是主體，學生只是扮演服從教師教學的角色（胡夢黥，1998）。有關幼兒發展理論中，Locke的「白板說」（blank slate）較強調自然本質，傾向少給予塑造；而Skinner的行為改變論則描述幼兒如何在鼓勵與處罰之中，回應並建立行為模式；其實幼兒的發展是一種本身與所處情境交互作用的結果，其心智結構與理解範疇是透過本身與環境交互作用，有條理地組織經驗所形成的（Oates, 1994）；兒童心理學家Mayall（1994）亦反對兒童是消極接受的觀點，而主張兒童的心智狀態是兒童參與他們自己的生活與家人、朋友關係所建構而成的。其實決定幼兒主體性是否能得到發揮和發展的關鍵因素不是課程的「內容」或活動的「類型」，而是幼兒在活動中的地位和參與程度，是教師「給予」幼兒的自主「空間」，是教師與兒童的關係；在一個處處感受到教師的權威性、處處充滿指令的環境中，兒童的主體性就無從談起（馮曉霞，1998）。

兒童是社會行動者，並且是與他人複雜關係的參與者，兒童不是被自然和社會力量所支配的，他們是透過與成人交互作用所創造的意義去形成個人習慣的（James & Prout, 1990）；兒童經常藉由參與他們有興趣的分享、接觸、空間、時間，去進行交互作用的溝通，而使得每一位兒童都擁有彼此的生命故事關係和結構情境，並同時相互擁有各人的輪廓軌跡和力量的配備（Young, 1997, p. 50）；幼兒的生活經驗將是影響未來發展的基礎。

一、幼兒生活經驗對學習的意義

幼兒生活經驗對學習的重要性，就如同環境與基因對人類大腦與人類本質開展的作用一樣（National Research Council Institute of Medicine, 2002, Parker-Rees, 2005），從Piaget與Vysgoky的認知發展理論及Amabile與Csikszentmihalyi創造性理論探討之中，我們可以知道幼兒所處的生活環境對其創造性與成長的重要性；幼兒的學習活動必須以幼兒認知程度與生活經驗相結合，才能使幼兒有興趣且好奇的從事探索並建構屬於他們自己的知識與文化。有關幼兒教育的內涵應納入能讓幼兒感興趣的活動並與幼兒所處的時間、空間相結合，建構有益於幼兒未來發展所需的內容與教材。

Gardner指出，一般人所認定的智力只是單一層面的，人們通常將智力侷限在邏輯思考能力上（魏美惠，1994），而Gardner（1983）則認為邏輯思考只是人類眾多能力中的一種，創造力將伴隨孩子發展獨立的語言和能力。Gardner所提出的多元化智力觀點，不主張在孩子幼小時，給予孩子過多的正式訓練，他認為過早的刻意學習，反而會截斷孩子發揮的空間，他說2至7歲的孩子其實是非常有能力的，家長、教師與社會只需要提供孩子一個豐富的、具啟發性的環境；能讓孩子自由地嘗試並運用一些媒介去創作、探索（簡楚瑛等，2001）。

　　教師的創造性學習活動必須把兒童的情境置於課程的重要議題之中，建立以「幼兒為中心」（children-center）的理念，教師可針對幼兒的學習需求、特質、內容，設計教學活動方案（Griffiths, 2005），同時教師對幼兒的思考應該從服務觀點改變為給幼兒空間，而所謂的幼兒空間不僅只是身體空間，還包含給予不同幼兒的特殊空間，給予幼兒和成人彼此的社交空間（Moss & Petrie, 2002），這隱含能讓幼兒在充滿歡樂、驚奇、好奇、有趣的地方學習。教師能「適時」的引導和鼓勵，並且「有效地」提出建議或幫助幼兒延伸創造力的思想或創作，否則縱有再好的環境，老師揠苗助長、一昧地要求遵守規定、無法適切的輔導或給予充分發表與創作的時間和空間，也是枉然（簡楚瑛等，2001）。教師應該以能維持有意義的開放問題做為教學核心，提供幼兒能思考彼此和探索責任的開放網絡，而不是把時間花在有關幼兒知識的成就上。

　　傳統上有關幼兒的識字教育都侷限於兒童文學、詩和圖畫繪本，忽略了把多元媒體的專門知識傳授給兒童（Mackey, 1994: 17）；教師必須具有科技媒體交替使用的知能，然後透過詮釋性架構提供幼兒有關科技媒體使用的關鍵知識，以滿足幼兒因應未來生活的需求（Unsworeth, 2006）；同時建立安全、自由的團體創造氣氛，信任學生、減少不必要的規定、拒絕評判、對兒童表示誠懇的支持，並讓兒童體驗到自我價值感、歸屬感、個人能力感（董奇，1995）。

　　Unsworeth（2006）主張幼兒教育架構應該使用以幼兒為中心的策略去發展學習活動，就如同過去以教師為導向的學習一樣，幼兒教育工作者應以公開活動性的教學和調解人的角色從事教學工作，而在教室所從事的

教學活動應引導小團體合作的學習經驗、獨立學習和共同的整體性任務來進行幼兒的學習工作。在以幼兒為中心的教學理念下，教師在創造性學習活動中所扮演的角色是促進者與引導者角色，或是共同研究者，而不是獨裁者的領導者和導師；幼兒工作者應該從事多類型的研究，並將觀察幼兒所累積的經驗重新反思自己與幼兒所處的位置，能站在幼兒立場思考：如果有人像壓迫幼兒般的壓迫我，我的感覺會如何？如果我是幼兒會如何想？如果能以幼兒觀點來考量學習活動，幼兒工作者將會以不同的主題或方式提供幼兒學習，並讓自己設身處地活在幼兒的生活世界之中。

二、以幼兒為中心的教學理念對幼兒學習的重要性

在以幼兒為中心的教學之中，教師是使學生朝向更具系統性知識邁進的橋樑，教師以引導調查式和指引示的教學方式，將提供較多批判性問題給幼兒，以促使他們轉化為屬於自己本身的知識（Unsworeth, 2006）。傳統上，幼兒在成人的啟蒙教育下（多半在學校），挑戰增多了，幼兒在人類不同脈絡的期待下，經常不清楚自己的學習方式，亦不清楚自己所具備的資源（tackling）及該如何處理所吸收的內容（knock-backs）（Parker-Rees, 2005）；幼兒只是從生活環境中去察覺和確認生活中重要他人的行為，然後妥協並學習調整自己在所處世界的行為角色，常常不清楚為什麼要學習，更不知道自己到底學了哪些東西、擁有了哪些能力；因而對學習失去了信心與動力，更不可能有從事創造性活動的動機與興趣。

根據研究指出，當人們觀察到別人的臉部表情時，便開始啟動行為回應，以便適度的表現自己的情緒；兒童從社會文化或大人的互動所察覺的認知發展，通常會反應在幼兒的情緒表現上（Griffiths, 2005）；人類從嬰兒的生存和感覺需求開始發展，最直接的驅力與反射行為便是對食物、溫暖和安全的需求；而幼兒通常會透過與照顧者或父母的安全關係上去學習並確定本身的情緒與行為規則，幼兒會在安全的情境中努力投入情緒發展，並有系統的建構本身經驗以尋找自己生存的聯結關係；原則上幼兒與環境在互動過程所產生的經驗都將促進幼兒的大腦發展。

一般來說，人類的心智發展，可以從大腦部件所提供的訊息而做出整

體的推論，例如，可以連結三個不同感官去看到、摸到、聽到雨點，而思想的活動，則綜合了視覺、語言、同理心及其他模組（洪蘭譯，2004）。人類的腦部發展會影響幼兒行為，而腦部發展同樣也會因為幼兒的發展而受到影響，人類初始的感情與學習具有交互作用的關係，而情緒對思考的影響是非常深遠的，它兼做智慧決定的基礎，並導引做明確地思考；童年時期的經驗塑造人類的大腦（Goleman, 1995），同時早期童年生活環境中主動學習的機會將塑造一個人成為獨一無二的個體（蔡瓊賢、林乃馨譯，2006）。幼兒早期的「關係角色」對幼兒可能是一種支援，但是也可能是一種風險和阻礙，幼兒要有能力去處理這些複雜的情緒，才能發展基本的社交能力，促進心智能力發展，而有利於發展物超所值的結果；而且通常童年所發生的事件也將影響個人的生命模式，不會因為到了成人而有所磨滅（Griffiths, 2005）。

　　幼兒工作者如果要影響幼兒的行為，便必須要能理解人類行為的複雜性，而理解是一種能力，能使幼兒教師明確地區別一般理論與特殊案例的模糊性與混沌性（Parker-Rees, 2005）；幼兒階段的照顧者與教育者對幼兒發展具有極重要的激勵與抑制影響，負有責任的成人應該要能掌握幼兒的情緒發展，給予安全的情境，幼兒便能愉悅、熱情與堅持的面對各種困擾，並樂於從事創造性學習活動。站在以幼兒為中心的立場，一個幼兒教育工作者必須建立下列的觀念（Amabile, 1989）：

1. 學習是很重要的，亦是很有趣的。
2. 幼兒是值得尊重和喜愛的獨特個體。
3. 幼兒是主動的學習者，應鼓勵他們將其興趣、經驗、想法，與新蒐集的資料投入學習中。
4. 幼兒在課堂中應感到舒適和興趣盎然，毫無緊張和壓力。
5. 幼兒在學習中應有自主權和自尊的意識。
6. 教師就是教學資源，幼兒應尊敬教師，但是教師亦要讓幼兒感到滿意。
7. 教師是聰明的，但是卻不是完美無缺的。
8. 幼兒能自由地與教師或同學討論問題，每一個人都有責任幫助問題

討論順暢進行。

9.合作經常是優於競爭的。

10.學習應盡可能配合幼兒的實際生活經驗。

　　所以創造思考教學的原則應建立在以學生為主體的課程設計上，讓學生多想、多做、多聽、多表達；教師更要有一顆包容的心，去包容每個學生的差異性，多參與及接納學生的想法，在這樣的教學過程中，必有助於啟發學生的創造力（詹瓊華，2004）；在教學情境方面：教師應注重良好師生關係，在安全、尊重下，營造自由、輕鬆、包容的氣氛；在學習內容方面：應符合學生興趣及程度，並與生活經驗結合，設計具有挑戰性、活潑生動的課程，且課程內容、進度具有彈性，可視學生學習狀況做修正調整（郭雅惠，2004）。

　　其實，以「幼兒為中心」的教育理念與建構主義所持的教育觀點在意義上是一樣的，因為建構主義強調人類能主動建構其所持有的知識，此思潮的興起，源自於Piaget理論，強調知識並非反應一種客觀的現實，而是對其親身經驗所做的一種組織與整理（林顯輝，2004）；建構主義所強調的是：知識的形成是由認知個體所主動建構的，而不是被動的接受或吸收。就Csikszentmihalyi（1996）系統觀點創造性理論之中的良好「領域」知識，必須具有易於接近，能在生活中垂手可得，並且易於學習、內化的特色。如果在幼兒創造性教學活動設計上能以幼兒經驗為基礎，將使幼兒更容易獲取知識及內化知識；但是根據蔡敏玲（2001）的研究結果發現，雖然幼兒教師在述說自己和幼兒互動的情形時，都強調其教學理念是讓幼兒主動參與；事實上，幼稚園仍然大都是由教師掌控教學，而幼兒只是被動地參與。

　　因此，幼兒教師除了積極建立以幼兒為中心的教學理念外，更必須在教學實務之中把幼兒置於教學情境，以幼兒經驗為教學基礎，給予幼兒空間，更給予幼兒和教師之間的空間，才能維持有意義的、開放的學習空間，而有利於內化知識、創新知識。

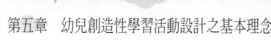

 第三節　學習革命——全腦學習理念

一、學習革命的興起

　　Jeannette Vos與Gordon Dryden於《學習革命》一書的序文中寫道：這個世界正急速邁向一個全面轉變的歷史轉折點，我們正活在一場革命之中，這場革命將會改變我們生活、溝通、思考及致富的方式，而我們需要一個「終身學習」的革命來搭配資訊革命，讓每個人都可以分享到時代進展下的豐富果實（林麗寬譯，1997）。在科技與知識急遽發展的全球化時代，終身學習的趨勢，掀起了全球學習革命，無論是政府、學校或企業組織以及個人，都必須徹底檢視傳統做事的方法與習慣，敏於學習，勇於做必要的改變（魏惠娟，2002）。

　　其實科技不僅造成學習革命，科技同時亦促進了有關大腦功能研究的發展，腦科學最新研究成果已經打破了傳統左腦優勢的觀念侷限，而提出大腦右半球具有許多左半球無法替代的功能，這個研究發現使人類更能掌握大腦功能，以致促發了人類對全腦學習的關注。Parker-Rees（2005）認為有關人類大腦功能的描述大都過於簡化，而且新生嬰兒的大腦絕不是「白板」，必須完全依靠後天來建構神經網絡；反而是新生兒的大腦有著過於豐富的聯繫，而使其具有高度的可塑性（plastic）與適應性。由於右腦與左腦所管轄的領域功能具有非常大的關聯性，而且同樣都會因為受到刺激而發展成不同的區域功能，而左、右腦的關係就好像右腦是蠟燭，而左腦像火柴一樣，兩者必須共同發揮力量才可能產生有用的功能（Claxton, 1994, p. 45）。

　　關於腦科學研究，自70年代以來不斷取得突破性的進展，而發現人類的左右腦具有不同的功能，如表5-1，並先後有Roger Sperry、Joseph Bogen與Michael Gazzanage三人進行的著名「分腦手術」，發現了左、右腦結構與功能的區別，提出左右腦分工學說（林麗寬譯，1997；宋偉航譯，1998；董奇，1995）；而在開發和培育學生的創造力方面，必須關注學生

表5-1　左、右腦分工優勢

左腦（右半邊身體）	右腦（左半邊身體）
語言／文字	空間／音樂
邏輯、數學	整體的
線性、細節	藝術、象徵
循序漸進	同時並進
自制	易感的
好理智的	直覺的、創造力強的
強勢的	弱勢的（安靜）
世俗的	靈性的
積極的	感受力強的
好分析的	綜合的、完形的
閱讀、寫作、述說	辨人面目
順序整理	同時理解
善於察知重大秩序	感知抽象圖形
複雜動作順序	辨識複雜的數位

資料來源：宋偉航譯（1998）。《全腦革命——激發個人與組織的創造力》p. 25。
譯自 *The Whole Brain Business Book*（N. Herrmann著）。台北：希爾。

的腦生理規律、年齡規律和群體連鎖反應規律，並在實踐中加以遵循和實施，方可奏效（張武升，2002）。由於傳統左腦優勢觀念的影響，學校教育對學生大腦功能開發和利用的狀況是「重左輕右」，如果要培養兒童創造力，就必須注意兒童右腦的開發（董奇，1995）；大部分的國家已逐漸認同幼兒教育方向應注重腦部的發展與配合適當的方法，因此開啓了緩慢的教育革命，這在幼兒教育上是一個跳躍性的進展（陳彥文等譯，2006）。所以大腦功能的突破性發現，對幼兒教育及教育界的影響非常大，若要培養學生創造力，勢必要關注全腦學習的創新觀點。

二、全腦學習對創造力的意義

大部分的人腦研究學者都相信，每個人有50%的學習能力是在出生到

4歲之間發展形成，在這人生最早的四年之中，嬰兒的腦中有50%的腦細胞完成連線，建立起連結通道，為所有未來學習建立根基（林麗寬譯，1997）。人的大腦是左半腦、右半腦、左半邊緣系統和右半邊緣系統四個部分組成，並有各自的功能，如圖5-1所示。這四個部分是相互依賴和相互影響，並不是嚴格獨立的，也就是說，大腦是整體性的活動。所以在開發學生創造力的腦生理基礎是大腦的整體，單獨開發右腦或左腦都是難以奏效的，做為培養人才的教育活動，必須使用各種有效的材料、途徑和手段，開發學生的左、右半腦以及左、右半邊緣系統，使它們有機會協調、配合，共同激發出創造的靈感火花，產生創造性行為，為學生的創造性成長和培養提供條件（張武升，2002）。

圖5-1　全腦模型

資料來源：宋偉航譯（1998）。《全腦革命——激發個人與組織的創造力》p. 29。
　　　　譯自 *The Whole Brain Business Book*（N. Herrmann著）。台北：希爾。

　　有關大腦研究結果指出，右腦思考與整體性、夢想、情感有關，屬於女性特質及東方色彩文化，而左腦的思考則被視為與系統性、邏輯、連

續、空間、符號有關，屬於男性特質，傾向西方色彩的文化（Parker-Rees, 2005），右腦掌管節奏、旋律、音樂、圖畫、想像力、圖案的功能，而左腦則掌握語言、邏輯、數字、順序因果、文字的功能（林麗寬譯，1997；董奇，1995），右半腦的直覺思考是指人腦基於有限的數據和事實，調動所有既存的知識經驗，對客觀事實的本質及其規律性關係做出迅速的識別、敏銳的洞察、直接的理解和整體的判斷等思考過程（宋偉航譯，1998）；直覺思考相對於遵循嚴密的邏輯規則，它是透過逐步推理得到符合邏輯的正確答案或結論，具有非邏輯性、直接性、自動性、快速性、個別性、堅信感、或然性的特徵（董奇，1995）；而直覺思考能力與創意作品的價值性與實用性判準有關，更對創造作品是否具有「買低賣高」成長價值的判斷與分析能力有密切關係。

　　由於左右腦學習功能的差異現象，涉及全腦學習的議題，傳統的學校教育大部分課程都屬於左半腦的學習，並未應用到右半腦的學習功能，對人類大腦的功能來說並未完全開展出來；就幼兒創造力教育而言，幼兒教育必須關注右腦功能的開發，以全腦學習開展幼兒的左、右腦功能。就Gardner的多元智能理論而言，有些右腦較具優勢的孩子，不但無法發揮其右腦優勢，而且還經常遭受學習的挫敗，同時由於可能使用較獨特的學習方式，也造成學習上的困擾（董奇，1995）；其實有一些學生是非常依賴視覺感官的，一定要看到每一件事物才能進行有效學習；有些學生則不想看到書面化的東西，是屬於聽覺型感官的人，其他人有可能是運動型感官的人，必須站著或是不斷的移動（林麗寬譯，1997）；這些不同學習型態的學生，教學上如果都以一致性、統一性的方式進行學習的話，勢必無法有效學習，更別想要有創造力的表現；但如果關注全腦學習的話，將會由於全腦的開展而使學習產生更多傑出的創造力表現。

　　如果幼兒創造性學習能關注幼兒的全腦學習，使右腦優勢的學生能藉由擅長夢想、直覺、整體觀察或思考等能力去展現創意能量；同時亦能使左腦優勢的學生有機會發展右腦的直覺、敏銳觀察力，而使左腦的功能更出色、更具創造性。對一般人來說，總是比較習慣於使用左腦來處理事情，或是習慣於大部分只用右腦來解決問題，而全腦學習理念將可促使幼兒教師關注左、右腦的學習功能與開發；如果想落實創造力教育目標，在

教學上就必須充分運用能刺激左腦及右腦開展的全腦學習，才能完全發揮人類大腦的功能。我們都知道創新的範圍不一定要標新立異，只要找對做事情的新方法，就是一種創新；而創造力也不一定要新的概念，只要能用新方法做舊的事情，或是將舊方式應用到新事物上，都可以展現創造力；這就是一種全腦思考所激發出來的創作表現，是一種理性與感性所激發出來的創意。

　　從終身學習理念、以幼兒為中心的理念、學習革命——全腦學習理念的探討之中，我們可以發現其共同的核心理念就是強調以學習者為主體的學習觀念，而這與傳統教師為主體的教學模式恰好相反。

本章回顧

1.敘述終身學習的特質與核心理念。

2.討論以幼兒為中心的教學理念。

3.討論幼兒生活經驗對學習的意義。

4.站在以幼兒為中心的教學立場，幼兒教師應建立哪些觀念？

5.討論全腦學習的內涵及其與幼兒創造性學習的關係。

第六章
幼兒創造性學習之原則、模式與執行

　　任何大的創意都是由無數的小創意衍生而成的，作曲家亦不是一開始就想出整首曲子的旋律，而是從一個音符、一個節拍慢慢堆砌出動人的旋律。從心理發展的角度來看，人類的發展不只是能力發展，亦不只是創造力發展，還包括意志、情緒、動機和性格等方面的發展（Fox, 1981），從終身學習理念、幼兒認知發展、及人類腦部的研究分析之中，可以發現其共同的核心理念就是強調以幼兒爲中心去建構其學習活動；而創造性學習活動的焦點理念便是改變傳統以教師爲主導的教學模式，主張以互動模式去創造一種「非線性」的學習歷程，能有利於發展並保持幼兒的內在心理活動模式。原則上，幼兒教師在設計創造性學習活動之前，必須對創造力教學有一些基本的概念（吳靜吉，2002）：

1. 認識創意的本質。教學者與學習者必須回歸到創意的本質，到底創造性學習活動所強調的創造力是大C還是小C？是個別的還是團體的？
2. 創造力的教學必須讓教學者與學習者都能親身體驗創造的歷程。
3. 創造力的學習經常是透過非正式的學習管道。
4. 創造力的教學以歷程爲導向，但卻需要有產品呈現，就是歷程與結果並重。
5. 創造力的學習，最好透過團隊的分享合作，尤其是異質團體團隊的合作。
6. 提供創造力的典範或實例，是有效的學習方式。
7. 形塑充滿創意氣氛、支持環境的創意文化。
8. 將知識化爲可親可近的創意資源。
9. 讓學習者享受神馳經驗（flow），也讓教學者感受教學的神馳經驗。

　　因此，創造性學習活動應該是能讓幼兒教師與幼兒共同享受神馳經驗的活動，而如何設計一個能讓兩者都投入神馳的創造性學習環境，便成爲幼兒工作者的重要課題；就幼兒創造性學習活動的設計而言，可先探究其內涵、特質、歷程、應關注的事項及其執行的原則、模式，然後再探究合作學習、遊戲學習、主題式方案學習對引導與發展幼兒創造潛能的意義。

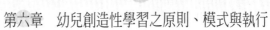

 # 第一節　幼兒創造性學習的內涵、原則與模式

一、幼兒創造性學習之內涵

　　基本上，教學是兼容科學與藝術的一門學問，創意教育設計期望教學設計者能運用良好的教學環境、資源、活動、步驟、策略和評量，來支持啟發學習者知識傳遞、接受、轉換和創造驚奇的教學效能（沈翠蓮，2005）；而創造力教學則是教師透過課程的內容及有計畫的教學活動，在一種支持性的環境下，去激發和助長學生創造行為的一種教學模式（毛連塭，1984），通常教師從事教學創新（teaching innovation）時，教師會自己想出新穎獨特的構想，不僅能鼓勵他人參與，而且會有計畫的推動並尋找支持的資源，更新創新行為，將其注入教學情境的每一步驟（王振鴻，2000），並且發展與運用新穎、原創的教學方法達到教學目標（林偉文，2001）。所以創新的教學有助於教師發展多元與和諧的可能，因為以往我教你聽的方式，當老師想把理念告訴一個個體時，往往忽略了學生是誰，學生的程度在哪裡，如果教師能考量這些東西，便會考量運用不同的方式與媒介從事教學活動（曾志朗，2001）。

　　對幼兒而言，創造性學習對幼兒具有一種能被描述與理解的特性，讓兒童與幼兒都具有從事學習的技巧、能力、信心與態度，並且使他們有能力進行創造與創新的活動，創造性學習活動最具意義的就是能給幼兒創造性的工作，而使幼兒透過創造性學習活動去轉換知識脈絡並創造新的價值形式（Holden, Tim, & Wright, 2003, p. 1）。一般來說，創造性學習活動隱含想像性活動，可使幼兒擁有概念多元化的能力，以及問題解決和製造有價值產品的能力（Rogers, 2005）；人類通常會利用想像或幻想去創造鮮明的心理形象，而想像力與創造力具有重要的聯結關係（Isenberg & Jalongo, 1997）。

　　教師從事創造性學習活動時，包括把已知的關係運用到新的情境中以

及建立新相互關係的能力，當然創造性活動必須具有明確的目標，而不是無作爲和幻相的，儘管產品未必直接就能夠實際應用，也不見得非要完善不可，它可以用一種藝術的、文學的或科學的形式呈現，或是可以實施的技術、設計或方法（董奇，1995）；而創造力發展的重要性在於創造力能協助我們解決問題，能創造兼具實用且美觀的工具供人使用，還能引導我們做有價值的溝通（Rogers, 2005），我們都知道創造力是豐富個人生命的資源，人類所處的世界總是需要個人去創造與想像，如此才能給自己創造無限的機會。

Holden等人（2003）主張幼兒創造性學習活動可優先以三個範疇來聯結：

1.刺激幼兒的內在與外在敏感度。
2.對幼兒少些抑制。
3.創造性活動要能讓幼兒具有完全吸收的能力。

而Isenberg等人（1997）則認爲可以透過下列的創造性學習活動方式去促進幼兒的創造能力：

1.探索、實驗、操作、遊戲、問問題、做猜想、討論發言。
2.應用想像做角色扮演、語言遊戲、說明所做的事、繪圖。
3.長時期集中精神在單一相關的任務工作上。
4.試著去揭露混沌不清的現象，使其變得明朗有秩序。
5.做一些與舊的、類似相關的新東西或新事情。
6.利用重複的機會去學習更多經驗，而不是抱怨。

有關創造性學習活動的內容很豐富，包括科技活動、文藝活動、體育活動、工藝活動、社會活動、勞動活動等等，其形式也相當多樣化，包括團體活動和個人活動，課堂活動與課外活動等，教師可爲兒童創造各種活動，讓兒童在實際活動中充分發揮創造潛能，發揮創造的能力（董奇，1995）。因此，幼兒創造性學習活動就是以幼兒的經驗與發展能力來設計

課程內容、教學方式的學習活動，教師可依據幼兒喜愛遊戲的特性去設計合作及主題探索的學習活動，讓幼兒有機會在活動中轉換個人經驗去發展知識及創新知識。

二、從事創造性學習活動應關注的事項

創意教學的設計不能照本宣科，因為常常會面臨許多「狀況外的狀況」，需要師生延伸性的探索；其課程通常採行小組創意團隊創作方式，需要許多討論發想，創意的表現不僅重視發想，亦注重實踐，創意不能只是空中樓閣的構想而已，還要兼重科學的程序性和藝術的變易性（沈翠蓮，2005）；教師進行創造力教學時，最直接、最簡單的方法就是要求學生表現創造力，但是在要求時必須將創造力的技巧與概念闡述清楚，而且要求與評鑑之間必須具有一致性（陳龍安，2006）。

陳淑敏（2001）主張就認知概念發展的建構理論而言，教師可應用建構理論於教學之中，但是必須了解「知識是建構而得」的觀點，建構教學與傳統教師角色極為不同，在建構教學之中，教師的主要責任是提出能夠引發幼兒思考的問題，還要能站在平等的立場與幼兒互動，不以知識的權威自居，不強迫幼兒接受自己的觀點，然後老師與幼兒共同去探索知識，幼兒才會主動且積極的思考與學習。有關教師在從事創造性學習活動時應關注的事項，許多學者都提出其看法，茲分述如下。

Duffly（1998）提出六項教師在從事創造性學習活動時應關注的事項：

1.發展人類所有的領域。
2.促進思考、行動與溝通的才能。
3.培育情感與敏感度。
4.擴展身體和感情的表達技巧。
5.探索價值。
6.理解自己本身與他人的文化。

Silver（1999）則認為應用創造性教學時需要注意：

1.創新要能直接回應學生需求與專業關注
2.事先訓練，藉由專業團體提倡與鼓勵，透過非正式的合作機制支援。
3.創新可與科技媒體相結合。
4.課程創新要能回應科技整合發展的學習。

陳龍安（2006）則提出十一項創造性教學應注意的事項：

1.讓學生了解每一項工作都是神聖的使命，只有努力完成才有其價值
　存在，而沒有貴賤之分。
2.給予學生多一點的鼓勵和成功經驗，適時的給予學生有創意的空間。
3.培養學生能尊重別人的發言，分享個人的經驗，學習他人的優點。
4.加強創造力教學，給予學生自由思考空間。
5.不要輕易否定學生的創意與獨立思考。
6.鼓勵多元思考，鼓勵新意見。
7.鼓勵雙向互動式的教學活動，訓練發問技巧。
8.教材生活化，本土化。
9.注重「教學生活化」，學習把知識運用在生活當中。
10.允許學生有不同的答案。
11.建構式的學習方式。

而Schirrmacher則提出幼兒教師在從事藝術創造性學習活動時應該關
注的十個理念（賴碧慧等譯，2005）：

1.讓兒童能自由發揮。
2.取得藝術過程和作品間微妙的平衡。
3.要無限制，讓兒童發揮創造力。
4.能發現與實驗。
5.主動融入，持續投入。

6.自發性的動機。

7.以成功為導向。

8.適性發展。

9.包含正統的藝術用具。

10.每位兒童都有使用途徑。

綜合各學者所提出的創造性教學應關注事項可知，幼兒教師在從事幼兒創造性學習活動時，應該敏於辨認學生的智能，擅於扮演伯樂的角色，以輔導幼兒發展自我概念並建立自尊、自信，那麼對幼兒創造性的發展就變成極為自然的事情；另外對幼兒教師來說，建立以幼兒為中心的教學理念則是從事幼兒創造性學習所必備的教學信念。總而言之，創造性學習是一種利用創造思考教學策略，配合課程，讓幼兒在合作、遊戲之中應用想像力，以增進其創造思考能力的學習活動，教師可藉由各種具體的思考方式，以漸進式或突發方式對現有知識經驗進行不同的組合，並且可依據學者所提出的創造歷程，做為從事創造性教學活動之參考。

三、創造性學習歷程

基本上創造能力的養成是經由不斷行動與思考，不斷適應新的狀況，化思想為行動，透過行動成果的評估再轉化為思想的過程（這就是創造）（林志哲、王鍾和，2005）；有關創造性教學的歷程，幼兒教師可依據各學者所提出的創造歷程，做為幼兒從事創造性學習時的活動過程參考。Torrance（1970）主張首先必須確認有價值的問題，然後界定真正的問題，以開放的觀念尋求答案，並運用直覺和判斷力找答案，最後提出解決辦法等歷程。而Csiksentmihalyi認為創造歷程有五大步驟（杜明城譯，1999）：

1.準備期：有意或無意的投入一些有趣的議題。

2.孵化期：理念在意識下的激盪，這是整個歷程中最具創造性的部分。

3.見解期：也是頓悟時刻，換言之，理念在下意識中連結得很妥當。

4.評估期：這是自我批評、靈魂探索的階段，想探索這些問題有意義
　嗎？這種連結有道理嗎？

5.精緻化：例如，選角色、決定一套情節、轉化成一串文字，創造歷
　程屬於轉折過程而不是線性過程。

　　在此五個階段中，創造孵化期是創造最重要的階段，它除了需要個人
的領域知識爲基礎，更需要與環境所有脈絡相互作用；這段時期也就是教
師必須給予幼兒思考與探索的空間、時機，孵化的潛伏性思考往往是創造
力展現的基礎。然而創造性課程是與整體學習環境相互影響的關係，並不
是相互孤立的（Tegano, et al., 1991）；在教學過程中，教學者應該重視學
生的創造歷程變化，不能單只從學生的「作品」來看他們的創意，而應讓
學生能從創造歷程中，不斷提升自我效能，體認創意任務的重要性，不斷
突破原先的想法和評估模式，讓學生覺得成爲有「創意」的人並不遙遠
（簡佩芯、劉旨峰，2005）；而引起動機最有效的方法便是讚賞和鼓勵
（蔡瓊賢、林乃馨譯，2006）。就教師而言，教師在從事創造性教學的準備
期，必須先在教學知識、教學技能、教學情境方面有相當的準備，除了準
備授課內容外，應準備創意相關的作品，熟練如何指導學生注意力，並時
常捫心自問：「我夠有創意嗎？」、「我能把學生教得更有創意嗎？」（沈
翠蓮，2005）。

　　另外，美國社會心理學家Amabile（1996）以提出問題或任務、準
備、產生反應、驗證反應、結果五個階段去建構創造性活動過程。基本上
創造歷程是屬於轉折過程，它並不是線性過程；其實對幼兒來說，創造性
學習活動應該是一種旅程，讓幼兒能在創造活動旅程中去感受創作的樂趣
與經驗，應當可讓幼兒累積並體驗創造的樂趣經驗，而朝向創造性發展。
幼兒工作者設計創造性學習活動時，可依據 Amabile所提出的五個創造活
動階段過程做爲幼兒創造性學習活動的發展歷程。

四、創造性學習活動特徵

　　從幼兒創造性學習的相關理論探討中，我們可以發現其學習方式與傳

統學習是有差異的，而創造性學習活動的設計便必須掌握各學者所提出的特徵，才能眞正落實幼兒創造力教學。

1.Torramce（1985）認爲創造性學習活動設計特徵有六項：
（1）重視學生提出的意見。
（2）重視學生的想像力與不平凡的觀念。
（3）使學生知道他們的觀念是有價值的。
（4）提供無評價的練習或實驗機會。
（5）鼓勵自發學習。
（6）聯繫因果關係的評量。

2.林幸台（1984）認爲創造性學習活動設計特徵有六項：
（1）提供各種不同活動的機會，讓學生能主動而積極的參與，以發展各種不同的才能。
（2）提供獨立思考、行動和獨立研究的機會。
（3）提供擴散思考活動與機會。
（4）強調高層次的認知思考歷程，重視分析、綜合、評鑑。
（5）鼓勵教師相互討論、改錯和溝通意見，並能接受學生不同的觀念。
（6）使學生有安全感、自信心、好奇心、幽默感。

3.董奇（1995）提出四項創造性學習活動設計特徵：
（1）鼓勵學生應用想像力，增進其創造思考能力。
（2）學習活動以學生爲主體，在教學中教師不獨佔整個教學活動時間。
（3）特別注意提供自由、安全、和諧的情境與氣氛。
（4）教學方法注重激發學生興趣、鼓勵學生表達與容忍學生不同的意見，不急著下判斷。

4.陳龍安（1998，2006）的創造性學習活動設計特徵亦有四項：
（1）以增進創造力爲主要目標——教師教學時應鼓勵學生運用想像

力，以增進創造思考能力。

（2）以學生為主體，互相激盪——教學設計與學習活動皆應以學生
為主體，採取合作學習等令學生互相激盪想法的機會，教師不
應獨占活動時間。

（3）在支持性的環境中思考——提供自由、和諧、安全，鼓勵發
言、體驗與思考的支持性環境。

（4）以創造思考策略啓發創造思考——以各種創造思考策略，激發
學生學習興趣，鼓勵發言，對於各個學生所提出的意見能夠容
多納異，延緩判斷。

五、創造性教學原則

幼兒工作者在認知有關幼兒創造學習活動設計特徵之後，在幼兒從事
創造性學習活動時需要把握各學者所提出的一些教學原則。

1.張秀玉（1986）早年從學校目標、教材、教法三方面，提出有關幼
稚園創造性課程的設計原則：

（1）從學校目標而言：

I 重視歷程。

II 依照個別差異擬訂學習目標。

III 以啓發幼兒思考的流暢性、變通性、獨創性、精密性為教學
目的。

（2）從教材而言：

I 宜提供低結構性的材料或眞實的事物。

II 學習材料的體積要大，以便無拘束的自由創作。

III 教材或活動的素材要多變化。

IV 教材須與實際生活相關，能引起幼兒直接經驗者為佳。

V 教材需符合幼兒興趣。

（3）從教法而言：

I 多採用發表教學法，問題教學法及啓發式教學法。

Ⅱ用遊戲的方式進行教學，避免教授「寫字」。

Ⅲ提供幼兒豐富的刺激，加強其感受力，充實其生活經驗。

Ⅳ提供幼兒心理安全、心理自由的環境，讓幼兒有靜思或獨處的空間。

Ⅴ老師要製造和把握創造的氣氛。

Ⅵ鼓勵幼兒主動學習，讓幼兒成為活動的主體，避免過分的指導。

2.毛連塭（1989）提出十項有關創造力教學的原則：

（1）建立創造的氣氛：熱忱、安全、開放、獨立、擴散、幽默、溫馨、支持及激勵等氣氛或情境。

（2）重視人性層面，而非聖賢境界。

（3）發展創造的途徑。

（4）鼓勵多種感官的學習。

（5）少藉權威，多倡導獨立學習，少做互相比較。

（6）不要過度重視時間因素。

（7）不要過度強調整齊。

（8）減少結構的限制。

（9）增強自我，提高自信。

（10）強調社會讚許，而非社會壓力。

3.陳龍安（2006）的創造力教學原則有十項：

（1）教學活動設計應讓師生都能朝向創意思考的方向邁進。

（2）教學活動設計應兼顧學生的興趣及教學內容的有效性。

（3）教學活動設計應系統化，並針對不同層級的學生而有所不同。

（4）創造思考教學活動的概念要融入生活並能實踐應用。

（5）創造思考教學活動設計要能充分掌握創造思考教學模式。

（6）創造思考教學活動設計要多應用創造思考策略。

（7）創造思考教學活動設計要形成創意團隊並注入跨領域思考。

（8）創造思考教學活動設計要充分應用教學媒體與社會資源。

（9）創造思考教學活動設計中，創造力評量應採多元化。

（10）鼓勵閱讀、蒐集資訊、建立知識管理系統兼顧創意的倫理。

4.鍾聖校（1993）亦分別從三方面討論創造性教學原則：

（1）在增進原創性方面：

　　Ⅰ拓展並豐富學生的經驗：重視文化傳統，提供多元化的人類經驗，鼓勵學生探索、認識和吸收各種有益心智的經驗，刺激學生對各種材料和問題嘗試做各式各樣的想像處理。

　　Ⅱ使學生學到如何發展自己的創造力：培養創造態度、養成發展人際關係的能力、追求自我了解、接受良好的道德教育。

　　Ⅲ使學生會做到自我評量：能把學到的知識和技能用在自我評量，才可能自我調整、自我修正，做到能自己思考，形成自己的想法。

（2）在提高創造品質方面要注意教學原則：教導知識、琢磨技術、熟練技術、活用技術。

（3）促進創造力的概括教學原則：教師要重視創造、教師都應實踐自己在促進創造力上的責任、教師要用創造性的方式教學。

5.Mayesky以「幼兒為中心」創造性教學環境安排原則有（蔡瓊賢、林乃馨譯，2006）：

（1）尊重幼兒發展。

（2）提供一個讓不同年齡層幼兒覺得舒適的環境。

（3）提供適合幼兒年齡的素材和活動。

（4）提供能讓幼兒獨立工作並完成的創造性素材和活動。

（5）提供合作學習的機會，讓幼兒學習如何與同儕合作、分享，以及表現情感。

（6）提供一個尊重性別的環境。

（7）提供能引起幼兒創造性經驗的動機。

（8）提供信賴與接受的溫馨環境。

六、創造性教學之模式

　　教學設計是一個分析教學問題、設計解決方法、對解決方式進行試驗、評量試驗結果、並在評量基礎上修改方法的過程，這是系統計畫的過程，有一套具體的操作程序，具體而言，教學設計是一種解決教學問題活動的系統方法（張祖忻、朱純、胡頌蓮，1995）；教學設計具有教學活動藍圖和教學處方的雙重意義（沈翠蓮，2005）。

　　Bredeskamp認為創造性課程的安排取決於老師認為什麼樣的知識技能是重要的，而且對特定一群孩子而言，是適合其能力與發展（引自蔡瓊賢、林乃馨譯，2006），同時要促進創造力就必須依據課程安排來呈現（Tegano & Burdette, 1991）；而每位教師在教學上有其教學目標，為達成此教學目標必須考慮所有的教學因素（吳靜吉，1983），所以創造性教學並沒有一個固定的模式可供遵循，它是多樣的、多變的、適合個別差異的，每位教師可依自己的需要與實際情況，擷取或創造屬於自己的教學模式（陳龍安，2006），但是教師的教學方式會對學生的學習成果產生重大的影響，教師本身在選擇教學模式的同時，亦決定了學生所要接受的知識傳遞方式，若教師本身所選之教學模式較有利於創造力的培養，學生的創造力發展也會獲致不一致的成果（周文敏，2004）。

　　董奇（1995）認為有關創造性學習活動的模式設計將因為幼兒特質、活動領域的不同，而呈現出非常多種類型，在時間規劃上亦長短不一，複雜程度也因而有所不同，但其整個創造性活動過程可以劃分為一些活動階段與模式。一般來說，良好的創造性教學模式應符合：適合環境、綜合性、彈性或適應性、實用性、有效性（Maker, 1982）。茲將各學者最近所提出的創造力教學模式介紹於後，以供參考。

1.Parnes提出五階段、循序漸進的解題模式：發現事實（fact-finding, FF）、發現問題（problem-finding, PF）、發現構想（idea-finding, IF）、發現解答（solution-finding, SF）、尋求接納（acceptance-finding, AF）；其創造性問題解決過程中五個步驟的進展模式（引自江美惠，2005），如圖6-1所示。

圖6-1　CPS的五段論

資料來源：江美惠（2005）。《創造性問題解決教學方案對資優學童創造力及問題解決能力影響之研究》，p. 42。台北市教育大學創造思考暨資賦優異教育研究所碩士論文。

2.Howe（1997）總結CPS的模式而提出下列共同特色：

（1）利用多階段方式循序達到創意解決問題的目的。

（2）每個階段都運用了聚斂性思考、擴散性思考。

（3）每一階段都始於擴散性思考，而後聚斂性思考，以評價、釐清、聚焦等擴散思考對聚斂思考產生作用，並為下一階段思考內容做準備。

（4）可以用於團隊，亦可以用於個人的解題。

（5）可以只使用其中的一部分。

（6）各階段未必一定要按照既定順序使用。

（7）各步驟未必以一種線性模式呈現，可以用交互螺旋型的方式出現。

3.Treffinger等人（2000）再將創造問題解決模式（creativity problem solving model, CPS）修訂為：製造機會、探索事實、建構問題、發現創意概念、準備行動、發展解決途徑、建立接受結果。

4.林顯輝等人（2001）則依據張春興（1994）所提出的創造力、思考、解決問題、創意產生、人格特質等相關性，而發展出四個國小兒童之科學創造教學模式類型，如圖6-2，圖6-3，圖6-4，圖6-5所示。雖然林顯輝等之研究團隊認為這些創造教學模式並不能放諸四海皆準，但是應該值得從事創造性教學之幼兒教師加以參考、實證、評估、確認其可行性。

圖6-2　思考特性之創造教學模式

資料來源：林顯輝、洪文東、蘇偉昭、何偉雲、李賢哲（2001）。《國小自然科學創思考教學活動設計推廣手冊》，p.2。屏東：國立屏東大學數理教育研究所編印。

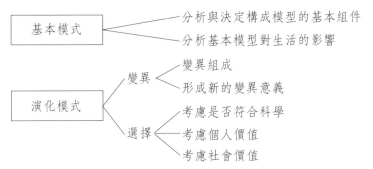

圖6-3 解決問題之創造教學模式

資料來源：同圖6-2。

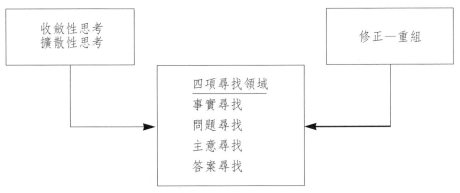

圖6-4　創意產生之創造教學模式

資料來源：同圖6-2。

幼兒創造性學習
理論與實務

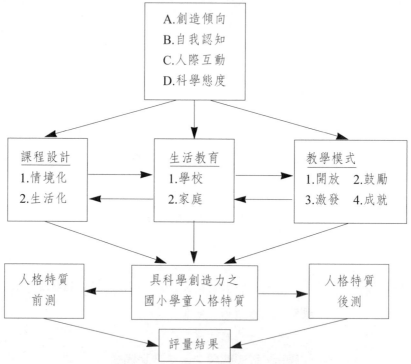

圖6-5 人格特質之創造教學模式

資料來源：林顯輝、洪文東、蘇偉昭、何偉雲、李賢哲（2001）。《國小自然科
　　　　學創思考教學活動設計推廣手冊》，p.3。屏東：國立屏東大學數理
　　　　教育研究所編印。

5.Dick與Carey的系統教學設計模式，Dick與Carey綜合教育心理學、教學心理學、測驗與評量、教學媒體等教學理論和方法，統整爲一個有機體的教學設計模式，是一個教師教學可用的教學設計體系，進行任何學科教學時均可採用此教學模式來教導學生，如圖6-6所示（引自沈翠蓮，2005）。

6.沈翠蓮（2005）提出建構主義教學設計模式，她主張建構教學乃是由學生透過參與活動而形成的教學。建構主義的教學設計觀點認爲教學設計不應只是爲「教」而設計，更應爲學生的「學」而設計，才能培養學生主動學習的能力；依據建構主義取向所發展出來的建構主義教學流程如圖6-7所示（詹志禹，2002；沈翠蓮；2005）。

7.陳龍安（2006）則認爲教學模式是一種結構化的組織架構，用以發展特殊學習活動和教育環境，其依據Guildford的智力結構模式、

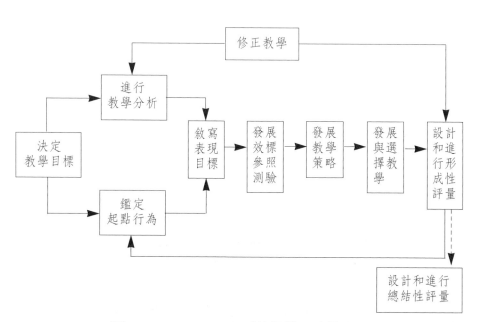

圖6-6　Dick & Carey 系統教學設計模式圖

資料來源：沈翠蓮（2005）。《創意原理與設計》，p. 113。台北：五南。

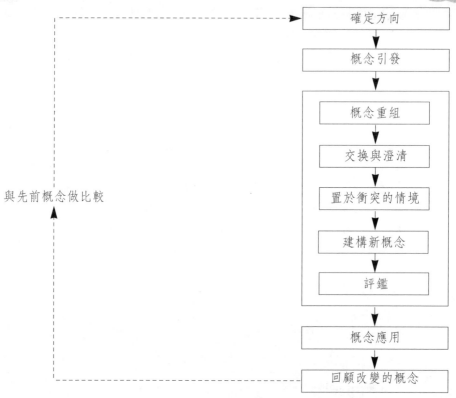

圖6-7　建構主義教學流程圖

資料來源：同圖6-6。

Parnes的創造性問題解決模式、Taylor的多種才能發展模式、Williams的創造與情境教學模式，以及其他教學模式後，提出「愛的」（又稱「問想做評」）（ATDA）創造思考教學模式：

（1）問（asking）：提出創造思考的問題，供學生思考。

（2）想（thinking）：鼓勵自由聯想、擴散思考。

（3）做（doing）：從實作中尋求解決問題的方法。

（4）評（evaluation）：師生共同擬定評估標準，共同評鑑。

8.朱進財（1997）所提出的幼稚園創造性教學的模式則為：

（1）在教學目標是啓發具有創造性的個體，創造性教學目標就是培養幼兒在認知方面具有流暢性、獨創性、變通性、精進性、在情感方面具有想像力、好奇心、冒險性、挑戰性。

（2）在支持性的環境是提供幼兒一個溫暖的、安全的、開放的學習環境，讓幼兒在此環境中，能獲得充分的安全感、溫暖的關心，教師亦應鼓勵幼兒對問題做不同的思考，並提供幼兒此種機會。

（3）在教學內容是提供各種遊戲或活動，不過，更重要的是活動中的互動關係是否具有支持幼兒自由發揮、鼓勵幼兒表達自我的機會。

（4）在運思歷程是提供創造性遊戲或活動，應讓幼兒有運用下列心智活動之機會：

　　Ⅰ觀察（observation）：幼兒能利用各種感官去觀察外界的事物。

　　Ⅱ發現（discovery）幼兒能透過觀察，發現外界事物的問題或道理。

　　Ⅲ想像（imagination）：幼兒能假想自己是外界的事物或情境。

　　Ⅳ模仿（imitation）：幼兒能模仿外界的事物或情境。

　　Ⅴ體驗（experiencing）：幼兒能勇於嘗試一些不平凡且有利自我成長的經驗。

　　Ⅵ發問（asking）：幼兒能針對外界的事物或情境提出問題。

　　Ⅶ聯想（association）：幼兒能針對問題提出許多解決該問題的方法。

　　Ⅷ比較（comparison）：幼兒能比較不同事物或情境間的異同。

　　Ⅸ建立標準（setting criteria）：幼兒能建立自己評鑑及選擇解決問題方法的標準。

　　Ⅹ評鑑（evaluation）：幼兒能根據自己的標準來評鑑及選擇解

決問題的方法。

XI計劃（planning）：幼兒能根據所選定解決問題的方法來擬訂解決問題的計畫。

XII試驗（experimenting）：幼兒能試驗該問題解決計畫之可行性。

XIII修正（revision）：幼兒能根據試驗的結果來修正計畫。

XIV力行（doing）：幼兒能執行該計畫，達成解決問題之目的。

　　幼兒工作者可參考學者所提出的創造性教學模式去從事創造性教學活動，並藉由合作學習、遊戲學習、及主題學習等方式去實踐、驗證、評估、修正並確認其可行性。

 第二節　合作學習方式

　　合作學習的發展遠溯自1930年代May與Doob的《競爭與合作》（*Competition and Cooperation*）一書，至今已有80多年的歷史了（林佩璇，1992）；近年來學生同儕間的互動關係及其相互影響逐漸受到普遍之重視，而同儕間的行為問題和次級文化乃是影響兒童行為的重要因素之一（楊坤堂，1990）；同時建構主義視學習為一種主動建構之過程，鼓勵學生主動思考，並以合作的方式主動將新資訊與舊知識做連結，再透過有目的的思考與他人討論，而對新知識加以重新詮釋，然後修正觀點、產生新知識、完成學習（Reigeluth, 1983）；所以合作學習已成為教育研究與學習方式的新焦點。

一、合作學習的意義

　　Piaget（1983）認為影響兒童認知發展的因素包括成熟、物理環境、

社會交互作用與平衡化；其中以平衡化對認知發展的影響最重要。而學校班級教學、同儕討論、仿效楷模等同儕之間的互動會造成認知衝突，而這衝突能促進兒童認知結構重組與創新，以達到認知的平衡化（鍾聖校，1993）。有效的學習必須讓學習者有機會進入所處的社會文化與有意義的情境，才能對知識加以主動詮釋與理解（朱則剛，1994；熊召弟，1996）；因為知識的產生乃透過人與環境的互動、建構而來；學習應在真實的情境中產生，如果將知識抽離於實際社會文化脈絡之外，知識會是抽象且缺乏具體、真實的知覺，即使教學者設計典範性的例子或教科書來進行教學，學習者仍然難以將所學的抽象知識活用於真實問題情境與活動中（黃幸美，2003）。

　　而「合作學習」是指教師運用不同的教學方法讓學生在小組中彼此相互幫助來學習課程內容，不僅透過不斷的討論來了解彼此的想法，並要確保小組中的每一成員精熟學習內容（Slavin, 1995）；合作學習是一種有結構、有系統的教學策略，教師依學生能力、性別、學業成績等因素，將學生分配成若干異質性的小組，大家分工學習，並透過小組獎勵或個別獎勵方式，使小組成員彼此互相溝通，主動學習，以提昇個人學習成效並達成團體的共同學習目標（吳耀明，2005）。「合作學習」乃是將學習活動做較精緻的設計，允許兒童在小組內分工與合作，並且結合教室的學業活動與社會互動的層面，提供兒童奉獻己力的機會來加速小組作業的速度，並彼此分享學習的喜悅（黃政傑，1996)。

　　基本上，「合作學習」是一種藉由學生共同進行作業，以達教學目標的學習方式（Lefrancois, 1997）；它不像競爭，而是一種學習；獎賞不是給予表現比別人好的學生，而是給予跟別人一起做得好的學生（李茂興，1998)，合作學習是一種促進個人參與行動的系統，特別是一種學習社會系統的過程，從社會文化觀點發展個人與團隊、社群的行動（Rogoff, 1997），對幼兒而言，學習是一種關係，一種情境，在幼兒的學習發展中，與他們有關係的「重要他人」（significant others），包括家人、朋友，還有幼兒所處的社會形式及外在環境，都是形塑與支援幼兒的學習環境（Waller & Swann, 2005）。

　　而Rogers（2005）特別強調成人與兒童的合作學習方式是創造性學習

活動最好的學習方式,因而主張幼兒教師應該藉由合作學習方式鼓勵兒童去陳述事實與表現,以累積有力且豐富的學習經驗,使能成功地促進幼兒創造性發展。在合作學習的環境下,幼兒可以彼此不時地討論與互動,滿足幼兒參與、尋求依賴的需求,同時又能藉由同儕所提供的新訊息,讓幼兒察覺本身原有的知識體系與別人不一致,此舉將能有效地誘發其好奇心,並對學習動機直接產生增強效用,所以合作學習的意義在於可讓幼兒在相互激勵與相互模仿之中共同進行學習,以達到教學目標。

二、合作學習對幼兒創造性學習的功用

從創造性理論的探討中,可以發現個人創造力的高低並非完全決定於與生俱來的智能,其最關鍵的因素在於個人所處環境對其本身所產生的作用力。基本上,個人的創造性發展是一組環境狀態,包括社會環境、學校環境、家庭環境及同儕團體與個人交互作用所激發出來的環境(蔡瓊賢、林乃馨譯,2005);Bandura(1983)認為學習是經由個體內在歷程、個體行為與環境三者之間交互作用所創造的產物,個體透過觀察、模仿同伴,而產生內在認知歷程之改變,進而產生新的學習行為,個體在成長過程中,會因為學習經驗的增加,而改變社會行為。

社會學習論主張個體與環境的關係同等重要,個體行為既非由環境決定,亦不是由個體自發產生,而是會思考的有機體與環境互動的結果(郭靜晃,1994),幼兒教師必須了解合作學習可以互享各自的知識庫、可交換假設與證據、增加活動的趣味性及來自友伴的激勵等等(洪瑞雲、吳庭瑜,2002),合作學習乃是一種教學策略,讓學生在一個合作的小團體或小組中,共同工作以精熟學習教材(Slavin, 1995);「合作學習」將可促進同儕互動,讓兒童由自我中心轉向社會中心,學習以其他角度看問題的能力,是一種訓練社會學習技巧良好的學習方式,亦是一種方便又經濟的教學模式(吳耀明,2005);而且合作性遊戲可以引導我們去發掘幼兒公共結構與隱私結構的關係(Parker-Rees, 2005);幼兒的合作學習對幼兒的創造力表現可說兼具模仿與支持的功用。

互動論認為知識是個體在與環境不斷交互作用中形成的(詹志禹,

1993），而Vygostky（1978）的社會文化觀點的認知發展與知識建構，亦主張認知的改變是發生在社會的交互作用之中，人類藉由心智工具（mental tool，例如語言）表達其對知識的理解與外界互動，並將社會互動予以內化、轉化，藉此不斷建構自己的認知；就Csikszentmihalyi（1999）系統創造性理論的「領域」知識而言，獲取知識最好的方式就是能增加文化、領域的開放性，並鼓勵科際整合或異質領域交流的機會。

　　國外學者都認定，學生在小組中與同儕互動對學生的學習動機與學習成就都有積極正面的影響（章勝傑，1999）；而國內許多學者也建議或嘗試以小組合作的方式來進行教學（張景媛，1994；張靜嚳，1995），學生能在合作互動過程中澄清彼此的想法，將知識做有系統的組織，分享彼此的發現，並以討論的方式來解決問題（葉明達，1998）；而且透過合作學習情境，也可讓能力較差者從能力較強者身上學到一些知識，進一步內化後，可以發展並提升其認知能力，增進其學習成效（Slavin, 1995）。

　　兒童的學習亦會逐漸受到友誼的影響，尤其是開始學習的學校，友誼是一種親密的聯繫，主要是在引導心理的聯結與信任（Hartup, 1996），友誼對兒童是一種平等位階的聯盟，可讓兒童建立較為輕鬆的關係（Waller & Swann, 2005），同時幼兒可以「借用」他人對知識與任務的理解去增加本身成功學習的機會（Wray & Medwell, 1998: 8）。其實幼兒無所事事的閒聊可能出現非專業的東西，這種非結構的互動語言能變成有價值的資訊，可讓幼兒了解其他個體的觀點、興趣及優點，幼兒會將這種互動經驗轉變為與父母、大人的溝通關係，而發展出個人的溝通能力（Parker-Rees, 2005）。

　　幼兒在團隊活動中，會去察覺和擁有團隊的情感所帶來的興奮、笑聲，然後產生一種活動精力，這一種強烈的團隊情感，通常能讓幼兒堅持到最後，而且坐得更久；所以，他們通常能夠在一邊聊天一邊從團體行動活動中完成學習目標（Unsworth, 2006）。而幼兒通常會從對他人的思想、信念、個性認知中，建立自己本身的思想、信念和個性的自我察覺能力。幼教工作者必須了解幼兒真正的生活世界，有時並不是與我們對幼兒所認知的知識、價值與信念相符合（Parker-Rees, 2005），幼兒教師必須去理解並接受幼兒的觀點，同時可藉由合作學習促進幼兒發展自我察覺能力，學

習自我控制及處理情緒的能力，以選擇和經營本身的人際關係；有時同儕就如同輔導老師一樣，能讓幼兒發現自己所擁有的資源（holding），然後去支援其他人，包括成人和孩童（Griffiths, 2005）。

另外，合作活動也可為幼兒帶來團隊的第一手共同經驗表徵和規則，利用嬉戲建立有力量的控制力來建立個人的滿意關係，以引導個體在所處世界的行動，讓個體有能力去呈現或建構本身的經驗觀點和察覺本身與他人行為的規則結構（Bruce, 1991）；幼兒老師可提供廣大且豐富的場所，讓幼兒以合作學習方式去學習掌控並建構自己的經驗與知識概念。

最重要的是，合作學習情境能形成學習遷移，引發學習者強烈的參與感，產生自動的學習以提升學習效果等（Norman, 1993）；合作學習除了對基本知識、技巧等能力的獲得有顯著的效果，對較高層的認知能力，如批判思考、推理策略，也有效果（黃政傑，1992）。合作學習展現了擴散思考及學習的動力，教師適當的釋放學習的主控權，由學生分擔一些責任，將有助於創造力的提昇（Davidson & O' Leary, 1990）。

我們都知道人類知識建構的過程是複雜的，知識會隨著學習經驗而有所改變與創新，幼兒教師應該在有意圖的引導控制下，讓幼兒在好奇、合作探索下從事主動性的活動，讓幼兒在與他人的聯結中發現學習的樂趣，了解學習到底是什麼意義，同時也思考並感受自己是一個學習者。

然而「合作學習」模式的實施並非教師帶入教室之中便一蹴可及，它需要時間的調整與適應，以及教師的中介引導對話才能逐漸發展成熟。教師在實施前應將自己學生的特質釐清，並做好事先的規劃，方能讓「合作學習」在教室中發揮成效（陳彥廷、姚如芬，2004）；同時幼兒教師必須體認，並不是所有的同儕合作學習都有利幼兒創造性發展。Clark認為有時幼兒對同儕及社會壓力的馴服，將不利於創造力發展（黃瑞煥、洪碧霞，1983）。幼兒為了迎合同儕團體的看法，或避免同儕的嘲笑，經常會放棄自己的創意想法，並壓抑自己的創意表現，所以幼兒教師從事創造性學習活動時，應該隨時鼓勵幼兒欣賞並接納同儕的想法或作品，不可取笑別人。

 # 第三節　遊戲學習方式

　　如果我們的童年沒有遊戲將會是什麼樣子？對幼兒而言，工作就是遊戲，遊戲就是工作（蔡瓊賢、林乃馨譯，2006），其實遊戲無論對兒童與成人都是重要的，因爲遊戲能恢復精神、能有機會向外面的工作世界邁進、能自我放鬆，或有機會參與不同的事物（Waller & Swann, 2005）。對兒童而言，遊戲更甚於娛樂，它是一種學習的基礎（Bruce, 1991; Sternberg, et al., 1999），基本上幼兒的心智發展是由遊戲發展出來的（蔡瓊賢等譯，2006）。有許多的觀察研究發現，兒童社會性的發展與認知經常是在遊戲間進行的（Nutbrown, 2006），而有關腦部的研究，亦發現遊戲對腦部的發展扮演著重要的角色（Waller & Swann, 2005）。

　　一般來說，遊戲是過程導向的，而工作是成果導向的，因爲人是爲了想玩而遊戲，但是卻會爲了完成最後的遊戲成果而努力工作，透過遊戲，通常可以產生創造性過程（賴碧慧等譯，2005）；遊戲是學前兒童最重要和最主要的活動，它貫穿於整個學前兒童的生長和發展之中，許多學者和研究者日益意識到遊戲對於兒童創造力發展的重要作用（董奇，1995）。然而遊戲的意義是什麼？

一、什麼是遊戲？

　　對幼兒而言，遊戲可帶來種種學習的樂趣（林麗寬譯，1997）；但是，什麼是遊戲（play）？遊戲是一個難以了解的概念，因爲它缺乏一個明確的定義，有人或許會把遊戲定義爲缺乏目的的瑣碎活動（賴碧慧等譯，2005），而Garvey（1990）則以五種標準來定義遊戲：

1. 遊戲是令人愉快與快樂的，兒童玩遊戲是因爲好玩。
2. 遊戲沒有外在的目標，兒童是出自於本身的動機去玩遊戲，他們玩遊戲是因爲他們想要玩，並沒有任何實質獎勵。

3.遊戲是自發性與志願性的，遊戲授權給孩子們去決定要玩什麼、誰要玩、在哪裡玩、如何玩、什麼時候開始以及什麼時候結束。

4.遊戲對遊戲者而言是主動性的參與，遊戲本身即是一種主動參與的過程；遊戲可以是劇烈且令人著迷的。

5.遊戲與非遊戲的領域相關連，遊戲促進整個孩子的發展，同時也促使幼兒在教育課程領域中學習。

Parker-Rees（2005）認為新生兒的大腦具有高度的可塑性與適應性；而遊戲則隱含豐富的行為活動，它可以連結人類不同類別的腦部活動，可以促動幼兒情感、侵犯、複製的行為。基本上，人類的經驗與所有權威型式有關，而這些經驗必須藉由自願性的遊戲來轉換，兒童能透過遊戲去探究有意義的社會典範與習慣，能讓兒童去挑選自己在社會環境之中所應具備的規則與角色（Bruce, 1991），而成人則可以從幼兒的遊戲中去觀察幼兒更複雜的理解網絡（Parker-Rees, 2005）。

二、遊戲的特性

Lowenfeld認為遊戲對幼兒期是一種非常複雜的現象，它是一種結合「單一與整體」的活動，具有非常不同的思想與經驗的流派，並且有許多遊戲會持續保留到成人生活中（Nutbrown, 2006）；我們都知道創造潛能真正發揮之前，知識與技巧是必備的（Amabile, 1983），而幼兒在發展創造作品之前，同樣需要知識與技巧來表達創造潛能，如果缺乏某一特定領域的知識與技能，便無法發展高層次的創意思考技巧（蔡瓊賢、林乃馨譯，2006）。而遊戲學習能兼顧技能與工具的學習，因為遊戲可以提供幼兒發展堅定不移的意願、合作、解決問題的責任及獨立性（Waller & Swann, 2005），所以透過遊戲方式能支持幼兒完成創造學習的過程。此乃因為遊戲具有下列特性（董奇，1995）：

1.遊戲是主動自願的、非強制性的活動。
2.遊戲是自由、鬆散、易變的活動。

3.遊戲具有社會性，但又是虛構的。

4.遊戲常伴隨著快樂與愉悅。

而張武升、廖敏（2004）亦認為遊戲具有下列特性：

1.遊戲的自主性：遊戲是幼兒感興趣的活動，它是內在動機引起的行為。

2.遊戲的靈活性：遊戲中幼兒可根據自己的意願，自己設定或變化目的而不受外部影響。

3.遊戲的多樣性：各種各樣的遊戲可能滿足了幼兒的好奇心和嘗試及探索的需求，也為他們充滿想像力的頭腦提供了平台。

4.遊戲的情境性：遊戲使思維擺脫了具體物的束縛，使幼兒學會了不僅按照對物體情境的直接知覺和當時影響去行動，而且學會根據情境的意義去行動。

5.遊戲的愉悅性：遊戲是一種令人愉悅的活動。

6.遊戲的趣味性：遊戲是幼兒最感興趣的活動。

另外Schirrmacher（2002）認為遊戲對幼兒而言，其特性為（蔡瓊賢等譯，2006）：

1.遊戲是孩子的一部分，不須告訴孩子如何玩，12個月或13個月的嬰兒就開始玩了。

2.遊戲是自我引導，然而遊戲決定於遊戲者的人格特質。

3.遊戲是一種創造性活動，而非成果，是由參與者主導支配。

4.遊戲是一種完整的活動，孩子會完全融入遊戲中，時間有時很短，有時很長。

5.遊戲對幼兒而言，是敏感易受影響的事，孩子常常深深的投入，而遊戲可能很吵，常因大人介入或建議而終止。

6.遊戲是高度創造力和個人化的活動。

三、遊戲的功能

基本上，遊戲具有「寓教於樂」的功能。遊戲可讓幼兒感到非常美好，而此乃因為遊戲本身並沒有對與錯的問題，幼兒在遊戲時會感到非常有創造性並覺得很容易，自尊也因而增強了（Garvey, 1990）；在遊戲時兒童能活躍的透過身體與精神與同儕社交、談話；透過帶有創造性成分的想像，能重新組合、處理、創造，而在大腦中產生某一事物的新形象，例如幼兒改編或編造的故事，剛開始可能只是一種無意的自由聯想，沒有預定的目的，但包含最初的創造性成分（董奇，1995）。

大家都公認一個充滿活力的遊戲活動兼具遊戲與學習的功能，遊戲確實能提供幼兒重要的學習機制；在一種詮釋性探索遊戲活動過程中，遊戲能讓幼兒找出本身適應環境的第一手經驗方式（Bruce, 1991）；綜合而言，遊戲是幼兒認知發展很理想的一種方式，不僅可以促進幼兒生理與心智發展，還可透過象徵性遊戲和假想遊戲，促進幼兒創造力的發展，因此遊戲在幼兒發展的功能，可從以下四個方面探討（蔡瓊賢等譯，2006）：

1. 生理發展：遊戲可發展肌肉。例如，丟球可發展小肌肉、手眼協調；遊戲可讓孩子學習控制身體，增加自我概念。
2. 心智發展：玩遊戲可幫助孩子發展重要的心智概念；讓孩子有系統的建構知識和安排事物，孩子學會分類和探究答案。
3. 情緒發展：孩子情緒健康的其中一項指標是他們如何看待自己，創造性遊戲可幫孩子發展正向的自我概念、學習表達自己的情緒、訓練想像力和抉擇的能力。
4. 社會互動能力發展：當孩子在遊戲中與他人相處時，他們就在學習社會互動的技巧，在互動中，會發現不是每個人都會有一樣的行為，發現自己有些行為不被接受，而學習與別人相處的方式。

而張武升、廖敏（2004）認為遊戲對幼兒創造力發展的作用有：

1. 遊戲為幼兒創造性發展提供充分的可能。一方面滿足幼兒創造心理

的需求；一方面遊戲中的各種材料、設置場景、角色等都為幼兒的
創造性發展提供了物質與現實的可能性。

2.遊戲拓展了幼兒創造性想像的空間。遊戲為幼兒提供更獨立自主的
空間，幼兒能夠在與人和物的不斷互動中主動的、獨立的思考與想
像，從而進行富有個性的創造。

3.遊戲有助於幼兒創造個性的形成。遊戲可不斷的挖掘幼兒創造個性
的潛力，而且在形成創造個性方面，也產生獨特的作用。

4.遊戲提高了幼兒創造思維的品質。創造性思維被看做是一種特殊的
問題解決，在遊戲活動中創設了各種解決問題的情境提出了思維的
課題。

Berk（1994）綜合有關遊戲的文獻，歸納遊戲的功能有：

1.假裝性遊戲可以加強幼兒多元且特別的心理能力。

2.幼兒可以從遊戲經驗中大大地提升語言能力。

3.假裝性遊戲可培育兒童能夠理解不可能發生與荒謬狀況的能力。

4.特別喜歡假裝或是受到鼓勵而樂於幻想遊戲的孩子，在想像力與創
造力測驗之中得分較高。

Parker-Rees（2005）認為幼兒會藉由充滿活力的遊戲動作，持續將這
些簡單的遊戲轉變為將來更嚴格、更知性及隨後學習的預備活動，這就是
Phillips（1998, p. 6）所觀察到的：幼兒能在一個無主動性的情境中找到主
動性的行為，而幼兒更能在遊戲中找到主動性行動的機會。但是教師應謹
慎預防遊戲變成一種機械性或狹隘的事實複製，而應鼓勵幼兒去尋找一種
創造性行為，這是幼兒透過改變所處環境的遊戲經驗轉換成的知識、理
解、發明，並從中創造新洞察力的行為（Brostrom, 1997）。

總而言之，遊戲對孩子是重要的，它對孩子的整體性發展影響很大，
包括身體、社會互動、情感與認知；而且遊戲能使孩子創造一種自然的學
習情境，能讓孩子建構屬於他們自己世界的知識與意義（Stone, 1995）；
此乃由於遊戲沒有對與錯，萬一失敗時比較沒有壓力，一個創造性的遊戲

學習活動可以幫孩子發展正向的自我概念，在遊戲中嘗試成功的滋味，並學習看待自己是有價值的人，這是發展正向自我概念很重要的第一步，也是表現個人創造力的理想方式。

四、遊戲的類型

有關遊戲的類型可依據遊戲活動的內容、結構加以分類：

1. Santorock（1995）將遊戲分為：感知的遊戲（操作遊戲）、象徵性遊戲（假扮遊戲）、社會性遊戲、結構性遊戲、規則遊戲。
2. Mary Mayesky把遊戲型態分為（蔡瓊賢、林乃馨譯，2006）：
   （1）自由遊戲——彈性的，不是由成人所規劃的。
   （2）結構性遊戲——老師可藉由一些象徵玩具和扮演的衣物促進結構性遊戲。
3. 董奇（1995）依照遊戲中含有創造性成分的多寡，把遊戲分為：
   （1）創造性遊戲，如角色遊戲、表演遊戲、結構遊戲。
   （2）非創造性遊戲，如體育遊戲、數學遊戲、娛樂遊戲。
4. 張武升、廖敏（2004）認為幼稚園除了從社會性角度可將遊戲分為獨自遊戲、平行遊戲、合作遊戲以外，還可分為智力遊戲、體育遊戲、音樂遊戲。

當然非創造性遊戲並不是排除創造性成分，這只是與創造性遊戲相對性的比較而已；其實無論是創造性遊戲或是非創造性遊戲，對幼兒的創造性發展都有助益。幼兒教師可以依據學習目標、幼兒年齡從事創造性遊戲，以有意圖或無意圖的情境，讓幼兒在好奇、遊戲的探索下，以不同的遊戲方式與遊戲內容進行學習活動；而其內容與方式則可參考Mary Mayesky依據幼兒年齡所提出的幼兒遊戲內容（蔡瓊賢等譯，2006）：

1. 嬰兒及學步兒：適合玩躲貓貓、抓東西、發出聲音、攀爬等等發展性遊戲。

2. 2、3歲的幼兒：適合扮家家酒、電視人物等象徵性遊戲。

3. 4歲幼兒：喜歡較激烈的遊戲，例如，怪獸、捉迷藏等，並開始事先設計遊戲如何進行。

4. 5、6歲幼兒：可實施有計畫性的遊戲，讓幼兒花時間討論如何玩，誰扮演什麼角色，演自己害怕的事嚇人，並且開始對身體、性別感興趣，而有扮演新娘新郎的遊戲。

　　基本上，這些遊戲分類是可以交替應用的，只是幼兒教師應了解幼兒以想像力所進行的遊戲是幼兒最單純的想法型態之一，能讓孩子將真實世界與他自己具備的知識和興趣加以整合，以享受創造與想像的遊戲經驗；幼兒教師必須謹記於心的是：遊戲學習的重點在於幼兒，老師不能成為遊戲的主角。因為，成人在兒童的遊戲活動上不僅經常有諸多的限制，而且還常常成為遊戲的首領（Clark, 2005）。

 第四節　主題式方案教學

　　幼兒經常以他們獨特的方式探索世界，如果其行為能被認同時，他們會對自己的表現感到放心，而勇於嘗試表現與創造。一般來說，任何新的學習都是立基於經驗之上的持續過程，把學習視為「歷程」而非「成果」，有關個人觀念的形成是透過經驗的形塑、再形塑的過程，其學習過程是包含個體整體涉入的歷程（holistic process）（Kolb, 1984; Bound, et al., 1996）；這種經驗學習理論涉及幼兒認知的「適應」與「同化」的過程，而學習過程就是調適與同化的知識創造過程；同時根據大腦研究結果報告，人類的左右腦各掌管不同的功能，為了充分開展幼兒的大腦功能以激發創造潛能，幼兒創造性學習活動便應關注全腦學習。在全腦學習的理念下，最能鼓勵幼兒創造發展的課程就是主題式的統整課程（蔡瓊賢、林乃馨譯，2006），主題式方案學習能提供左腦與右腦共同開展的學習機制。

一、主題式方案學習的意義

主題式方案學習是依據幼兒的生活經驗與興趣，以一個主題讓幼兒從事探索性的學習。主題學習活動可採用小組合作的方式來進行學習（李建億，2006），或是以個人、小組或大團體的方式來探討主題，並且可以藉由繪畫、扮演、搭建積木及其他的表徵來呈現對主題的了解（陸錦英，2004）；老師亦可透過與幼兒們的對話互動方式進行教學，幼兒在主題式方案學習中，可透過老師講解、練習與同儕合作得到整體性的認知和技能發展（羅採姝，2006）；而課程設計可從學生的興趣、需要，以及面對的問題出發；學習情境必須是與兒童有關的，才能激發學習者動態的和創造性行為（徐靜嫻，2001）。主題式學習的同儕互動、合作，除了可以建構幼兒知識之外，亦可以讓幼兒學習情意方面的技能，包括好奇心、友愛、合作及幫助他人。

江怡旻（1997）的觀察研究發現，孩子進行方案活動時，他們是有興趣、有目的、有計劃且主動的進行一連串動態的探索；而且孩子在小組討論中最能表達及調整自己的觀點。有關幼兒創造性學習可以特定的主題或方案做為學習的核心理念，然後串連相關的學習領域，以提供適合幼兒活動的主題與架構，課程的設計應以開放性方式較合適，不必完全按步就班，如此才能激發幼兒的創造性行為。

二、主題式方案教學實施時的注意事項

主題式方案教學主要是在建構幼兒整體性的知識結構。為了使知識更有系統呈現，減少其支離破碎的現象，教師可將單元與單元、概念與概念聯結在一起，去闡明某個重要的主題（黃譯瑩，1999）；主題單元可能長達幾天、幾星期或一學期，學生可以透過科際整合的活動去探索主題，不再是以學科並置型態的活動（徐靜嫻，2001）；教師在創造性活動中是促進者的角色，老師要具備孩子發展階段的知識與技能、對孩子敏感細心的態度，而且樂意去幫助孩子與教具互動，指導的過程不能干擾或批評（蔡瓊賢、林乃馨譯，2006）。

　　教師可以從生活中找主題，確認與此主題相關的概念，然後藉由一連串的活動方案探討主題本身的內容，而每一個活動方案都涵蓋不同來源的知識（Beane, 1997）；最重要的是主題學習的活動設計應站在以幼兒為中心的立場考量，以孩子原本的興趣、對成功的期待、增強和挑戰來吸引幼兒從事創造性學習，那才是幫助幼兒有意從事創意活動並願意持續下去的方法。在主題教學上，教師應善用教室情境中的玩物、教具或作品，避免老師自己回答問題或表明立場，老師對幼兒的表現反應不做好壞、對錯的評論，只需清楚、明確的呈現問題與簡化問題（羅採姝，2006）。幼兒教師應讓幼兒知曉他們的好奇、探索及獨創行為是有價值的，並且讓幼兒以自己的速度及方式進行自己有興趣的活動，而不要干擾他們，同時保持輕鬆氣氛，鼓勵以「猜猜看」的態度追求答案；但是在鼓勵幼兒持續進行探索活動時，盡可能減少使用外在獎勵、避免競爭的氣氛（蔡瓊賢、林乃馨譯，2006）；不過，幼兒教師讓幼兒操作時，手動（hand-on）一定要有心動（mind-on）配合，而不是任由幼兒去操作，卻未能給予幼兒適當地引導（陳淑敏，2001）。

　　一般來說，主題式方案教學應盡量能讓幼兒在日常活動及相關的活動中表現，但是應避免把兒童所有的活動都視為創造性的活動，也就是說，不能將幼兒的創造性發展過度擴大，在課程規劃上盡量與幼兒的生活經驗做主題式學習即可，而不必抱持幼兒所進行的主題式活動都是深奧的創造性活動。因此，幼兒老師在設計主題式方案學習活動時，可考慮下列的問題（蔡瓊賢、林乃馨譯，2006）：

1. 從發展的觀點來看，這樣的內容／概念適合幼兒嗎？這樣的學習可讓孩子身心都主動積極參與，而非被動的活動嗎？
2. 小孩對這些內容真的有興趣嗎？這些內容對孩子恰當、具吸引力及有意義嗎？孩子們會主動選用教具嗎？
3. 提供的教具能讓孩子探索和思考嗎？活動的安排是否能修正以符合個別孩子的需求？
4. 教學法能提供擴散思考機會嗎？可激發孩子的好奇心嗎？能允許孩子嬉鬧幻想嗎？可讓孩子探索與遊戲嗎？

5.有機會讓孩子和其他孩子及成人溝通互動嗎？教室有包容氣氛嗎？
評量時間可延長，讓想法有時間整合及形成嗎？

本章回顧

1.何謂幼兒創造性學習活動。

2.討論從事幼兒創造性學習活動應關注的議題。

3.創造性學習有哪些歷程、特徵？而你的看法如何？

4.討論幼兒教師從事創造性學習活動時，應該把握的教學原則有哪些？

5.討論你較認同的創造性學習模式，原因是什麼？

6.討論合作學習的意義及其對幼兒創造性學習的功用。

7.討論遊戲學習的意義及其對幼兒創造性學習的功用。

8.討論遊戲的特性與功用。

9.討論主題式方案學習的意義，以及在設計主題式方案學習活動時應注意的事項。

第七章
幼兒創造性學習活動之實務設計範例

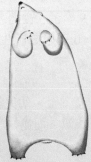

任何學習活動的課程設計都離不開計畫、執行、評量等基本概念。一般課程發展一向遵循目標模式，分成四個步驟：擬訂課程目標、選擇課程內容、課程組織、課程評鑑，但是這種發展模式受到激烈的批評；而後產生了過程模式，其課程發展依照四個步驟：設定一般目標、實施有創造性的教學活動、記述、評鑑教學活動引起的結果（歐用生，1998）；通常課程目標能反應教師的教學價值觀與信念，有關學生如何學習、學習什麼、為何學習，都與教師的教學信念有關，所有與學習有關的問題都將會受到老師教學信念的影響。

一般來說，教學課程目標是每位老師奮力追求的教學方向，而創造性發展亦是個人終身追求的目標，教學目標不容易達到，然而卻為老師和孩子提供學習的方向；而幼兒創造性學習的課程計畫和課程發展，亦以目標、執行、評量的PIE模式為基礎（賴碧慧等譯，2005）；簡楚瑛等人（2001）依據台灣於民國70年11月所公布的「幼稚園教育法」及76年元月教育部修訂公布的「幼稚園課程標準」，說明幼稚園需具體輔導幼兒達到下列學習目標：

1.關心自己的身體健康和安全。

2.表現活潑快樂。

3.具有多方面的興趣。

4.具有良好生活習慣和態度。

5.對自然及社會現象表現關注和興趣。

6.喜歡參與創造思考和解決問題的活動。

7.能與家人、老師、友伴及他人保持良好關係。

8.具有是非善惡觀念。

9.學習欣賞別人的優點，並具有感謝同情及關愛之心。

10.適應團體生活並表現互助合作、樂群、獨立自主及自動自發的精神。

基本上，幼兒教育的主要目標是關注幼兒內在生活世界與智慧並重發展為本質，而愉快學習則是幼兒教育的附帶目標，讓幼兒能以輕鬆、愉悅

的心情學習則是幼兒朝向創造力發展的重要目標。因此，幼兒教師在設計創造性學習活動時應關注（蔡瓊賢等譯，2006）：

1. 考量適用的幼兒發展階段：身體、社會、情緒及認知的狀態及了解個別差異；了解每位孩子的發展階段、特點、興趣、家庭、身體狀況。
2. 建立適性發展的幼兒活動：依照幼兒發展設計適合幼兒學習的環境；通常採取實驗、實例來說明，並且當孩子進行個別或小組任務時，盡可能讓幼兒有機會互動。
3. 注意幼兒專心的限度：設計創造性教學活動時必須考慮孩子的專注限度，基本上越年幼的孩子專注時間越短，設計活動應考量幼兒能夠專注投入的時間。
4. 關心孩子社會情緒需求：關心幼兒害怕、表達情緒與競賽的情緒。
5. 符合孩子的生理需求：幼兒由於小肌肉發展尚未完成，較細緻的活動便無法完成，應讓孩子先發展及練習較粗動作相關的技能，再練習精細動作。
6. 創造性活動要兼顧動態活動與靜態活動的相互使用。
7. 活動的設計最好能提供大部分的時間，讓幼兒以個別化或非正式的小組來學習；最好讓幼兒能以具體操作的方式從事學習。

　　幼兒教師在設計創造性學習課程時心中應隨時想著教誰？誰教？為什麼教？教什麼？如何教？在哪裡教？應該站在幼兒的立場來思考課程活動，考量幼兒的發展程度、社會文化、價值觀、信念等等，再依據教學目標安排學習內容、活動方式、評量方式去實施教學活動。課程設計流程可以參閱Schirrmacher所設計的創造性學習活動設計流程圖（賴碧慧等譯，2005），如圖7-1。

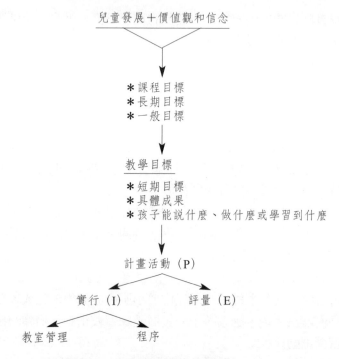

圖7-1　創造性學習活動設計流程

資料來源：賴碧慧、吳亮慧、劉冠麟譯（2005）。《幼兒藝術與創造性發展》。
譯自 *Art and Creative Development for Young Children*（R. Schirrmacher
著）。台北：華騰出版社。

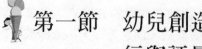 第一節　幼兒創造性學習活動之目標、執
　　　　　行與評量

一、創造性學習活動教學目標

　　一般創造力訓練目標包含認知方面的敏覺、流暢、變通、獨創、精進
及情意方面的想像、挑戰、好奇、冒險（陳龍安，2006）；而幼稚園創造

性教學之目標就是培養幼兒在認知方面具有流暢性、獨創性、變通性、精進性、在情感方面具有想像力、好奇心、冒險性、挑戰性，其教學目標就是啓發具有創造性的個體（朱進財，1997）。

從心理學理論與創造性理論的分析中，我們都已經知道個人創造力的發展與生理發展、社會互動、情感、認知都有密切的關係，而且這些發展因素是相互依賴和互相關聯的，因此有關幼兒創造性學習的活動目標就必須考量幼兒的全方位發展。幼兒創造性學習活動目標應關注幼兒發展的整體模式（holistic model of child development）觀點，學習目標應該要能促進身體的、社會互動的、情感的、認知的和創造力的發展（賴碧慧等譯，2005）：

1. 生理發展──能促進大肌肉群或主要運動神經的相互協調、小肌肉群或細部運動神經的相互協調、知覺神經協調或眼手協調、感官意識、自主照顧能力。
2. 社會發展──能促進自我了解和自我接受、與他人的正面關係、正面的自我概念。
3. 情緒發展──建立正面自我概念、正面且適當的自我情緒表達、自我克制。
4. 認知發展──能促進各式各樣的思考技巧，如問題的解決和發現、增進課程領域的概念、技能、學習、語言。
5. 創造力發展──能促進原創力、想像力、口頭和非口頭表達。

幼兒教師訂定創造性學習活動目標時應注意（蔡瓊賢等譯，2006）：

1. 創造是一種過程而非結果（process, not product）：讓幼兒在過程中發展感覺與經驗、表現自我與創意才是重要的。
2. 符合幼兒需求：課程設計要能符合幼兒需求，活動要能符合幼兒的年齡、能力、興趣。
3. 獨創性與獨立性：要能提供幼兒創新思考和獨立工作的機會，獨創性與獨立性是創造力發展的基本要素。

4.創造性思考：要能培養幼兒具有創造性思考能力，老師要能接受幼兒的想法、感覺、作品，讓幼兒在安全、被尊重的感覺環境中從事創意活動。不畏懼失敗，接受挑戰，這是激發創造性思考的基本態度。

5.關注個別發展，唯有容許幼兒以自己的速度與方式來發展才是真實的發展，提供足夠的創造性空間，讓幼兒有自己的空間來開展自己的想法或感覺。

因此，創造性教學目標訂定時，應關注兒童的適性發展，了解所有初期幼兒的生長與發展上都有共同、可預測的順序，幼兒教師可以依據幼兒的年齡發展去要求幼兒的學習情況；但是也必須考量每一個幼兒都是獨特的個體，每個幼兒都有自己獨特的成長、力量、興趣、經驗和性情模式，而且每一個幼兒都來自不同的家庭文化，有著不同的價值、信仰及行為方法，教師應尊重每一個幼兒的成長社會及文化背景。

二、創造性學習活動的執行

從創造歷程來看，無論其結果是否具有新穎性、實用性、或是具有創意，只要幼兒能投入創造性活動中，都會影響學習結果的產出，並改善整體的表現。創造歷程表現出來的創造行為是人在運用創造思考技能所能表現的一切內外在行為（毛連塭，2000）；原則上教師在執行創造性學習活動時，應注意下列事項（蔡瓊賢等譯，2006）：

1.確定活動有足夠的素材和工具。

2.讓幼兒融入討論中，激發其興趣。問問題、激發想像、鼓勵創新，如我在路上撿到一顆石頭，你如何形容它？

3.表現你對這個活動的了解、熱情和興趣，並詳細介紹活動。

4.以幼兒能理解的詞句與對話，激發幼兒的學習興趣。

台灣學者賈馥茗指出，教師在與兒童進行互動時應注意以下十點（引自簡楚瑛等，2001）：

1.明白地讓兒童知道教師並不見得有高創造力，他們的創造性有可能超過教師，並可能有更意料之外的展現。

2.公平地對待班上的每一位兒童。

3.對敢於提出意見的兒童應表示讚許。

4.對兒童所提的新奇意見應予以重視。

5.對兒童自發提出的問題，教師不要先行解答。

6.鼓勵兒童互相討論問題。

7.適時地參加兒童的討論。

8.對於愛好表現的兒童，一方面肯定他們幫助他人和與人合作的行為，另一方面也要向他們指出，應該給別人留有表現的機會。

9.對不希望表現的兒童，應盡量利用各種時機，鼓勵其進行創造性的表現。

10.教師還應注意避免因為鼓勵兒童獨立、自由的思考和表現而使整個團體處於渙散、鬆懈的狀態。

　　因此當老師進行引起創造動機時，要注意孩子的身體需求、興趣、朋友、趣味、目標、差異性，在活動進行中，教師不以「瘋狂的點子」去評斷幼兒的創造力表現，而以神秘、可能無法完成，但是值得嘗試的口吻鼓勵，並以笑容、讚美增強幼兒的表現；同時更應關心不擅於表達或內向幼兒的創造表現。

三、創造性學習活動評量

　　創造力教學必須讓教學者與學習者親身體驗創造的歷程，並強調以歷程為導向，但卻需要有產品呈現，就是歷程與結果並重（吳靜吉，2002）；其評量方式要以具體的「創意作品」，進行專家共識性的評量，以評定其具有新穎與有用的創造性特質（Amible, 1983）。

　　有關幼兒創造性學習的評量，Mary Mayesky認為幼兒創造性學習活動的評量應把創造視為一種過程而非結果，幼兒在創造性學習過程中所發展的創造感覺與創造經驗、表現自我與創意才是最重要的（蔡瓊賢等譯，

2006）。幼兒教師在從事創造性學習活動時應該重視學生的創造歷程變化，不能單只從學生的「作品」來看他們的創意，應讓學生能從創造歷程中，不斷提昇自我效能，體認創意任務的重要性，不斷突破原先的想法和評估模式，讓學生知道成為有「創意」的人並不遙遠（簡佩芯、劉旨峰，2005）；對創意作品輕描淡寫評述、鼓勵他們自信、自動的控制自己的學習活動，同時盡可能用各種方式讓孩子知道老師很重視他的創造作品，也讓孩子了解老師是積極享受創造思考的大人（蔡瓊賢等譯，2006）；其實幼兒不會總是有足夠的能力與專注的精神去完成每一件創造作品，教師能夠引導幼兒參與創造性活動的發展過程便是幼兒創造性學習的核心。

 # 第二節　幼兒創造性教學設計模式理念

原則上，創造性教學並無一定之模式或最佳套裝教學法（詹志禹，2002），教師必須從不斷的反思中，依據自己的教學對象、教室文化脈絡做調整，時時反省自己的教學信念與引導方式，方能營造出一個適合自己教學取徑的教室文化與學習氣氛（馬祖琳等，2005），有關創造思考教學活動設計的類型並沒有一定的標準模式，只要能達成培養學生創造思考能力的教學目標，都是一種創造思考教學活動；創造思考教學並非特殊的或標新立異的教學方法，與傳統教學法並不相衝突，反而能相輔相成、互為效果（陳龍安，2006）。

幼兒教師從事創造性教學時，可以根據哈爾曼（R. Hallman）的研究總結所提出的十二條教學技巧去掌握教學活動（簡楚瑛等，2001）：

1.培養兒童主動學習的熱情和方法。
2.放棄權威態度。
3.鼓勵兒童勤奮學習，多方面吸取知識，並對知識進行積極的理解和消化。
4.對兒童進行適當的創造性思考專門訓練。

5.延遲判斷。

6.促進兒童思考的靈活性。

7.鼓勵兒童獨立進行評價。

8.訓練兒童感覺的敏銳性。

9.重視提問。

10.創設各種條件，讓兒童接觸各種不同的概念、觀點以及材料、工具等。

11.重視培養兒童的耐挫能力。

12.注重整體結構。創造型教師在傳授知識時，應注重知識的系統性及其相互之間的聯繫。

　　因此，幼兒教師在從事創造性學習活動的設計與實施時，雖然並無一定之模式或最佳套裝教學法，但是仍然可依循Mary Mayesky所提出的方針做為教學模式（蔡瓊賢等譯，2006）：

1.準備：

（1）實施前先試試看。

（2）確定所需的設備都準備妥當。

（3）預先設想一遍活動的進程。

（4）必要時修正活動以符合孩子的發展需求。

（5）用最少時間解釋活動，好讓孩子了解如何開始與進行活動。

（6）孩子開始後，要不停的巡視。

2.創造性活動的呈現：

（1）針對活動界定清楚的目標。

（2）從活動中確認可能的學習。

（3）列出活動所需的教具。

（4）決定如何執行活動。

（5）決定鼓勵孩子以及讓他們保持興趣的方法。

（6）預測孩子可能會問的問題。

（7）設計評量的方式。

（8）設想延伸活動。

（9）設想復原時間及其要求。

3.結束創造性活動：

（1）清潔、歸位。

（2）至少10分鐘前提醒，然後5分鐘，9分鐘後再一次。

（3）收拾東西後的活動，應讓孩子覺得有趣，熱烈期待。

（4）做事有始有終，會讓幼兒在完成活動後有成就感。

（5）有時刻意留下未完成的作品，留給孩子意猶未盡的感覺，而對學習活動有所期待。

 # 第三節　幼兒創造性學習規劃原則

　　教學是一種複雜的活動，涉及學生認知、學習動機、學習活動安排及班級規約的塑造。而有關創造性學習活動的設計則應朝向非結構的方向發展，就如Amible（1996）所言：有關創造工作任務設計應朝向「結構模糊」（ill-structured task）和「開放性目標」（open-ended）發展，適切的創意任務必須具有啟發性，而非程序性。啟發性任務就是能以多元方式解決，能藉由多元策略去完成創造性教學目標（董奇，1995）；學習活動的設計可依據創造性發展理論、以幼兒為中心、全腦學習的理念去設計課程內容，然後以遊戲學習、主題方案學習、合作學習等方式執行教學活動。其形式包括：團體活動和個人活動，課堂活動與課外活動等，教師可為兒童創造各種活動，讓兒童在實際活動中充分發揮創造潛能，發揮創造的能力（董奇，1995）。然而，創造性課程活動設計會因課程領域不同，而有該課程所必須注意的基本概念，所以在教學實務設計上有各自應該遵守的原則，以下將各領域的基本理念與原則介紹於後，以供課程活動設計之參考。

一、幼兒創造性數學學習活動

　　幼兒數學活動主要是建立主動建構的觀點，其目標在於幫助幼兒能更正確的表達數字概念與更成熟的思考模式；但是另一方面，數學是由許多事實和技巧組合而成，必須要讓學生獲得數學概念和技巧，以培養其創造能力。

　　有關幼兒數學概念，3歲前的幼兒通常可以正確的順序數到10，可用歌曲、手指謠、童謠來幫助幼兒練習數字的聲音與順序，但是因為幼兒經常將兩件物品只當做一個數字，所以唱數是一回事，而理解又是一回事，應該確實讓幼兒能理解「一對一對應」的計數能力。當幼兒數算時必須觸摸到每一個物品，應該一再以不同的經驗強化「一對一對應」的概念，當數字的名稱對幼兒具有意義時才要求幼兒數算，如「基數」，剛學習數字的幼兒對理解拿2本書到桌上，是有困難的，當幼兒數完「1、2兩本書」之後，可能只拿第2本的書；因為幼兒只了解「序數」，這是指物體在數列中的位置（林乃馨等譯，2006）。

　　幼兒教師在數學概念教學上，主要是開闊幼兒面對數學世界視野的責任，並讓幼兒對數學有正向的經驗感受，就是使數學「領域」知識易於接近、易於學習，並能與生活相結合。所以在創造性數學學習規劃上，必須考量概念例證的樂學性與易學習，讓幼兒能從具體操作之實際經驗建構數學概念（陳彥廷，2006），提供有創意、具刺激性、親自操作的經驗，而不是出一連串無趣的作業，讓幼兒安靜的寫答案（林乃馨等譯，2006），在幼兒數學創造力教學的教室中，為了營造適合數學概念學習與創造力發展的教學環境，教師必須在師生互動歷程中，建立舉手發言、傾聽他人解題想法的教室規範，以做為形塑教室文化的基礎（馬祖琳等，2005）。

　　數學的早期經驗必須要能讓幼兒親自操作，讓幼兒在充滿遊戲與探索行動的學習環境中，透過操作具體的教具幫助幼兒思考與討論，並建立數學概念的了解與認識。根據Mary Mayesky的看法，幼兒老師可以在任何情境下尋找與數學的關連性、鼓勵他們發問、激發孩子對有興趣的主題進行數學討論，而不是一定要安靜坐下來才能學習數學概念（林乃馨等譯，2006），幼兒吃餅乾時，告訴幼兒：這裡有兩塊餅乾，然後以口語數「1、

2」，讓幼兒有數字概念；幼兒玩玩具時，讓幼兒將玩具按大小排列時，然後問：哪一隻最大？哪一隻最小？若幼兒答不出來，老師可運用「猜猜別人的想法」、「請別人幫忙」、「解決問題」的策略，搭配「尋求解釋」、「轉問別人」等提問方式，引導幼兒表達自己的意見並了解別人的想法，也建立同儕間更多的合作機會（馬祖琳等，2005）。

同時，幼兒學習數學概念的發展型態，可藉由「學習角」來建構（林乃馨等譯，2006）：

1. 積木角的數學：我蓋了一間房子，用了多少塊積木？屋頂要用三角形積木等等方式去建立有關數字的概念。
2. 美勞角的數學：我的卡車有四個輪子、我要五支彩色筆畫我的娃娃、我需要十根羽毛貼在我的孔雀上，可是我只有九根。
3. 娃娃家的數學：我的娃娃生病了，我要打電話給醫生，電話是779-9821。
4. 韻律角的數學：我在跳床跳的高度有多少？我跳了多少次了？其他孩子可以幫他測量。

依據Piaget的理論，學前的孩子還未具有分類的能力，但Blewitt的研究發現，即使是2、3歲的孩子也能分辨槌子是工具，而櫃子是家具，只是在分類與序列（classifying and ordering）上，他們往往一次只能根據一種特性來進行分類，無法同時考量兩種以上的特性；4歲的孩子常以隨機的方式來排序，6歲的孩子則以嘗試錯誤的方式，直到7歲時才會以較具系統的方式，先找出最大及最小，再依序排列（莊麗娟，2003）；幼兒教師可幫助幼兒開始去察覺他們世界中事物的相關性，將相似的物品或同屬一類的物品放在一起，這是幼兒發展數字概念的必要過程。

依據幼兒的年齡與發展程度，Mary Mayesky將幼兒的分類技能分為五個階段（林乃馨等譯，2006）：

1. 以圖像式堆集分類，但腦海中並沒有事前的計畫。有的依顏色、形狀分類，但是他們可能無法告訴你為什麼？

2.沒有顯而易見的計畫分類。他們都有理由，但是對成人而言，那些理由並不是清晰的理由。

3.以一些標準爲基礎來分類。幼兒可發展以顏色、形狀分類，但是不會把既是藍色又是圓形的東西放在一起。

4.可以根據兩種或是多種特性爲基礎分類。

5.孩子可以根據功能用途或是相反的概念爲基礎分類，如不在廚房使用的物品。

　　基本上，幼兒數學創造性教學的教室文化之形塑，並非一蹴可及，須依據教室情境脈絡與幼兒的發展與經驗彈性調整，再配合教師自己本身的經驗，不斷省思與嘗試（馬祖琳等，2005）；幼兒教師從事創造性數學學習活動時，可以依據自己的經驗與信念，再觀察幼兒的表現與需求，持續的嘗試、修改。

二、幼兒創造性科學學習活動

　　幼兒創造性活動不可忽略科學領域，眞正的科學是創造力相當高的活動。Mary Mayesky認爲孩子與科學家一直都在做兩件有關創造的事情：調查與發現知識；但是對幼兒而言，調查過程比知識更重要，幼兒需要很多行動，並非很多事實論據，然而這並不代表了解這個世界不重要，只是強調尋找答案的方法會比答案本身更重要（林乃馨等譯，2006）；幼兒科學教育的目標在於養成主動、持續與專注探索的態度，而使其在解決問題中，建立有關科學的基本知識、概念和技能。

　　Mary Mayesky認爲科學對幼兒很重要，其原因爲：

1.當孩子主動投入調查世界時，他們是在做中學，這是幼兒學習最有效的方式。

2.科學活動幫助幼兒發展運用感官的技巧。

3.科學提供孩子發揮創造力的機會，能讓孩子在開放的環境中去實驗構想和教具，而不怕「犯錯」（林乃馨等譯，2006）。

　　但是，根據周淑惠（2003）的研究發現，幼兒教師都懼（拒）怕教自然科學（p. 190）；其實教師若能在進行科學教學活動時，選擇或自行設計適當的教學玩具來配合科學教學，供作老師科學教學活動時教學演示的輔助教具，應最能引起學童的科學學習興趣與注意力，藉由科學玩具的把玩，可以幫助學童獲取科學知識（方金祥，2006）；科學遊戲就是把科學玩具或科學活動與遊戲結合在一起，寓教於樂，讓同學可以從遊戲中體會科學原理（蕭次融等，1999）。

　　對幼兒而言，可以有三種型態的科學經驗：（1）正式科學：指老師事前計劃發展特定的技巧；（2）非正式科學：和正式科學相較，老師涉入的成分很少，也可說幾乎沒有，這個活動是以科學角去激發幼兒探索；（3）偶發性科學：不能事前先計劃，如打雷、颶風、積水（林乃馨等譯，2006）。幼兒教師可藉由欣賞大自然的樹、青苔、青草味、小鳥悅耳的叫聲、蝴蝶、花、雨、雷電、石頭去感受大自然的美感，把藝術與科學相結合；藉由觀察廣告顏料在水中逐漸變淡、蠟筆在火源旁變軟的活動，將科學和藝術材料聯結；藉由展示動物圖片、講故事、唱動物歌學習與動物有關的知識，將科學與愛護動物、保護動物、寵物不是玩具等社會性教育聯結；透過觀察植物、種豆子的科學活動，與學習節省、吃光食物、垃圾分類等健康教育、環境教育相結合。

　　最後幼兒教師在進行創造性科學學習活動時應關注（周淑惠，2003）：

1.慎用教學用語及了解幼兒迷思概念。
2.提供鷹架、引導幼兒觀察與推理：從Vygosky的「最近發展區」觀點而言，教師應為幼兒搭構學習鷹架並促動幼兒同儕間之互動，使幼兒脆弱、不穩定的能力向上發展與提升。

　　基本上，創造性科學教育的內容非常多元，且幾乎都與我們的日常生活有關，從實證研究可發現幼兒對科學概念存有許多迷思（林顯輝，1993, 2004；周淑惠，2003），幼兒教師可透過創造性自然教學活動予以改變及突破，然而幼兒教師不可對科學產生「迷思」想法，以為只要涉及「科學」

這二個字就非常艱難，就必須有高深的學問才能進行教學，其實就幼兒的創造性科學學習活動，可從幼兒日常生活中的現象做活動的起點，如此幼兒教師就可大膽地嘗試各種有關幼兒創造性的科學學習活動。

三、創造性藝術學習活動

幼兒是最喜歡畫畫的，只要手中握有可以留下痕跡的東西，幼兒就會塗塗抹抹的，依據Schirrmacher的研究，幼兒繪畫可以分為三個階段（賴碧慧等譯，2005）：

1.塗鴉期：又可分為錯塗鴉期、控制塗鴉期、塗鴉期。
2.基本形：3-4歲，能畫小圈圈、直線，要求帶回家；後期會畫長方形、正方形。
3.圖式期：5歲時能畫出完整的象徵性作品。

Schirrmacher認為創造性藝術學習活動其基本理念就是建立由教師主導、引導，而讓兒童自主的藝術學習方案；而藝術學習與身體、心理發展都有密切的關聯性，可促進幼兒的動作發展，在規劃創造性藝術學習時可以依據下列原則設計（蔡瓊賢等譯，2006）：

1.發展型態──幼兒的生理發展程序是由大肌肉到小肌肉、由頭到腳、由中心到邊緣（翻身比手臂抬起快）。
2.大肌肉活動──跑、跳、走、站、爬。
3.小肌肉發展──繪畫、剪、貼、捏黏土都可促進小肌肉發展。
4.手眼協調──繪畫、剪、貼都有助於幼兒手眼協調。
5.感覺動作期──藝術活動可發展觸覺、視覺、顏色概念、變化概念。

創造性藝術學習活動可透過「手印與腳印」讓幼兒將雙手或雙腳沾上顏料後，蓋印於紙張上，作品可保留起來，亦可應用於社會課程裡認識

「我」的教材中;而手指糊和手指印紙張等學習活動則適合幼兒的小肌肉活動;同時可讓幼兒在戶外以水繪圖,讓幼兒用水在牆壁上或地上畫圖,以促進手眼協調活動及大肌肉的發展;或是讓幼兒以肢體做出各種雕像品或是動物形狀後,靜止不動,再覆上布,讓其他孩子猜猜看,以發揮幼兒創造想像力,同時亦可藉此發展大肌肉;而幼兒的作品可以拍照展示,以累積幼兒的創作經驗與成功經驗,使其有信心去嘗試各種創作。

在規劃幼兒創造性藝術學習活動時應該關注(賴碧慧等譯,2005):

1.讓幼兒能自由發揮。
2.取得藝術過程和作品間微妙的平衡。
3.要無限制,讓兒童發揮創造力。
4.能夠發現與實驗。
5.主動融入,持續投入。
6.自發性的動機。
7.以成功為導向。
8.適性發展。
9.包括正統的藝術用具。
10.每位兒童都有使用途徑。

四、創造性社會性學習活動

Piaget特別強調合作的社會關係對認知發展的重要性(陳淑敏,2001),Vygotsky(1978, 1983)社會歷史文化觀點中的兒童心智發展,亦特別強調社會文化脈絡對兒童心智發展的影響力;而Amabile 的創造性脈絡理論與Csikszentmihalyi創造性系統理論更強調社會性行為對個人創造力表現的重要性。同時,Vygotsky的理論特別強調學習是一種人與人之間及動態的過程,主張老師必須與孩子建立舒適及合作的關係,並透過成人及同儕的協助去知道每個孩子的「最近發展區」,以協助完成學習活動(賴碧慧等譯,2005)。

這些觀點基本上都顯示社會性行為在幼兒認知發展的重要性,也是幼

兒創造性發展所應關注的學習內容，然而，這也是傳統創造力教育與創造力研究所欠缺及忽略的地方。社會情緒的發展（social-emotional growth）包括情緒發展與社會發展，情緒發展是指兒童情感與心理感覺的發展；社會發展是指兒童與外界社會接觸時生理或心理的發展（蔡瓊賢、林乃馨譯，2006），幼兒要成為一個優秀的社會份子就必須學習很多的社會性技巧；尤其在幼兒園裡，幼兒必須與其他幼兒分享教師的注意與關照，必須學習輪流、等待、合作、分享資源、傾聽和獨立工作的社會技巧。

　　如果幼兒有明確的自我概念（self-concept），包括幼兒對本身特點（身體外形、能力、技能等）及自己與他人相似或不同之處的認知；並且能喜歡自己美好的感覺，能自我接受（self-acceptance）或自我尊重，就會對自己愈有信心（self-esteem）（林乃馨等譯，2006）。基本上，一個有信心、能自我接受的幼兒，在情緒上會感覺安全、自在，便可在學習上自由的、有創意的表現自己；自尊與自信是兒童創造性發展的正向情緒（董奇，1995）；通常有高度自尊的幼兒自然會表現出利他行為，因為他們的自我不會為幼稚的認知所佔據（林乃馨等譯，2006），幼兒老師在教學活動上，可運用「猜猜別人的想法」、「請別人幫忙」、「解決問題」的策略，搭配「尋求解釋」、「轉問別人」等提問方式，引導幼兒表達自己的意見並了解別人的想法，也建立同儕更多的合作機會（馬祖琳等，2005），幼兒可藉由創造性社會學習活動宣洩強烈的情緒，並克服負面情緒，讓幼兒對課程活動有所期待並有機會分享喜悅，以增強幼兒的正面情緒，而有利創造力的表現。

　　社會學習是人類對於生存的環境，和成為社會成員的概念、技巧、態度的學習，年紀非常小的孩子都可以參與社會學習活動（林乃馨等譯，2006）；而其內容包含自己與自己的關係、自己與家人的關係、自己與他人的關係、自己與大自然的關係。社會學習活動可從幼兒本身開始，讓幼兒以自己的覺知去認識有關自己的活動，包括學習自己的名字、生活背景和家庭情況，認識其他同儕居住的地方和住家，學習家庭之間的生活型態和價值觀的異同。

　　Mary Mayesky認為在幼兒創造性社會學習課程中，透過認識教師與同儕名字的過程，兒童可以學習認同；活動可將焦點放在幫助幼兒個人的名

字上，而進一步發展孩子的自我認識和幫助他們了解自己的獨特性（林乃馨等譯，2006），對孩子說話時，盡可能使用他們的名字，鼓勵孩子以個人有意義的方式描繪或描述自己和家人；教學活動可先錄製一卷有班上所有同學聲音的錄音帶，請幼兒聆聽聲音後，玩「猜猜我是誰？」的遊戲，猜猜是誰的聲音，並討論每個人的聲調有何不同；這類的活動可提供幼兒從事社會學習，讓幼兒認知每個人的差異性；另外，在教學活動上，可利用戲劇，讓孩子在安全的環境中嘗試扮演社會角色，如護士、老師、技工、便利商店店員、醫生等等，或是參觀社區的超商、郵局，以認識社區環境。

美國國家社會學習審議會（National Council for the Social Studies, NCCS）認為所有幼稚園到高中三年級的孩子都應該學習「十個社會學習主題串」，這十個主題是從描述社會學習是「統整社會學習和人文以促進公民能力」的定義發展出來的，十個社會學習主題串包括（林乃馨等譯，2006）：

1.文化。
2.時間、連續和變遷。
3.人、土地和環境。
4.個人發展和認同。
5.個人、團體和制度。
6.權力、職權和統治方式。
7.生產、分配與消費。
8.科學、技術和社會。
9.全球關係。
10.公民的理想和實踐。

有關幼兒創造性社會學習的活動內容與實施，幼兒教師可以根據這十個社會學習主題去延伸與規劃幼兒創造性社會性學習活動。

五、創造性音樂與身體律動學習活動

　　人類一出生就開始以身體律動去表達自己的情緒，幼兒在高興時會手舞足蹈，不高興時會用力跺腳，以肢體表達個人情緒是幼兒非常自然的事。孩子在人生的早期正忙著獲得各種的大小動作技巧，主要的學習策略便是透過身體去操縱世界，而律動活動比其他活動更能提供充分機會發展完整的自我（林乃馨等譯，2006）；胡玲玉認為創造性舞蹈教學可讓學生覺察自己的身體，以尋找自己身體的獨特性並勇於呈現；而且可讓學生了解自己與同學的動作差異，並與友伴分享；同時可以讓學生感受怎樣的動作是最舒服與最不舒服，然後發表其感受（引自陳龍安，2006）。而Mary Mayesky認為幼兒的創造性律動是反應孩子情緒內在狀態的律動，在創造性律動中，孩子可以自己的風格自由的表達他們自己的個性（林乃馨等譯，2006）。

　　一般來說，在幼兒園的律動活動大都與音樂學習活動相結合，學習活動的設計可以依據呂佳陵（2004）所提出的四大類指標的其中一項或二項來設計：

1. 與感受有關的即興肢體表達：讓幼兒透過即興自創的肢體動作來表現，他們對所聽到的各種音樂速度、拍號、強弱、節奏音型的感覺。
2. 探索的音樂即興行為：讓幼兒為遊戲活動即興創作兒歌或唸謠，邊玩邊唱、在樂器上即興奏出一些聲音來伴奏故事或童詩、在樂器上即興奏出一些聲音來伴奏歌曲或錄音選曲、即興自創兒歌或唸謠、發明並使用圖形或符號系統來記錄與傳達人聲、樂器的聲音和音樂概念。
3. 簡單、明確的音樂即興創作行為：指定節奏、旋律樂句讓幼兒即興創作答句，讓幼兒即興創作簡單的頑固節奏、旋律頑固裝飾，讓幼兒對熟悉的樂曲即興創作簡單的節奏變奏、旋律裝飾，讓幼兒選用各種來源的音樂即興創作器樂短曲。
4. 有明確指引、明確音樂概念來引導幼兒思考的音樂創作、編組行

爲：讓幼兒依據老師所給予的指引來創編器樂短曲、引導幼兒創編音樂時，應考慮音色、節奏音型、旋律高低、強弱、速度快慢等安排。

幼兒教師在從事創造性身體律動時，所選擇的音樂應該（林乃馨等譯，2006）：

1.旋律清楚而強烈的歌曲。
2.教師必須先練習所有的歌曲。
3.根據一首歌的長度來教學。
4.視覺輔助物可以用來增加唱歌的樂趣，如利用一系列的圖畫、動作。
5.鼓勵多多唱歌。
6.適當時間加上律動。
7.在休息區或休息時間播放輕柔的歌曲、新歌。
8.製作節奏樂器，譬如利用空容器裝綠豆、沙子……製作簡單的節奏樂器。
9.音樂選擇的多樣化，如古典、爵士、饒舌、搖滾、本土。

創造性音樂與身體律動學習活動，可放音樂讓幼兒跟著節奏走路、跳躍或是跑步，有時可變化節奏速度玩遊戲，或是依節奏強弱表現動作；可與藝術課程結合，使用有蓋的罐子自製樂器、然後一起打節奏；可以傾聽大自然的聲音，下雨時，請孩子閉上眼睛傾聽，或傾聽教室的聲音、學校的聲音、學校外面的聲音；可以讓幼兒從事音樂想像創造，小組或個人依照所播放或彈奏的音樂從事自由的律動創作，然後請表現較獨特的幼兒展演動作並讓其他小朋友一起模仿。基本上，幼兒創造性音樂與身體律動學習活動設計，可以根據呂佳陵（2004）所劃分的活動類型進行：

1.探索活動：沒有思考音樂效果的創意表現活動。
2.即興創作：配合對音樂需求，直接進行簡短有聲的創作。
3.創作、記譜創作：較即興創作更進一步，有根據明確音樂效果爲目

標的音樂創作或記譜創作。

4.編組音樂：較即興創作更進一步，有根據明確音樂效果爲目標的改編或組織音樂。

幼兒教師在從事創造性音樂與身體律動學習活動的規劃時，可依據 Mary Mayesky 所提出的目標來設計（林乃馨等譯，2006）：

1.身體的放鬆和自由。
2.表達空間、時間和重量的經驗。
3.增加對世界的覺察。
4.體驗創造性表達感覺與想法。
5.增進協調和節奏的詮釋。

 # 第四節　創造性學習活動之設計範例

幼兒創造性學習活動設計並沒有一套放諸四海皆準的實例，本書參考相關資料，以主題式方案教學設計了學習單，並蒐集幾則適合幼兒創造性學習的實例，以供幼兒創造性學習活動設計之參考或延伸。

一、以「風」爲主題的創造性學習活動設計方案

主題名稱：風	適用：大班	時間：4節
單元目標	1.能知道空氣與風的概念。 2.能製作並欣賞與風有關的玩具 3.能欣賞並體驗與風有關的音樂與身體律動表達。	
具體目標	活動內容及過程	教具
	活動一：創造性科學教育活動 1.每位小朋友發一個塑膠袋，請小朋友拉住塑膠袋的「口」揮動一下，裝滿空氣後，用手束起來。 2.老師問：「小朋友，袋裡裝了什麼？」	

具體目標	活動內容及過程	教具
1.觀察空氣的存在。 2.建立有關空氣的概念。 3.能了解空氣的特性。 4.能觀察空氣對日常生活的影響。	3.老師拿出一個氣球，問：「小朋友，氣球為什麼會鼓起來？」 4.老師把氣球的「空氣」放掉，問：「小朋友為什麼氣球扁了？」 5.老師問：「小朋友，你看得見空氣嗎？聞得到空氣嗎？摸得到空氣嗎？」 6.老師拿一把扇子，對一位小朋友搖一搖，問：「你感覺怎麼樣？」……「為什麼會有這樣的感覺？」 7.空氣流動就會產生「風」，輕輕的流動會涼涼的，如果流動很快會怎樣？（形成颱風） 8.颱風會造成怎樣的影響？（鼓勵發表）	1.氣球 2.塑膠袋 3.扇子 4.颱風的圖片
1.能用紙做出紙飛機。 2.能在紙飛機上設計創意圖形。 3.能欣賞其他小朋友所完成的作品。 4.紙飛機能飛起來。 5.能說出二種顏色的名稱。	**活動二：創造性藝術教學活動** 1.小朋友，老師手上拿著什麼顏色的紙？有哪些顏色？ 2.小朋友，你們有玩過紙飛機嗎？誰可以告訴我，為什麼紙飛機會飛起來？ 3.小朋友，今天我們要做紙飛機，現在一個一個來拿你喜歡的色紙……，你要藍色、你要紅色、你要黃色……。 4.做好以後，可以用彩色筆加上圖案，覺得不滿意的，可以再來拿色紙。 5.現在哪一位小朋友願意告訴大家，你用了哪些顏色？ 6.你最喜歡誰的飛機？為什麼？（有創意、特殊） 7.你的作品被人喜歡，感覺怎樣？ 8.好，現在試試看你的飛機飛得起來嗎？（老師觀察誰的飛機飛得好，誰的飛不起來） 9.老師可以說明有創意的作品，必須實用、飛得起來。	1.畫紙 2.彩色筆 3.不同尺寸的色紙
1.能認知飛機的大小。 2.能說出有幾架紙機。 3.能透過紙飛機飛的距離，建立長度、高度的概念。 4.能用腳步估算紙飛機飛的距離。	**活動三：創造性數字概念教學活動** 1.小朋友，這些紙飛機有一樣大嗎？（可以介紹尺的用途） 2.這裡有多少架紙飛機？我們一起數數看。 　1、2、3……（不超過10架） 3.請問這裡的紙飛機有幾種顏色？（不超過10種） 4.現在我們來看看紙飛機可以飛得多遠？哪一位小朋友要幫老師量量看？（多多鼓勵） 5.好，請你大步從這裡走到紙飛機那裡，看看有幾步？1、2、3……。哪一位還要來走走看？（可選較高的與較矮的小朋友來走走看。）	1.1、2、3……10的數字卡 2.紙飛機 3.尺

具體目標	活動內容及過程	教具
1.能聽音樂做動作。 2.能運用身體律動展現風的特色。 3.能聽樂器的節奏，表現風的大小。 4.能正確演唱有關風的歌曲。 5.能自製簡單的樂器。	**活動四：音樂與身體律動活動** 1.小朋友，現在你是風，柔柔的風……，現在颳大風了、強弱不一的陣風（用音樂）。 2.教唱有關「風」的兒歌。 3.現在每位小朋友一個一個到這裡拿材料：一個空罐子，把瓶蓋放到裡面，然後用膠布封起來。 4.好，現在拿塑膠罐的搖搖看……，換拿鐵罐的……，你們發現了什麼？ 5.現在每個人拿著自己做的樂器，跟著「風」的音樂打節奏：柔柔的風（小），強風（大）。	1.CD唱機 2.風的兒歌 3.樂器 4.空罐子（塑膠、鐵製） 5.瓶蓋或綠豆

二、以「過新年（春節）」為主題的創造性學習活動設計方案

主題名稱：過新年	適用：大班	時間：4節
單元目標	1.能知道過年的由來。 2.能製作並欣賞與過新年有關的作品。 3.能欣賞並體驗與過新年有關的歌曲。	

具體目標	活動內容及過程	教具
1.能說出「過新年」的景象。 2.能了解並欣賞不同地方「過新年」的景象。 3.能了解多元文化的習俗。 4.能注意「過新年」時的安全。	**活動一：創造性社會學習活動** 1.小朋友，農曆新年快到了，想想看，你曾經看到哪些景象？（鼓勵發表） 2.貼春聯、放鞭炮、買新衣服、大掃除、做年糕、做發糕、做蘿蔔糕、包水餃……。 3.你看過舞獅嗎？為什麼要舞獅？ 4.你吃過年糕、發糕嗎？為什麼過年要吃年糕、發糕？（年年高升、發財） 5.過新年要注意哪些安全？ 6.小朋友，你還知道中國人有哪些節慶嗎？（元宵節、端午節、中元節、中秋節……） 7.你知道外國人有哪些節慶嗎？（聖誕節、萬聖節、潑水節……）	1.新年音樂帶 2.舞獅的圖片、影片 3.春聯 4.年菜的圖片 5.其他地方的節慶圖片、影片
1.能完成小獅頭。 2.能欣賞完成的小獅頭作品。	**活動二：創造性藝術教學活動** 1.現在我們要做小獅頭，每位小朋友拿一個厚紙餐盤當小獅頭的臉，請小朋友在盤面上畫出你喜歡的臉。 2.畫好臉以後，可以用紙條做鬍子。 3.現在我們來欣賞小獅頭，你最喜歡哪一個？為什麼？（特別、創意、顏色多……） 4.沒有人欣賞的小朋友作品，也要記得鼓勵。 5.被欣賞的小朋友，請他說出感受。 6.活動進行中，老師可放「新年」的音樂。	1.舊報紙（做鬍子） 2.畫紙 3.彩色筆 4.布條 5.亮片 6.彩色紙 7.厚紙餐盤 8.膠水

具體目標	活動內容及過程	教具
1.能數出做好的「小獅頭」數目。 2.能伸開手臂估算小舞獅的身體長度。 3.知道舞獅要2個人合作。 4.知道「鑼鼓」是圓的。	**活動三：創造性數學教學活動** 1.小朋友，現在這裡有幾個小獅頭？1、2、3……（不超過10個）。 2.現在哪一位小朋友要數數看，這裡有幾個小獅頭？（老師可指定小朋友，亦可自願的練習數數字） 3.請問舞獅頭需要幾個人？獅子有幾隻腳？人有幾隻腳？ 4.請問這個「舞獅」（加了布條的）身體有多長？誰要用手臂來量量看？ 5.小朋友，舞獅的身體和這個「鑼」「鼓」的形狀有沒有一樣？（一個長的，一個圓的）	1.1、2、3……10的數字卡 2.小獅頭 3.鑼 4.鼓
1.能聽音樂做動作。 2.能分組合作展現舞獅的律動。 3.能打擊舞獅頭的節奏。 4.能正確演唱有關新年的歌曲。	**活動四：音樂與身體律動活動** 1.小朋友把你們做的小獅頭拿好，現在跟著音樂舞動獅頭（可以蹲、跳、走，注意不要碰到其他小朋友）。 2.現在我們一起唱新年歌（小朋友可以輪流持續舞獅頭）。 3.現在老師把獅頭裝上身體（布條），請小朋友兩人一組跟著鼓聲做動作。 4.把自己做的樂器拿出來，跟著鑼鼓打節奏。	1.CD唱機 2.兒歌 3.小獅頭連身 4.鑼 5.鼓
1.能說出年糕、發糕的材料名稱。 2.能品嘗並說出發糕的味道。 3.建立健康與安全的飲食習慣。 4.能認識日常使用食品、蔬菜名稱。	**活動五：創造性飲食學習活動** 1.小朋友，過農曆新年（春節）除了吃年糕外，還會吃發糕、蘿蔔糕（好采頭）……。 2.你們知道這些糕都是用什麼做的嗎？（糯米、稻米，因為台灣氣候溫暖潮溼，適合種稻子）。 3.小朋友，現在我們來吃蘿蔔糕，哪一位小朋友可以告訴老師是什麼味道？你知道裡面放了什麼嗎？（蘿蔔、蝦米、紅蔥頭）。 4.小朋友，現在我們來吃年糕，哪一位小朋友可以告訴老師是什麼味道？你知道裡面放了什麼嗎？（糖、香蕉油、紅豆）。	1.年糕 2.蘿蔔糕 3.發糕 4.糯米 5.蓬來米 6.蘿蔔 7.蝦米 8.紅豆 9.紅蔥頭 10.香蕉油

三、以「魚」為主題的創造性學習設計方案

主題名稱：魚	適用：大班	時間：4節
單元目標	1.能認識水族館的魚與水族箱的魚。 2.能製作與魚有關的美勞作品。 3.能欣賞並體驗與魚有關的歌曲。	
具體目標	活動內容及過程	教具
1.能分享家裡養魚的經驗。 2.能培養愛護動物的觀點。 3.能透過觀察魚，了解生命現象。 4.能簡單區分水族箱與河裡的魚。 5.了解寵物不是玩具。	**活動一：創造性社會學習活動** 1.小朋友，你們家裡有用水族箱養魚嗎？請說說看你看到的養魚經驗。（例如，清洗、買魚飼料、換水、打空氣……） 2.水族箱裡有哪些東西？ 3.水族箱的魚會不會死掉？如何處理？ 4.我們班上用水族箱來養魚好嗎？誰要照顧？有能力照顧嗎？（寵物不是玩具）。 5.去過水族館的小朋友請舉手，說說你的經驗（多鼓勵發表）。 6.水族館與水族箱的魚有不一樣嗎？哪裡不一樣？	1.水族箱 2.魚飼料 3.魚的圖片 4.魚的影片
1.能分組用半個分割的紙箱，設計並完成水族箱的佈置。 2.能欣賞各組所完成的作品。 3.能介紹本組的作品。	**活動二：創造性藝術教學活動** 1.小朋友，我們要分組合作用紙箱做一個水族箱，你們還記得水族箱有哪些東西嗎？ 2.現在請小朋友自由選擇和誰一起做，也可以一個人一組。（老師觀察並處理哪些小朋友找不到伙伴） 3.好，現在各組討論水族箱要佈置什麼東西？討論好了，就開始畫、剪、做。（老師可以觀察各組的狀況，給予提示） 4.活動進行中，老師可放「魚」的音樂。	1.畫紙 2.彩色筆 3.縐紋紙 4.亮片 5.色紙 6.紙箱半個 7.細沙、線 8.剪刀、膠水
1.能數出各組完成的「水族箱」中魚的數目。 2.能說出哪個「水族箱」的魚比較多。 3.能數出每個「水族箱」裡共有多少種顏色。 4.能數出「水族箱」裡共有多少種東西。	**活動三：數字概念教學活動** 1.小朋友，我們數數看這一組的水族箱有多少隻魚？那一組的魚有多少隻？哪一組多？ 2.這個水族箱佈置了幾樣東西？哪一組佈置的東西比較多？ 3.讓我們數數看這個水族箱裡有多少種顏色？ 4.小朋友，數看你們那一組的水族箱有多少樣東西？有幾種顏色？ 5.好，現在哪位小朋友告訴老師，你們的水族箱有多少樣東西？有幾種顏色？（鼓勵並觀察發表能力）	1.1、2、3…… 10的數字卡 2.小朋友做的水族箱

具體目標	活動內容及過程	教具
1.能聽音樂做動作。 2.能展現魚游水的律動。 3.能展現海草的律動。 4.能正確演唱有關魚的歌曲。	**活動四：音樂與身體律動活動** 1.小朋友，現在把自己當做魚，魚肚子餓了，要去找東西吃、吃飽了要去打棒球了、要上學了……。 2.現在我們跟著這位小朋友做動作。（比較有創意的） 3.好，哪一位小朋友自願帶大家游水？ 4.現在你是水草，水草怎麼動，它會走路嗎？（不會） 5.魚累了，要休息睡覺了，魚睡覺時，眼睛會怎樣？（不會閉上，因為魚沒有眼瞼） 6.好，讓我們來唱唱「魚」歌，想再動動的小朋友，可以找空的地方繼續游水。	1.CD唱機 2.魚兒的歌 3.魚的圖片 4.海底的影片

四、以「舞蹈」為主題的創造性學習活動設計

舞蹈科創造思考教學活動設計	
設計者：胡玲玉	
教材內容	1.創作元素的探索： （1）空間（space）——形狀、水平、尺寸、途徑。 （2）時間（time）——快、慢、突然、節奏。 （3）力量（force）——強、弱、漸近的、瞬發的。 （4）流量（flow）——自由的、束縛的。 （5）關係（trelationship）——人與人、人與物、人與團體、人與環境。 2.教材特色：自由、溝通、接納、自覺、自我引發、身體運作。
教學原則	1.身體覺察：身體各部位的了解（頭、肩、手臂、軀幹、腿腳等；呼吸、身體中線、各部位的緊張與放鬆、肌肉反應等）。 2.身體活動：移位動作（走、跑、跳、躍、滾等）。非移位動作（擺動、延長、搖盪、彎曲等）。 3.發表感受：隨著教師指導語的引發到動作完成後，給予學生發表感受的機會。
教學目標	1.學習尋找自己身體的獨特性，並勇於呈現。 2.發現自己與鄰伴同學的動作差異，能與友伴分享。 3.感受怎樣的動作最舒服與最不舒服。 4.學習將感受發表及研討動作改變的可行性。 5.學習與友伴共處，共享創作過程的喜悅。

<table>
<tr><td rowspan="8">教學活動</td><td colspan="5">活動一：氣球</td></tr>
<tr><td colspan="5">創作元素：空間</td></tr>
<tr><td>要素</td><td>主題</td><td>教具</td><td>指導語</td><td>學習重點</td></tr>
<tr><td>1.形狀改變</td><td>＊漸漸漲大的氣球</td><td>模仿吹氣聲音
鈴鼓</td><td>小朋友：你一定吹過氣球，現在你假想自己就是一個還沒有吹氣的氣球，老師把氣灌給你，你要慢慢膨脹起來……。</td><td>學習如何接受訊號行動</td></tr>
<tr><td>2.水平移動</td><td>＊手中的氣球（高水平→中水平→低水平）</td><td>音樂</td><td>每一位小朋友都是氣球，而氣球的線都握在老師手中，請跟著音樂、老師的手勢移動不同的水平位置。</td><td>1.陳述服從的感覺。
2.如何遵守團體規律。</td></tr>
<tr><td>3.尺寸變化</td><td>＊消氣的氣球
＊爆開的氣球</td><td>模仿聲音
鈴鼓</td><td>＊你是一個洩氣的氣球，慢慢消……
＊你是一個脹氣的氣球，大、再大……哇！爆炸了！</td><td>1.洞察每個人情緒抒解的方式。
2.調適自我。</td></tr>
<tr><td>4.舞跡動線</td><td>＊斷線的氣球</td><td>音樂</td><td>現在，每個氣球從老師手中脫開，在天空中飛呀！飛呀！到處飄、到處飄……</td><td>1.接納並分享他人自由的愉悅。
2.如何享有自我的自由空間。</td></tr>
<tr><td colspan="5">鬆弛活動：大巨人技術

指導語：小朋友，你能想像把自己變成一個大巨人嗎？現在讓我們一起來，把自己慢慢變成一個大巨人，「再大，再高，再強大，好，請大巨人不要動」，當我說「變」的時候，你就變回你自己。「變」！</td></tr>
</table>

幼兒創造性學習
理論與實務

	活動二：海				
教學活動	創作元素：時間				
	要素	主題	教具	指導語	學習重點
	1.慢	＊漸平靜的海浪	錄音帶	海是浩瀚無限、廣大無邊的，平靜的浪，慢慢隨風波動。	1.珍惜與感恩。2.如何敘述自我的情感。
	2.快	＊洶湧的海浪	錄音帶	大風颳起，海浪起了變化。哇！大浪來了，好大的浪喲！	1.個人對情緒反應的接力。2.生活上，想改變與不想改變的是什麼？
	3.突然	＊海浪沖擊岩石	錄音帶	浪花一個接一個，這個大浪好快的沖過來，沖到岩石上，激起美麗的浪花。	1.表達此時此刻的感覺。2.如何化危機為轉機。
	4.節奏	＊浪退，海上也平靜了，顯得多麼有節奏。			1.有節奏的律動給人舒適感。2.生活計畫的安排。
	鬆弛活動：炸油條技術				
	指導語：小朋友我們一起來炸油條。五個人一組，一個先當油條，躺在地上，另外四位，輕輕的將他翻過來，翻過來，來回的炸，來回的翻，哇！油條炸好了，再換一個當油條……				

	活動三：鳥				
教學活動	創作元素：流量				
	要素	主題	教具	指導語	學習重點
	1.自由	＊空中自由的鳥	錄音帶絲巾	海中飛翔的鳥多麼優閒，要去哪兒就去哪兒，牠飛呀飛的，翱翔在空中自由自在。	1.自由的感覺。2.個人自我追求的表達。
	2.束縛	＊籠中鳥	絲巾球網	小鳥被獵人抓住後，把牠關進鳥籠，飛來飛去就是飛不出去，偶爾還會撞上籠子，不知何時才能重獲自由？	
	鬆弛活動：過山洞技術				
	指導語：1.小朋友，請自由組合，隨便找一個空間，一起做一個很奇怪的山洞，然後一個一個輪著過山洞，過完洞的小朋友，再回到原來的位置當山洞。2.每個小朋友要想辦法穿過或鑽、爬、跨過山洞。				

教學活動	活動四：動物				
	創作元素：力量				
	要素	主題	教具	指導語	學習重點
	1.強	＊大象走路	音樂鼓	森林中，大象是屬於巨大的動物，牠是怎麼走路的？	自我察覺肢體運作的功能。
	2.弱	＊小螞蟻走路	音樂鼓	小螞蟻總是喜歡到處爬，尋找食物，牠是怎麼樣爬的？	1.如何自我控制肢體運作。 2.輕聲細語的好表現。
	3.漸近的	＊獅子出巡	音樂鼓	「萬獸之王」獅子從叢林裡慢慢出來，越來越近，你聽，牠發出了什麼聲音？	1.肢體與聲音的極限發展。 2.預想最近可能發生的事。
	4.瞬發的	＊獵人出現	音樂鼓	獵人一出現，森林中所有動物全部逃逸，逃得無影無蹤，一點聲音也沒有。	如何面對突發的危險。
	鬆弛活動：小烏龜技術				
	指導語：小朋友，想像你是一隻烏龜，現在你想休息了，把你的腳、手慢慢縮，再縮，頭也縮進殼裡，慢慢縮，愈縮愈緊，愈縮愈緊，縮好了嗎？好好睡一覺……。 　　　　好，天亮了，小烏龜先睜開眼睛，慢慢的，慢慢的再把手伸出來。腳伸出來，小烏龜終於完全醒來了。				

教學活動	活動五：交通				
	創作元素：關係				
	要素	主題	教具	指導語	學習重點
	1.人與人	＊等候上公車	哨子鼓音樂	現在老師要帶領全體小朋友搭公車到校外參觀，走吧，讓我們一起搭公共汽車！	如何察覺自我的群性？
	2.人與群體	＊擁擠的車廂	哨子鼓音樂	車上人很多，有的站，有的坐，有的靠，人實在好多，好擠喔！	1.與別人碰觸的感覺。 2.如何處理壓迫的情緒。
	3.人與環境	＊交通大阻塞	哨子鼓音樂	我們的車子進入市區了，車速減慢，愈來愈慢，原來是交通大阻塞。	1.自我發現生活存在的壓力。 2.如何面對生活壓力。

鬆弛活動：老背少技術

指導語：1.小朋友，請你找你的好朋友，兩人一起輪流背。可以背對背，可以胸對背。

2.現在背人的同學要給你的好朋友很安全的感覺。好，背人的小朋友把腳蹲一下，臀部搖一搖，上下振一振；被背的小朋友盡量放鬆，什麼都不去想，完全鬆弛。

3.雙方互換。

五、以「杯子」為主題的創造性學習活動設計

對象：4-5歲	日期： 年 月 日	編號：06
指導者：陳龍安	設計者：邱盡滿	
名稱：杯子真奇妙	訓練能力：語文流暢力、敏感力、想像力、表達能力	

目標	1.會從局部線條聯想，猜出物品名稱。 2.知道常用杯子的名稱及種類。 3.知道不同杯子的用途。 4.會用線條設計不同樣式的杯子。 5.敢於舉手發問問題。 6.培養大方舉手表達的習慣。

教學大綱	好玩的杯子： 1.線條像什麼？（猜杯子） 2.杯子像什麼？杯子有哪些種類？ 3.杯子可以做什麼？變大又可做什麼？縮小可做什麼？ 4.杯子如何變高？ 5.杯子又如何變矮呢？ 6.一、Ⅹ、○線條聯想。 7.杯子裝飾畫。 8.杯子畫大展。
材料	塑膠免洗杯30個、杯子作業單、玻璃杯、咖啡杯、老人茶杯、塑膠杯、彩色筆、白報紙
教學活動	**活動一：猜一猜！線條像什麼？** 1.老師先將「杯子作業單」上蓋一層圖畫紙，切記不能讓小朋友看到圖片。 2.老師及小朋友圍坐於地毯上，拿出「杯子作業單」，露出一角讓小朋友看。 3.老師用故作神秘的語氣問：「咦！這是什麼呀？小朋友猜猜看！」 4.猜對的小朋友請他說出「是怎麼看出來的？」鼓勵孩子說出自己的方法。 5.猜圖片過程中，老師別忘了鼓勵小朋友看圖聯想，踴躍發表自己所聯想的事物。 **活動二：杯子像什麼？** 1.老師拿出「免洗杯」，問：「這是什麼？」，再問：「這杯子像什麼？」鼓勵發表。 2.小朋友發表後，再問：「除了免洗杯，還有什麼不同的杯子？」 3.發表時，老師拿出準備的各類杯子，一一呈現，讓小朋友認識並了解其特別的功用。例如，老人茶的茶杯、喝咖啡的咖啡杯、喝酒的高腳杯……，讓小朋友明瞭各種杯子的用途。 **活動三：杯子妙用** 1.老師拿著「免洗杯」，說：「剛才小朋友說了很多不同杯子的用途，除了那些用途還可以做什麼？」例如，筆筒、小帽子……。 2.如果小朋友都回答：「裝東西的用途」。老師可提示：「除了裝東西以外，還可以做什麼？」例如，養小動物、面具的鼻子、帽子、望遠鏡……。 3.小朋友發表後，老師說：「現在老師是個魔術師，把杯子變得很大很大了，小朋友想一想，很大很大的杯子又可以做什麼？」 4.小朋友發表後，老師再說：「現在老師是個魔術師，把杯子變得很小很小了，小朋友想一想，很小很小的杯子又可以做什麼？」例如，胸針、頭飾、髮夾……。 5.注意小朋友「與人不同、特異、與事實不合理」的答案，請發表的小朋友說出自己的想法或理由，老師及同學請勿批評，多聽亦別忘鼓勵。

幼兒創造性學習
理論與實務

教學活動	**活動四：杯子真奇妙** 1.老師說：「現在小朋友要做小小魔術師，要讓杯子變高。想一想，杯子要如何變高呢？」說完後，發給每人兩個「免洗杯」，讓小朋友自己操作試試看，如：杯口對杯口、杯口上斜放另一杯底、放於高處、兩杯重疊……。 2.操作過程中，老師可適時的提示及鼓勵小朋友多動動腦想辦法。 3.做完後，收回一個杯子，老師又說：「現在小小魔術師要讓杯子變矮。想一想，該怎麼做？」例如，將杯子由上往下壓扁、將杯子橫倒的壓扁、放低處……。 **活動五：杯子畫大展** 1.老師拿出「—」的線條圖片，問小朋友：「這像什麼？」鼓勵聯想。 2.老師再拿出「X」、「○」的線條圖片，一一的問小朋友：「這像什麼？」 3.小朋友發表後，老師拿出「杯子作業單」，說：「現在要請小朋友用這—、X、○來將這個杯子變成一個很漂亮的杯子。」 4.發給每人一張作業單及彩色筆讓小朋友自由創作。 5.小朋友自由創作，約10至15分鐘後，將作品貼於白板上。 6.創作完成後，進行作品欣賞，選出自己喜愛的作品，並說出喜愛的理由。 7.作品被人所喜愛者要對喜愛者說：「謝謝」；請作者介紹作品有什麼特色。 8.老師別忘鼓勵作品沒被喜愛的學生，以增加成就感及自信。 **活動六：團討及分享** 經驗分享：老師將今天的教學活動重述一遍，讓小朋友靜思回憶一番後，請小朋友發表最喜歡、不喜歡的遊戲及原因，並說出自己表現最好的事情，以便做為老師將來安排教學活動時的參考。
作業單	1.紙杯的圖畫：用紙筆在杯上作畫。 2.杯子的替代：問小朋友：「如果沒有杯子，可以用什麼替代？」 3.杯型作畫：用杯口畫圖形，問：「可以用圓形畫成什麼？」越多越好。 4.不同杯子比大小。 5.會幫忙洗杯子（至少3次）。
教學檢討	

本章回顧

1.討論幼兒教師設計創造性學習活動時應關注哪些事項？

2.討論幼兒創造性學習活動的目標。

3.幼兒創造性學習活動執行時，應注意哪些事項？

4.討論幼兒創造性數學學習活動規劃時應掌握的原則。

5.討論幼兒創造性社會性學習活動規劃時應掌握的原則。

6.以「空氣」為主題設計，幼兒創造性學習活動方案。

第八章
幼兒創造性學習之教師教學信念

自60年代以來，國外做過大量有關教師創造力與學生創造性關係的研究，發現兩者之間具有正向關係（Pychova, 1996; Scheblanva, 1996）；研究發現，教師的態度或觀念對學生的創造動機有著重要的影響力量（Atkinson, 2000），教師的教學風格、人格特徵，甚至相貌特徵等都會對學生的創造性發展產生影響力（Sterberg & Wagner, 1994）；而教師從事創造性教學時，首先必須改變教學態度，放棄權威式的角色，教學活動要富於變化、改變教學發問技術與學習評量方式（陳龍安，2006）。不同價值觀與不同信念的老師，所教出來的學生會有不同的態度與行為（蔡瓊賢、林乃馨譯，2006；Clark, 2005）；所以幼兒教師在從事幼兒創造性教學之前，首先必須建立以幼兒為中心的教育信念，然後才能關注全腦學習，並以合作、遊戲等有趣的方式去培育幼兒的創造性。

從1980年代以來，國內外學者對教育革新的呼聲不斷，教學改變成為重要的研究課題，而教師信念（beliefs）的研究也受到重視，有許多研究都發現，教師信念與教學行為有著密切的關係（高華強，1992；孫志麟，1991；湯仁燕，1993；顏銘志，1996；陳淑敏、張玉倫，2004），有些研究則發現，教師信念與教學行為並不一致（陳淑敏、張玉倫，2004）；但是都證實教師教學信念確實與教師教學行為有關；而幼兒教師的教學信念內涵、創造性教學信念、創造性學習活動之教師角色的認知，都將影響教師的創造性教學活動與教學行為。

 # 第一節　教師教學信念之內涵

每一位教師在教學上都會有一套屬於自己的教學信念與價值，而教師通常會依據這一套所持有的教學價值與信念去處理教學工作上的所有問題。沈翠蓮（2005）認為創意教學者的人格、情緒和態度等都會影響教室內師生互動的氣氛或感受，如果教師能有信心地「要怎麼收穫，先那麼栽」，充滿創意教學信念，上起課來，學生一定可以感受教師的用心和真心，認真努力學習創意課程。

一、教師教學信念的意義

教學信念是教師在教學歷程中，對於歷程中所有的相關因素及變項所持有且信以為真的觀點，這些觀點是由個人所持有各種信念單位組織而成的系統（林進財，1997），教師信念是職前或在職教師對學生、學習、教室情境和教材所持有的隱含假設（Kagan, 1992）；而教師教學信念是指教師對教學歷程中相關因素所持有信以為真的觀點（湯仁燕，1993）；教師教學信念乃教師教學行動的意向，其涉及理性的思維判斷與情意的選擇認定，且常與學科知識交互運作而影響教師的教學行為（甄曉蘭、周立勳，1999）。

基本上，教師在教室裡的教學行為通常決定於教師所擁有的知識、信念、價值觀。教師所擁有這些價值與信念將幫助教師去界定教學目標、選擇教學策略，教師信念具有篩選的作用，並對其後的思考歷程及教學活動產生影響（Pajares, 1992）。教學是相當複雜的活動，教師必須不斷地在教室的教學環境中做決定，並將所做的決定付諸實行（Clark & Peterson, 1986）。教師的教學行為表現受本身的思考所影響，而教師的思考又受到教師的信念所主導（Tabachnick & Zeichner, 1985; Clark & Peterson, 1986）；教師在進行教學過程中，其所抱持的教學信念是教學成敗的關鍵（高強華，1992），若想從教師的思考角度去理解教師的教學行為，就得了解教師信念（孫志麟，1991）。

一般來說，教師之教學信念早在進入師資培育機構之前已大體成形（陳淑敏、張玉倫，2004）；通常教師所擁有的教學信念有三個來源（Richardson, 1996）：

1.個人經驗：形成個人世界觀的影響經驗。
2.學校學習經驗：在接受師資職前教育之前，由於本身的求學經驗，已形成對教學本質根深蒂固的看法。
3.學科知識經驗：在接受師資培育之前的學科知識經驗與教學經驗。

二、教師教學信念內涵的轉變

傳統上的教學活動，老師把知識視為特定事實的組織與累積，教師完全遵守教育當局所規定的教學內容、教學方式與學校規則進行教學活動，師生之間維持較疏遠而正式的關係，強調整體一致性的課程與行為，不注重學生的個別差異（湯仁燕，1993；顏銘志，1997）；教師的教學內容和教學技能是獨立的、區隔的；但是現在則強調科際整合，知識是綜合的、多元化的內容，應把教學內容納入整體課程之中（O'Neal & Whine, 2002）；傳統教學信念較偏重知識導向的學習，忽略了學習做事的引導，更忽略個人的自我發展，如此的教育信念無法培養科技高度發展的社會所需要的創造力與獨立思考能力。所以教師必須藉著反思，持續的思考自己所擁有的任何信念，反思及了解所操作的知識是如何產生的，藉反思的工具朝向個人發展，最後引導朝向解放和賦權增能（empowerment）的學習（Moon, 1999）。

根據李佩雯（2004）以幼稚園教師為對象的研究發現，幼兒教師的教學信念包含教學目標、教學方法、課程設計、親師互動、教師角色和教學評量等六個層面的內涵；還包括運用當地社區資源、發展學校本位課程等在地化教學信念。幼兒教師要擁有這六個層面的教學信念才能跟上時代趨勢；但是根據陳淑敏、張玉倫（2004）對幼兒教師的研究發現：大部分教師的教學少有變化，教學中大部分時間是在講課及監督學生做作業，而且不論教師所教科目為何，所使用的教材大都強調技巧的獲得與低層次的認知學習；很顯然的，教師的教學行為經常與面對研究者時所說的教學信念是不相符的。

幼兒教師從事幼兒創造性學習活動之前，必須能夠轉變傳統以傳授知識為主的教學信念，在教學活動過程中，應該能持續反思自己的教學信念，才能持續更新教學內容與教學技能，否則所學的教學理論將無法與教學實務相一致；而建立以幼兒為中心的創造性教學信念將成為教師最大的挑戰。根據研究，教師教學信念對教學效能具有解釋力，而且教師教學信念是可以預測教師的教學效能（馮雯，2004；陳淑敏、張玉倫，2004），如果幼兒教師想了解自己的教學行為與教學信念相結合的情況，可參考下

列方式（馮雯，2004）：

1.透過學生家長回饋，了解自己所隱含的教學信念。
2.時時察覺反省深思，檢驗省思修正自我教學信念。
3.走出班級王國迷思，加強親師合作社區交流互動。
4.充實進步取向信念，加強專業知能，提昇教學效能。
5.發揮同儕視導功能，借重資深教師教學經驗傳承。

　　因此，幼兒教師必須建立多元管道去獲取及反思自己的專業信念，並確信自己有能力從事創造性教學活動，且有能力去承擔教學責任，以成為一位有創意的幼兒教師。

 ## 第二節　幼兒創造性學習之教師教學信念

　　有關幼兒教育的信念與價值，Waller與Swann（2005）認為我們一直受到兩個核心理念的影響；這兩個幼兒學習的核心觀點是源自於十七世紀中期的啟蒙時代（Age of Enlightenment）的哲學家，首先一位是盧梭（Rousseau, 1712-1778），另一位是洛克（Locke, 1632-1704）。盧梭是浪漫主義者，主張幼兒具有善良而純真的本質，只須將幼兒置於受到保護的自然情境中，遊戲便可發展、成長；若是將兒童置於大人思考方式之中，便會產生一種危機，外在環境將使幼兒善良純真的本質受到污染；而洛克則認為幼兒一出生就是一張「白板」或是空容器，等待被教育，並藉由成人來填滿知識，洛克主張幼兒教育基本上是為了成人生活而做的學習，主要在學習兒童與成人之間的權力關係及相關性，而這並不是脈絡認知的學習（Waller & Swann, 2005）。
　　盧梭的浪漫主義觀點引導我們朝向兒童觀點的情感意識，浪漫主義相信早期的經驗決定我們的未來，洛克的觀點則是相信我們能決定未來（Waller & Swann, 2005）；另外Piaget與Brunner的學習觀點是學習者透過

活動的過程去建構新概念，或將概念立基於他們現在與過去的知識上（Hargreaves & Hargreaves, 1997），還有另一位兒童教育家Vygotsky（1978）則不認同傳統教師主導講授的灌輸方式，而主張對幼兒所從事的教學工作應以幼兒經驗做為基礎；同時，Gardner（1983）的多元智能理論亦認為人類具有不同的學習方式，因為人類具有不同的智慧型式，而其關鍵在於學習與智慧並不是固定的，它會因個人的生命階段而改變。幼兒教師應該把這些新的學習理論及創造性發展理論做為自己朝向創造性教學信念發展的基礎，基本上，幼兒創造性教學信念可以透過「創造性學習之教學技巧」、「尊重幼兒個別性之教學理念」，以及「把創造性教學行為視為一種習慣」三個層面來探討，以形塑幼兒教師從事幼兒創造性學習與發展的教學信念。

一、建立創造性教學之教學技巧信念

Amabile（1996）認為個人的創造力與「創造相關知識」、「創造相關技能」及「動機」有關。而「創造相關技能」對教師而言就是從事創造性教學的技能；基本上，創造力是一種以新方式去創造意義或解決超乎尋常的問題，幼兒教師在創造性教學活動中，必須提供與幼兒生活經驗有關訊息，並讓幼兒有能力應用這些訊息去探索、建立其認知概念與創新概念。有關幼兒學習的心理模式就是為幼兒提供有意義和有組織的活動經驗，並且能允許幼兒去超越所給予的這些資訊，而促使幼兒發展更高層次的認知概念（Waller & Swann, 2005）。

基本上，常常有許多教師在無意間打壓兒童創造性發展而不自知；因為在要求教師自我剖析的研究上都發現，從未聽過有老師會把自己描寫成是創意的打壓者，大多數的老師都希望能鼓勵學生發揮創造力（郭俊賢、陳淑惠譯，1999）。近年來許多有關創造力的研究，都強調個人創造力確實與環境有密切關係，並且強調可依據一系列的方式去培育創造力；然而，有許多教師經常在有意無意之間傷害或抑制幼兒創造力表現而不自知，幼兒教師必須重新建構有關創造性教學的信念與態度，才能真正落實於創造教學活動中。

Sternberg與Williams以創造性投資理論爲依據，而提出教師培育學生創造力的二十五種教學技巧，他們相信這些技巧可以爲你和別人帶來豐碩的成果，而其主要的構念爲（郭俊賢、陳淑惠譯，1999）：

1.基礎知識與能力
　（1）示範創造力。
　（2）建立自我效能。

2.學習基本技巧
　（3）質疑預設的成見。
　（4）定義和重新定義問題。
　（5）鼓勵發想。
　（6）交叉培育。

3.教學要領
　（7）提供創造思考的時間。
　（8）有創意的教學與評量。
　（9）獎勵有創意的構想與產品。

4.避開絆腳石
　（10）鼓勵明智的冒險。
　（11）容忍曖昧。
　（12）允許犯錯。
　（13）確認並克服障礙。

5.加入複雜技巧
　（14）教導自我負責。
　（15）激發自我調整。
　（16）延宕滿足。

幼兒創造性學習
理論與實務

6.善用角色楷模

（17）運用創意人的傳記。

（18）鼓勵創意合作。

（19）想像其他觀點。

7.開創環境

（20）辨識環境的適合度。

（21）尋找感興趣的事。

（22）尋找能激發創意的環境。

（23）發揮優勢。

8.眼光放遠

（24）創意地成長。

（25）宣揚創造力。

　　基本上，兒童創造力的發展具有極大的潛在可能性，教師教學工作可以促使兒童的這種潛在可能性朝向現實性轉化；教師本身所具有的能力結構和性格對兒童發展也產生了潛移默化的影響（董奇，1995）；幼兒教師必須掌握在創造性學習活動中的促進者角色，建立以幼兒經驗及能力為核心的教學信念，並以自己的知識及創造技能去示範創造力的自我效能，然後以引導、耐心、不干預的照料，允許幼兒直接去操作教具，鼓勵幼兒去探究和嘗試自己所感興趣的事物，老師在旁協助而不以主導的立場去指示及批評。幼兒的自尊便可藉此聯結自我概念，而自尊乃關係著幼兒如何看待自己，並如何以行為產生本身的自我概念；幼兒的自尊是一種生活的關鍵因素，不僅關係著個人幸福，亦關係著個人的學習結果（Waller & Swann, 2005）；這些有利於幼兒創造性發展的教學技巧與理念，幼兒教師應內化為個人的教學信念，而對幼兒創造性發展有實質上的助益。

二、建立尊重幼兒個別差異之教學信念

　　幼兒教師在學習與實踐以幼兒為中心之創造力教學技巧之同時，亦應關注幼兒的大腦發展差異，才能發揮這些技巧的效果。由於大腦結構的差異，幼兒在學習組織與再組織的準備功能上是有差異的，這些差異會使幼兒在學習上產生不同的時間與學習型態，同時值得注意是，學習能力也會有差異（林麗寬譯，1997；Bransford, et al., 2000）。因此，幼兒教師在實務工作上應建立下列的教學信念（Waller, 2005）：

1. 任何經驗都與幼兒大腦改變發展的事物有關。
2. 嬰兒所看的、聽的、摸的和聞的任何一件事物都會影響腦部細胞的連結發展。
3. 他人對幼兒都扮演著批判的角色。
4. 嬰兒和幼兒都具有學習能力。
5. 幼兒確實有能力去參與並建構他們本身的大腦功能。
6. 徹底地剝奪幼兒的學習情境，可能會影響幼兒發展。

　　原則上，如果幼兒教師了解人類發展的差異性，就會建立多元智能的價值觀及尊重幼兒的特殊性，在教學上就會避免以一致性、統一性的價值觀做為學習的期望與要求。Leithwood等人（2001）則強調，教師若要在教學上有顯著的轉變，就必須把以教師為中心的教學信念，轉變為以學生為中心的教學模式，如此才能有高品質的學習。教師以學習者為中心的教學方式，在動機上是一種個人自助、自發及自主的學習（王政彥，2001）。教師應該以樂觀的心情去處理幼兒的差異性，並從中創造新的價值觀，然後發展個人的教學風格，以創意教學活動去實現多元化的教學需求，能關注兒童的多元化需求，避免以個人價值觀去操縱對錯與善惡的規準；更重要的是，能改變以教師為主導的教學信念，而建立以幼兒為中心的教學信念。

　　幼兒教師如果想要影響幼兒的行為，首先便要先理解人類行為的複雜性（Parker-Rees, 2005）；體認在幼兒創造力教學的教室文化中，教師並非知識的教導者或權威者，而是依據個別幼兒的發展與特質，提供成功的

經驗，以發展幼兒解題自信與內在動機，同時藉由幼兒社群的溝通、表達、辯證的歷程，形塑出共同學習的氣氛（馬祖琳等，2005），平凡的老師會講述、好老師會解釋、優秀老師會論證，偉大的老師則能激勵學生；創造性活動是非結構性的，老師要能允許個別自由表達，但是要幫孩子尋求可被接受的方式宣洩情感（林乃馨等譯，2005）。

　　幼兒教師在尊重多元智能與個別差異的理念下，應採取開放的態度來思考知識與教育的真正意義，在不放棄既有的教育原則下，能兼顧多元化教育價值觀。幼兒教師應秉持以下理念（Usher, et al., 1997）：

　　1.能學習不作任何假設，解構一切心靈的習慣，重新詮釋這個世界。
　　2.能批判科層體制中的頂層力量，以減少這種支配性的管理。
　　3.能彌補教育不平衡的狀況，而多提供學生的參與機會。

　　基本上，創造性活動是開放式的，在老師的細心引導之下幫助幼兒有信心、有自尊的累積創造經驗與創新概念，這個過程沒有簡單的評量標準，更不是非要有創造性作品不可；高品質的幼兒學習包含支援和強化學習意願（Waller & Swann, 2005）；幼兒教師要以開放的互動方式從事幼兒對話技巧是非常重要的工作，但是這也不是簡單的工作，有經驗的教師會改變對話的型式，針對不同的兒童而改變其對話情境。陳龍安（2006）認為面對社會變遷，臺灣的教育革新在教育實質面上似乎使不上力，最大的因素可能在於教師及課程的互動上，無法掌握二十一世紀的特質及其所需的能量；而研究創造力的先趨Torrance（1965, 1970）亦指出，老師必須先自我解放，才能成為有創造力的老師，而自我解放的方式，則可以選擇對自己適用的一兩項方式確實去實踐：

　　1.不要害怕愛上及熱切的追求某事物。
　　2.能明瞭、自豪自己的長處，並且要充分的運用。
　　3.學習從他人對你的期望中解脫，要學著做你自己。
　　4.找一位能幫助你的良師益友。
　　5.不要浪費精力去吹毛求疵。

6.做你喜愛且做得好的事情。

7.學習獨立的技巧。

　　總之，幼兒教師應該隨時觀察幼兒的活動，以理解幼兒的知識與理解力的程度，並立即回饋幼兒觀點的學習，使幼兒成為有能力與有力量（powerful）的學習者（Nutbrown, 2006），幼兒教師要能夠了解幼兒真正的生活世界，可能並不是我們對幼兒所認知的世界。教師必須從不斷的反思中，依據自己的教學對象、教室文化脈絡做調整，時時反省自己的教學信念與引導方式，方能營造出一個適合自己教學取徑的教室文化與學習氣氛（馬祖琳等，2005），有效能的教師會蒐集有關幼兒及教育的資料，再加以分析、統整、創新，以提供能適應不同幼兒的學習教材。

三、把創造性教學行為視為一種習慣之教學信念

　　一般來說，幼兒老師對創造力的信念都傾向認為幼兒階段是一生最具有潛在創造力的階段、兒童的創造力是與生俱有的，只要提供機會就會自然發展，並且認同創造力的增進信念，亦即無論兒童的創造力程度如何，幼兒的創造力是可以由學習或參加訓練而改變的（吳巧瑜，2005）。幼兒教師必須了解，若想促進幼兒從事創造性學習活動，最基本的教學信念就是能容忍小錯，並且避免告訴孩子最佳的做事方法，同時把創造性教學行為視為一種習慣。

　　美國當代知名編舞家崔拉・莎普（Twyla Tharp）認為創意不是無中生有，而是需要充分的準備與持續的練習，應該讓創意成為日常的例行工作，並且成為一種習慣（張穎綺、張文欣譯，2005），幼兒教師也必須把創造性教學信念變成一種習慣，讓自己隨時保持創意，而保持創意的習慣，就是平時養成蒐集資料的習慣；每個人都具有觀察、記憶、理解、想像的能力，而創意的泉源就是多聽、多看、多想、多做。其實創意一直就存在生活之中，只要能開發創意的源頭，隨時動動腦及隨時蒐集創意資料，就能把創意變成一種習慣。

　　我們都知道，知識是創造歷程中最重要的因素（Amabile, 1996）；但

是也不能有太多的知識，太多的知識可能使人無法超越典範而有所創新；Stenberg認為大部分創造性作品，都是剛涉獵某個領域，對該領域有點生疏，但又對該領域具有適當程度（fair amount）知識的人（鍾聖校，1993：240）；幼兒教師從事創造性教學活動並不需要豐富的知識，更重要的是，不僅要為兒童提供空間，亦要給自己保留一點空間去做白日夢，通常最有創意的想法就是在放鬆做白日夢時所創發出來的；而且幼兒教師要具有玩興。Schirrmacher認為愛玩的老師有較大的可能會和孩子玩在一起；而且愛玩的老師較有可能從孩子的觀點去觀察孩子的遊戲，可隨機成為孩子探索、擴散性思考、發現問題與問題解決的角色典範（賴碧慧等譯，2005）。

另外教師要讓自己保持創意，更要善用自己的左右腦，發揮全腦功能就能展現創意能量，因為我們都知道右腦具有下列功能（董奇，1995；林麗寬譯，1997；宋偉航譯，1998；陳英偉，2004）：

1.擅長夢想。

2.做整體的觀察或思考。

3.可以立即整合各種接收到的訊息。

4.還沒有看到答案就可以預測到可能的問題。

5.可以立刻看見可能的解決方法。

6.具有直覺力。

7.可以體會出相似的地方。

8.具有洞察力。

9.有敏銳的內心感覺。

10.視覺較敏銳。

11.可以綜合多元的事物。

12.視覺的記憶。

13.對模糊事情的辨認。

14.可以解構不同的事情。

四、幼兒教師所應擁有的創造性教學基本信念

基本上，創意是創造性教學的活水，創造性教學能讓教師活化教學，亦能讓學生喜歡學習及表現創意。Gardner相信每一個人在某一方面都有創意，而有創意的人會習慣性地展現他的創造力，他會堅持創造力與相關的塑造作品，或是去設計新問題與解決問題（賴碧慧等譯，2005），其實，一項創新概念的實施過程是相當複雜的，涉及的因素很多，包括創新概念的特質、擴散管道、教師個人特質與態度、外在相關的環境資源等都會影響創新概念的擴散（Rogers, 1995）。

研究發現教師對創新概念的接受度不高，這種結果可能源於教師長期處在缺乏競爭的環境中所致；然而研究亦發現接受創新度高的教師在接受訊息與勇於嘗試之意願上較主動積極，較願意接受創新教學方式（黃嘉勝，1994）；而Rogers（1995）認爲教育界對創新觀念較不容易接受的原因，可能是：

1. 缺乏創新事物與觀念的科學資源。
2. 缺乏勇於創新的人去推動新的教育理念。
3. 缺乏經濟的誘因，吸引學校教師接納創新的事物與觀念。

原則上，幼兒教師必須擁有創造性教學信念，才能把創造性教學行爲視爲一種習慣，而適時適地的呈現在教學活動之中；陳龍安（2006）認爲教師應該擁有的創造性教學基本信念有：

1. 創意是一種「不同而更好的想法」，創造力是一種創造思考能力，可以透過教學提昇與培養。
2. 創意的教學不能等到所有條件都齊備了才開始，每個老師都能做到，馬上開始，先「從心從新」以愛爲出發點。
3. 在原來學科中加上一點創意，活化教學，讓學科的學習更有趣，更有創意。
4. 創意不是無中生有，不會憑空而來，必須有一些背景知識做基礎。

5.在教學中運用學生團隊合作的力量，可增加學生的動機，減輕教師的壓力。

6.教師必須懂得利用時間、善用資源，才能讓創意教學落實。

7.教師必須不斷的學習充實自己、終身學習、拓展自己的知識，做學生的典範。

8.創意教學的核心概念ASK（attitude, strategy, knowledge），亦即具有熱情、積極、信心的態度，懂得使用工具的方法，具有從事創意教學的先備知識。

9.創意教學的太極法則，易有三易：簡易、變異、不易。而李佩雯（2004）則認爲教師應建立的創造性教學信念是：

（1）應兼顧並尊重學習者在生活經驗上的個別差異性。

（2）在互信的運作基礎下，透過協同教學策略，增進彼此之教學效能。

（3）隨時檢視並省思自己的教學，藉以增進自己的教學效能。

（4）宜採用多元評量方式，呈現學習者最眞實的學習成效。

（5）採取積極正向之班級經營策略，提升教師之教學效能。

　　基本上，幼兒教師應建立以幼兒經驗爲基礎的學習活動，建立創新型的師生關係，抱持著積極、鼓勵和寬容的態度去從事幼兒創造性發展的培養工作，以幼兒創造性發展的激發者、培育者和欣賞者角色自我督促，鼓勵並激發幼兒朝向創造性發展。而更重要的，幼兒教師的創造性教學信念必須要能確實地落實在創造性教學實務之中，根據Fang（1996）的研究發現，由於教室生活的複雜性，常常因而限制了教師教學信念與教學行爲的一致性。很多教師在教學上仍然在複製傳統的、威權的教學方式，因爲他們沒有機會去思考教育是提供學生批判與共同建構意義的可能性（O' Loughlin, 1989）。所以師資培育應該要增進教師對知識信念與實踐的批判意識，使他們成爲反省的、有能力的認知者，如此才有能力去引導學生進行與他們類似的求知歷程（陳淑敏、張玉倫，2004）。幼兒教師應建立能持續反思自己的教學信念，才能眞正從事創造性教學活動，適當的扮演創造性學習活動的教師角色；幼兒教師從事創造性教學時所應擁有的教學信念有：

1. 能突破傳統以教師爲主教導的學習，轉變爲以幼兒爲中心的理念，並能以遊戲、合作方式引導幼兒發展，並累積生活的小創意，以朝向更精緻、更具社會價值的創造力發展。
2. 能實施主題式方案學習，讓幼兒以討論、合作方式進行有系統的知識建構，以促進全腦的學習與開展。

第三節　建立多元化教師角色之信念

　　幼兒教師應該將培養學生的自信、培養學生處理挫折與失敗的能力、以及培養其獨立學習能力設定爲重要的教學目標。因爲傑出的創造者都必須有適度的自信，才能看重自己的作品，才能「買低賣高」（Sternberg & Lubart, 1995）；幼兒教師必須能容忍及接納幼兒的個別差異，讓幼兒有較寬廣的思考空間，同時要能敏於辨認學生的天份，並擅於扮演伯樂的角色。基本上，創造思考應該是一種旅程，若教師能將感受創造性體驗的趣味性做爲學習活動，當可讓幼兒感受與認知創造學習的樂趣（蔡瓊賢等譯，2006）；就創意環境營造來說，教師同樣必須具有高創造性的特質，才能提供適合的創造性教學活動去培養高創造性特質的學生，而一個具有高創造性的幼兒教師必定能察覺及控制自己的情緒狀態，以避免去干擾幼兒的創意發展。

　　詹志禹（2002）從動機、成長、教學三個方面說明比較有利於學生發展創造力的教師應具備的特質：

1. 在動機方面：對教學工作具有內在動機的教師，應該比較有利於自身與學生發展創造力。如果他對自己的教學領域或科目充滿著熱愛，覺得教學工作很有趣、很有挑戰性，常沈浸在教學工作當中，這種高度內在動機的教師，會比較願意追求自我突破、專業成長與教學創意，進而有利於培養自身與學生的創造力。
2. 在成長方面：能夠促進知識流通、合作分享，並追求專業成長的教

師，比較有利於自身與學生發展創造力；反之，因循舊習、數十年如一日、以不變應萬變、類似慣性系統的教師，比較不利於自身與學生發展創造力。

3. 在教學方面：涉及教學目標、教學風格、教學歷程、教學方法與策略等等，一個老師如果能設定有利於培養學生創造力的教學目標，在教學風格上活潑有創意，在教學歷程中如伯樂一般擅於辨識學生的潛能，在教學方法與策略方面擅於引發學生的內在動機、鼓勵學生發現問題、鼓勵多元觀點、鼓勵學生勇於嘗試、包容學生的失敗、採取多元的評量方式、提供學生多元的成功機會，那麼，這種教師應該非常有利於學生發展創造力。

一般來說，創造力高的兒童通常對許多事情有興趣、與眾不同、好奇、聰明、有想像力、外向、堅持己見；3、4歲的幼兒總愛東摸西摸，但是由於他們的「與眾不同」、「好奇」、「愛動手動腳」、「堅持己見」，有時可能並不受幼兒教師的歡迎。然而根據吳巧瑜（2005）的研究，一般幼兒教師並沒有那麼偏好具有創造力特質和複合特質的幼兒，而較喜歡主動學習、有禮貌、合群、人際關係好、懂事貼心、認真負責、與老師互動佳、有良好衛生習慣、天真善良及注意力集中等屬於情緒智力特質的幼兒。其實幼兒老師若能拋開不愉快的教學經驗，將能引導任何完美的事實與整體性的系統知識，將會因而獲得驚奇與創新，這就是真正的行動知識與創造者（Rinaldi, 2001: 89）；教師應該認知，孩子是設計創造性活動的源由，每個孩子都是獨一無二的，都有自己面對世界生存的方式（蔡瓊賢、林乃馨，2006）；幼兒教師需要學習熱情地接納每一位幼兒，以開放的心胸對幼兒承諾責任並從事幼兒工作。教師應避免為了便於管理秩序，而用統一的標準來要求所有的兒童，導致兒童的從眾心理，抑制了兒童的創造力發展。

幼兒教師應該與幼兒成為「共同創作者」（co-creator），而不是知識與文化的傳遞者（Rinadi, 1998）；但是教師要知覺到運用這種「共同創作者」角色從事幼兒教育可能很容易受傷，因為這意味著要接受被質疑或是錯誤，就如同接受驚奇與創新（Dahlberg & Moss, 2005），而教師若要克服運

用創造性教學所帶來的傷害與挫敗，可以依據陳龍安（2006）所提供的自我成長法實減少壓力：

1.跳脫既有的思考模式，多和別人討論。
2.多蒐集有關創造力的資料，鼓勵自己參加創意發明的活動。
3.多閱讀，增廣見聞。
4.多交友，互通有無。
5.鼓勵嘗試，勇於表達自己的意見，不要害怕搶鋒頭。

　　教師在從事創造教學活動時就必須嘗試用不同的心境去看世界。教師的任務是創造一種能讓幼兒好奇的理論與學習脈絡，教師可透過所建構的一種傾聽典範，讓幼兒在感覺舒適、自信、有助力及受尊重的氣氛中，能以自己的方式去建立其存在及認知的途徑及方式（Rinadi, 1998），教師應認知傾聽想法與對話方式的學習途徑，讓幼兒透過本身的經驗去建構與所處世界產生意義的能力，這是一種智慧的能力，而不是個人在IQ測驗上的分數，如此的話，幼兒將會處在對學習充滿樂趣的氛圍之中（Dahlberg & Moss, 2005）。教師從事幼兒創造性發展的工作，必須要擁有廣大的視野與跨領域觀點，不僅要擁有心理學與教育學的觀點，還必須擁有文化素養，我們都知道任何成功的學習都必須始於幼兒所擁有的概念結構脈絡中，並與幼兒的生活經驗相結合。如此的話，教師在創造性教學活動中就具有多元化角色，有時便扮演引導者，有時是設計者，有時是促進者，有時是啓幕者或只是當個背景，甚至有時只是觀賞的觀眾；換言之，在學習活動

本章回顧

1.何謂教師教學信念？對教師教學有何影響？

2.討論幼兒教師如何了解自己在教學行為與教學信念上的結合情況。

3.幼兒教師創造性教學信念可從哪些層面來探討？

4.討論幼兒教師應建立哪些創造性教學信念。

5.討論幼兒教師需要建立哪些多元化角色信念？為何需要建立多元化角色信念？

第九章
幼兒教師專業發展理念

幼兒創造性學習活動強調以幼兒為中心的觀點來設計幼兒學習活動，讓幼兒能以遊戲、合作、主題式方案學習去建構其知識與創造新概念；所以幼兒教師在創造性學習活動中的角色就變成促進者、學習者、設計者、研究者、創新者等多元化角色，而不再只是傳統的傳授與楷模角色。幼兒教師為了因應轉變教學信念及成功的扮演多元化角色，就意味著必須學習，然而在強調學習者為中心的終身學習理念中，有關教師的專業學習亦必須轉變以教師為主體的專業發展，給予教師更多的自主性，讓教師能體驗以學習者為主體的學習經驗，才能以此學習經驗去設計真正以「幼兒為中心」的學習活動。原則上有關幼兒教師專業發展的內涵應站在以幼兒教師為主體的觀點上來探究，而此乃涉及幼兒教師賦權增能、多元文化教育等專業發展內涵，並應當以此做為幼兒教師發展創造性教學信念之基礎。

第一節　幼兒教師專業發展內涵

在人類進入二十一世紀科技知識急遽發展及網際網路高度使用的時代，人類生活已經有了急遽改變，有關教師專業發展之精神與內涵，亦必須隨著社會變遷而有所創新、轉變，才能因應時代的潮流與需求。就誠如Jeannette Vos與Gordon Dryden在《學習革命》一書中所寫的：真正的革命不只是在學校教育，而是在於學習如何學習（learn how to learn），並將所學得的新技巧運用到所有的問題及挑戰中（林麗寬譯，1997：53）。同時，胡夢鯨（2000）亦認為在這一場跨世紀的學習革命中，有許多強調「學習如何學習」的觀念與方式正大行其道，像「加速學習」、「全腦學習」、「行動學習」、「轉化學習」、「超級學習」等，都在掀起一場看似平靜、實則鉅大的學習革命。美國科學社群宣稱1990年代是「腦的年代」，並在《腦如何學習》一書中指出，教育工作者如果對於腦與腦的學習之研究與發現有更多的認識，愈有可能創造成功的教學（魏惠娟，1999）；所以幼兒教育在注重腦部發展與配合適當方式之下，亦已開啟緩慢的教育革命（何素娟等譯，2006）；而幼兒教師的專業發展亦須有所回應。

　　幼兒教師所教育的幼兒是未來世紀的公民，爲了讓未來世紀的公民能因應未來的生活世界，幼兒教師在專業發展內涵及方式上必須關注時代趨勢，理解「學習如何學習」的理念及其方式；如此的話，有關教師本身的專業發展及對幼兒學習方式的觀念才會有所轉變與創新；唯有當教師認知「學習如何學習」的重要性時，教師才能眞正轉變學習與教學的實務觀念。

一、幼兒教師專業發展內涵

　　傳統上，教師參與專業發展活動被視爲是提升教師素質最重要的方式（歐用生，1996；Hargreaves, 1992），而教育專業乃是指教育工作人員經過長期的職前訓練，培養專門知識、技術與能力，以獲得基本的專業資格，且在工作生涯期間，必須能隨著社會變遷與時代的進步，不斷在職進修與研究，提昇專業知識，以獲得專業自主的能力（蔡培村，1995）。在教師角色期望從「知識的傳授者」轉換成「能力的引發者」，從「被動學習者」轉換成「主動的研究者」（饒見維，1999），幼兒教師參與專業發展也就成爲從事幼兒教育所必備的專業能力。

　　基本上，教師專業發展是教師在教學生涯中，不斷追求個人專業知能、技巧與態度等進步與發展的努力與意願，它包含正式與非正式的、能達成其積極成習的各種活動（蔡碧璉，1993）；這些教育性的進修研習活動，可以引導自我反省與了解，進而達到促進個人的自我實現，提升學校教育品質的過程（梁坤明，1998），基本上，教師專業發展可分爲職前師資培育、實習教師導入、合格教師在職等三個階段（王秋絨，2001），所以幼兒在職教師專業發展的方式非常多，包括正規的學位進修，非正規及非正式的自我導向學習、校內外研習或行動研究等方式。

　　一般來說，教育專業化必須強調注意繼續教育的實施與專業發展之間的關係，換句話說，繼續專業教育的內容或實施方式必須要能提升專業人士專業表現水準（魏惠娟，1995）；而有關教師專業發展的內涵包含專業的知能、長期的教育訓練、自發的專業成長、高度的專業自主、持續的專業進修（蔡培村，1995）；基本上，教師專業發展內涵可區分爲以下三

點：（1）以有效教學為基礎的「知識與技術發展」；（2）強調發展教師個人特質與彈性的「自我了解的發展」；（3）重視學習環境的「社會生態改變」（Fullen & Hargreaves, 1992）；而生態模式的專業發展是以學校系統合作的途徑及團體動力的歷程改變教師，使教師成為主動的學習者，學校是教師反省、教學的場所，也是培養教師發展教學、研究、互動的地方，在教師專業發展上，應關注教師專業成長權、教學自主權、參與決策權、專業地位及影響力等專業權能（鍾任琴，2000）。

幼兒教師所必備的專業知能內涵，依據林春妙（2004）以得懷術問卷調查（Delphi Investigation）所得到的結果為：

1. 幼兒教師應具備幼教專業知識、教學能力、保育能力、班級經營能力、園務行政能力、溝通能力和專業成長能力等七類專業知能。
2. 幼兒教師應具備幼兒發展與輔導、課程與教學、幼兒保育、幼教行政及研究方法等5個領域的幼教專業知識。
3. 幼兒教師應具備課程設計、實施活動以及評量等17項教學能力。
4. 幼兒教師應具備生活教育、安全教育及健康管理與照顧等10項保育能力。
5. 幼兒教師應具備管理幼兒與環境規劃佈置等8項班級經營能力。
6. 幼兒教師應具備園務的規劃管理及執行等9項園務行政能力。
7. 幼兒教師應具備與幼兒、同事、家長、社區居民等溝通的7項溝通能力。
8. 幼兒教師應具備反思、參與進修活動及進行研究等10項專業成長能力。

二、幼兒教師專業發展的自主性

教師專業發展的過程涉及賦權增能與教師專業自主的問題。電腦資訊化時代的電腦語言、信息傳播、數據儲存及流通，改變了傳統知識功能與知識的獲取應用，造成傳統的科學性知識與敘述性知識相互衝突（Lyotard, 1984），敘述性知識關注個人主觀經驗、情境化、社會文化脈絡

的知識創新經驗（李衣雲等譯，1997），以不同的理解來詮釋事物，以導正用單一標準來詮釋所有事物的知識與價值概念（Usher, et al., 1997），有關知識建構的方式應以多元經驗來建構，以一種能自我理解的經驗來取代傳統系統所建構的知識概念；因為傳統所建構的知識是一種以統一性標準所建立的知識，缺乏多元文化的經驗知識。

　　後現代主義者在知識結構分析之中，發現知識隱含既得利益者的馴化意識，而未關注「權力關係之結構性本質」、「自我賦權」等論述（Hayes & Colin, 1994; hooks, 1995; Tisdell, 1993, 1998）。我們都知道人類知識建構的過程是複雜的，它通常是透過吸收、篩選、儲存及學習所建構而成的心智模式（林東清，2003；Piaget, 1971; Vygostky, 1978）；知識是個體透過與社會互動所產生的認知結構（Piaget, 1971; Vygostky, 1978）；原則上所謂的知識，不僅只是書本或其他資訊所記載的文字與符號，同時亦包括人類本身與所處世界互動過程中，所看到、所理解、所感受的認知模式；而這些認知模式所形成的知識結構，對幼兒教師而言就是一種教學信念與教學價值，讓教師知道知識是什麼、知識要如何建構、為何要如此建構知識，然後以這些專業教學信念去從事幼兒創造性教學活動。

　　根據研究發現，強調學科內容知識與了解學生如何學習學科內容的教師專業成長活動，將可協助教師改善教學實務，並有效提升學生的學習表現（林偉文，2002）；對幼兒教師而言，知識應該是一個有行動力，並且可以馬上運用的一些模式、法則和程序，當這些模式、法則透過個人的洞察力、信念、價值觀統整之後，便能轉變個人智慧，使個人能睿智及有效的整合、選擇及利用各種不同知識的內隱能力（林東清，2003）。原則上，知識存在的價值在於以學習者為主體的學習經驗上，隱含著學習者的「操作」知識，也就是關注學習者以經驗所建構的「文本知識」及認知語言所建構的知識力量（Usher, et al., 1997）；強調差異性價值的並存和主體慾望的彰顯（黃乃熒，2003）；換句話說，幼兒教師專業發展應該關注以幼兒教師為主體性的模式來考量，而不應只是專業的複製。追求知識的主體性是一種相當明顯的反威權、反體制、非連續、非線性、多元化的解構精神（陳伯璋，2003）；主張知識不再是代表實體的唯一真理；主張以不確定性，去帶動本質不斷的重建以及探索事物發展的可能性（李威伸，

2003）。因此，在主張多元化的後現代課程中，教師必須思考的角色是
（王嘉陵，2002）：

1. 增權之後的承諾：「解放權力」讓教育者不只將自身定義為知識份
   子，還能更進一步承諾成為轉化型的知識份子，這意味著教育者不
   只關心個人成就和學生學業成就，他們也必須關心教學和增權的結
   合，必須擁有批判思考、反省和行動的能力，以及社會轉化的概
   念。
2. 教師和教育者的角色定位：前者是在校內的教育和政治的角色，把
   學生教育成為積極且有批判性的公民；後者是較廣泛的介入，關心
   的是權威、知識、權力和民主的重新定義，發展教育工作的政治本
   質，使社會秩序行為平等。

　　就幼兒教師專業發展的自主性而言，就是讓幼兒教師能以自己所能理
解的方式去建構他們的知識經驗，並透過他們本身的實務經驗去重新發現
自己與這個世界的關係，在自己真正參與的實務經驗中，以自我反思批判
方式理解自己在這個幼兒教育工作環境所處的位置，如此才能真正建構幼
兒教師本身的專業知識，並以「賦權增能」理念來突顯幼兒教師的專業位
置與自主權利。

第二節　幼兒教師賦權增能理念

　　「賦權增能」的英文Empowerment一詞譯成中文的意義很多，包括增
能、賦權、授權賦能、賦能、賦權增能等等，而教師賦權增能隱含賦予教
師專業權利之後必須再增進其專業能力；將賦權增能實踐於教育之前，必
須先了解其對不同對象所隱含的意義。

一、賦權增能的意義

女性主義所提倡「增能」之教育目的，包括三個層面：即追求生存權、生活權及存有權三方面的權利（林美和，2003）；在教育上，「增能」（Empowerment）是多元文化教育的目的，增能是給予個體自我肯定的一種信念，或是達成目標的一種力量（張德永，2005）；基本上，這些理念所強調的核心精神就是賦予幼兒教師專業自主權與專業權力地位，以成爲職權相當的幼兒教師。

傳統學校教育，最令人所詬病的就是過度以教學者爲中心，教師成爲教育過程中的主角，主宰著教學活動，而讓學生變成配角，只是被動地配合教師的教學活動，這類教學活動是教師把傳統知識概念傳授給學生，只關注系統知識的傳遞，忽略了學生對知識意義的建構；同樣的，有關教師的專業發展內涵亦只關注專業知識的複製，忽略教師的專業自主權，也缺乏對教師需求的關注。如果幼兒教師要從事以幼兒爲中心的創造性教學活動，則教師專業發展亦必須建立以教師爲主體的賦權模式，才能讓幼兒教師對自己的創造性教學擁有信心與尊嚴，而去承擔權責相當的專業責任。Ginns等人（2001）認爲傳統教師專業發展模式，只重視專業知識的複製與一致性，教師參加事先規劃的訓練，在訓練過程中，教師必須精熟被期望的基本知能，以便結束後再回到工作崗位，應用所學到的複製專業知能，再去從事國家既定目標的教學活動。

在強調多元文化與去中心化的後現代社會，有關幼兒教師的專業發展應該重新思考教師本身所處的位置與教學模式的反思。教師需要以新視域建構身分認同及文化，站在教育「譴責的位置」訴說自己的生命經驗，透過彼此的參與、合作，以開創集體的教師文化（范信賢，2000）；一般來說，直接面對幼兒、執行教學的第一線教師，常常成爲沒有聲音的旁觀者，只是消極的知識傳遞者（巫鐘琳，2006）；教師必須藉著反思，持續思考自己所擁有的教學信念及知識建構與實踐的情況，以轉化已存在的知識，而使知識成爲新的觀點。教師應該藉由反思的工具朝向個人發展，最後引導朝向解放和賦權增能的專業學習發展（Moon, 1999）；把突顯「教師彰權益能」所賦予的責任感、社區感與互助合作關係的建立，視爲地位

的提升（潘慧玲、王麗雲，2000）。

　　如果幼兒教師要從事以幼兒為中心的創造性教學活動，在教師專業發展上便應在教學觀念和教師角色層面有更多的反思性、前瞻性考量；除了強調以實務經驗來建構知識的重要性外，更須關注幼兒教師如何利用系統知識結構去探索個人的專業發展，主動的去獲取實務上更多的理解與反思。幼兒教師站在幼兒教育的第一線，有權力去呈現與表達個人的教學經驗與需求，並擁有能力去承擔教學責任；如果能落實教師賦權增能的專業發展，就能培養幼兒教師具有自我批判反思能力，進而從事專業行動反思，然後成為有能力、有力量的「power老師」去承擔創造性教學活動的專業責任；有關教師專業發展賦權增能理念可從教師自我批判反思能力與專業行動反思能力來探討。

二、教師自我批判反思能力

　　一般來說，幼兒教師平日的教學都非常瑣碎，大都只關心教學活動的順利實施、材料充足供應、秩序良好的問題，很少會有時間去反思教學實務工作背後所引用的理論基礎。依據陳淑敏、張玉倫（2004）的研究發現，幼兒教師在敘說教學信念時，都會引用師資培育階段所接觸的理論，但是在處理實際教學問題時則是引用在接受師資培育之前已經形成的教學觀，而且教師對自己教學信念與實作間的矛盾卻毫不知覺。

　　我們應該知道二十一世紀的學習者必須具有獨立、自我動力、清楚表達問題、合作與批判的能力，並且要能在團體對談、合作學習中從事終身學習（Marion, et al., 2000）；幼兒教師應該有機會透過教學實務上的分享合作去持續反思個人的教學模式，及自己所扮演的教師角色，並藉由終身專業學習的理念去發展獨立自主的專業能力；教師可從持續性的教學實務自我批判反思之中，挑戰本身所擁有的一套教與學歷程的心智模式，及察覺教師角色的轉變，最後才能超越既有教學模式。教師在教室所擁有的專業自主權，應以「超越教師工作規範」與「去學校教育規範」的理念進行教育創新，讓教師在教室專業自主範圍內，能在自己的工作崗位上有效的發揮（Dudley-Marling & Murphy, 2001）。

　　基本上，幼兒教師的職前教育對幼兒創造性教學活動的設計與實施是不夠的，幼兒教師必須透過持續性的專業發展去從事持續的自我教學信念反思，才有可能持續的更新教學知識與教學技能。這就誠如Mezirow（1990）在觀點轉換理論中所強調的，新的學習不只是加上我們已知道的知識，同時亦是轉換已存在的知識，而使它成為新觀點。唯有舊的知識觀點經過徹底反思，並且發現它的謬誤，否則它是不會被輕易放棄的（Duit, 1995: 277）；唯有增進教師對知識信念與實踐的批判意識，使他們成為能反省的、有能力的認知者（陳淑敏、張玉倫，2004），才有可能使教師所學得的知識信念與教學行為相一致。

　　教師若缺乏主動覺識力與反省思考力，即使她透過閱讀有關的研究及參加有關的研習，最後可能還是不能覺察到自己的教學信念與教學行為不一致（夏林清，2000）；所以幼兒教師專業學習可當教學實務工作與創新的橋樑（Kim, 1993），把教師的專業發展與創新、教學實務相互融合，以促進幼兒教師在自我批判反思之中，也能在教學信念上有所突破，並在教學行為上有所創新。

三、教師專業行動反思能力

　　反思（reflection）是指教師透過對教學有關的人與事進行回顧與批判；而教學反思是激發教師專業知識成長的助力（劉惠琴，2001）；Argris和Schön（1978）以行動理論（theory of action）發展一套說明個體或組織行動與學習過程的中介理論，主張行動理論所發展的過程便是學習過程，而學習結果就是行動理論的持續修正；而Apple（1982）亦強調，唯有教師能發展反思批判的能力，才有能力培養有批判思考能力的學生。幼兒教師在專業發展之中除了關注自身的批判反思外，更應該關注專業行動反思能力的發展，透過專業實務行動反思將理論與實務相結合，而能有利教學實務的改變與創新。

　　Schön（1987）依據專業行動與專業行動反思之間的差異，將專業行動反思分為三種型態：

1. 行動中的默識（Tacit Knowing-In-Action）——此時期的行動與思考
   是分離的，專業行動者尚未察覺其背後的知識與學習的過程，也無
   法用語言系統地描述本身所實踐的知識（practice knowledge）。
2. 行動中的反思（Reflection-In-Action）——此時期的行動者本身也是
   一個實踐的研究者，也可稱此行爲是「與情境對話」，實務者透過
   行動中有關的資料蒐集，能夠一邊行動，一邊反思教學行動背後的
   意義思考。
3. 行動後反思（Reflection-On-Action）——此時期的實務者兼研究
   者，當實踐行爲後的知識已累積到需要整理並呈現時，本身通常必
   須從行動中抽離出來一段時間，然後做客觀的整理。

　　專業行動者必須得透過這三種行動與反思的歷程，才能整理出「知」
「行」合一的專業行動邏輯（劉惠琴，2001）；而實務者的反思（reflective
practitioner），是藉由實務者在行動中的反思（reflection-in-action）與對行
動的反思（reflection-on-action），去形成個人的知識（Schön, 1983）。

　　幼兒教師如果能從事教學實務反思，可從教學過程中的反思與教學後
的反思中建立及修正個人教學信念，以促進教師本身的專業成長，幼兒教
師透過教學實務反思，可以了解本身在教室中的教學行動，而讓教師認知
其與學生之間的互動情況。而反思教學實務的理論與批判理論的聯結可以
賦予教師自主性的意識，解放教師，使得他們可以自主選擇教室互動的方
式（陳英娥、林福來，2004）。

　　目前教師專業角色面臨重新定位與轉型的時期，教師專業權力的擴
展，卻仍處於概念模糊不清的階段，傳統過度的專業控制，箝制著教師彰
權益能的發展（陳美玉，1999）。我們都知道在科技高度發展的時代，促
使全球化與多元文化主義重新分配全球經濟、政治、文化認同的發展，就
誠如Beck所言：我們居住在一個「全球化」與「地方化」的世界中，這兩
者之間的差異性是難以劃分清楚的，「全球在地化」的時代已來臨（孫治
本譯，1999）。有關教師專業發展最好能以專業行動反思突破個人的知識
概念，並發展個人教學風格，以創意教學去激發學生的創造潛力；而幼兒
教師專業發展內涵除了強調教師自主性的專業發展外，同時亦應關注幼兒

教育的專業知能發展；而教育專業知能部分，除了關注傳統所強調的教學、保育、班級經營、溝通和專業成長等能力之外，更應關注多元文化價值理念，可能更有利於刺激教師轉化原有的教學信念與知識觀點，而開展更多元的創造性教學活動。

 ## 第三節　多元文化教育理念

　　全球化現象形成不同國家之間在經濟、政治與文化力量上的分佈不均，掌握優勢的國家便有能力去影響或控制其他國家。這其實是一個社會影響的過程，一個國家加諸於另一個國家一整套信念、價值、知識行為規範，或甚至是生活風格的過程（Salwen, 1991），這種全球化現象的衝擊造成在地特殊文化的保存觀念，激發了邊陲文化、族群文化、女性主義教育學的興起，也激發了充滿創意的社會（李瑞娥，2005）。在多元文化脈絡下，讓不同時空背景的人類能展現其生活方式的傳承性、獨特性、共享性及動態性，所以在教師專業知識發展上亦應朝多元文化教育方向邁進，以擺脫單一優勢文化所主導的同化教育理念，並因而在教學內容及教學方式上有所創新。

一、多元文化教育內涵

　　多元文化理論主張一個國家裡每一個族群文化在整體社會中都扮演獨特的角色，都有它的貢獻，弱勢族群不應強迫性地被強勢族群文化所同化，社會應設法保留其特殊性文化（Banks, 1997）；而多元文化教育便循著兩個方向發展：一是重視各民族或各種族之間，文化的相互認識學習、相互尊重與相互接納；二是進一步強調在不同種族、性別、宗教、階級、身心殘障、文化不利族群之間，都應相互認識學習、相互尊重與相互接納彼此的文化（林清江，1995）。所以多元文化理念可因而推衍出各種不同論述的「概念」（莊勝義，2002）：

1.處理社會的種種衝突之「目標」。

2.表現出反省、反抗，或漠視既存社會的不公、不平、不義等之「態度」。

3.表示不同的「策略」，這些策略包括維護既得利益、追求平等的資源與生存權、突顯差異與多樣性，以豐富整體人類文化、鞏固被壓抑團體的本質性認同、轉化社會、政治、經濟生活，以導向正義的社會。

4.據以展現其關切的核心課題之不同文化論述立場之價值。

　　而Banks（1994）所主張的多元文化教育是讓所有人民皆能享有相等學習機會的一項教育理念，這是一種教育改革的過程，其涉及的層面包括學校行政策略、教學、課程、班級經營等鉅觀與微觀的情境；關注來自不同社會階級、性別、種族和文化族群的學生，都能夠有相等的機會去體驗學習成功的經驗。而翁幸瑜（2007）亦認為有關多元文化在理念的表述、價值觀的呈現、態度的應對、策略的運用或者是目標的設定，皆強調尊重差異和對自我的認同，提供人類重新看待生活方式和自我與他人互動觀點與實踐機會，而機會的實現必須透過教育與彼此學習才能落實。基本上，多元文化教育意涵在於教化學習者對其他人的文化能表現相對的尊重與包容，並能在人際的文化溝通過程，找尋文化內容的交集，選擇有影響力的知識，以進行相互了解與互補作用（黃政傑，1994），並從多元文化價值的交融之中去開展創意概念與創意作品。

二、幼兒多元文化教育目的

　　一般來說，多元文化教育是一種思想、一種概念，也是一種哲學觀點，更是一種教育改革的運動和過程（Banks, 1997）；而多元文化教育的主要目的，則在建構一種以民主價值和信念為基本的教學理論，並透過此種教學理論去達成尋求多元文化族群中各文化的主體性（Bennett, 1995）。而其所展現的教育目標包括（江雪齡，1999）：

1.促成教育機會的均等，以增加學習者多元的學習經驗，並增進其學習成就。
2.協助學習者發展積極正向的認知與態度，在教學課程中避免及減少不同族群文化背景學習者之間所產生的負面態度、信念、刻板印象及偏見。
3.協助弱勢族群之學習者建立信心以融入社會生活，使其免於迫害，具備跨越族群文化的界限能力。
4.協助學習者發展多元的知能及不同族群的觀點，以更寬廣及前瞻性的視野，探索和批判多元複雜而變動不定的世界。

　　多元文化教育觀點的幼兒發展，是一種「身體＋社會情感＋認知＋語言」的整體發展，然而幼兒的發展並不是這般簡單及單獨發生，必須仔細研究幼兒生活環境對一個發展中孩子的影響，此乃因為孩子的發展常會受到家庭、社區及周遭環境所影響（賴碧慧等譯，2005）。在多元文化社會中，幼兒教育應關注的是兒童生活中的成人是否互相尊重，並努力了解其他人的想法，同時教師與家長必須了解課程計畫和家庭價值觀差異之處，而且必須將不同的價值觀系統融合在一起，以創造出交換意見的機制，去傾聽和分享不同的觀點來取代價值的批判（Gonzalez-Mena, 2005）。

　　台灣在全球化潮流影響下，教育部以社會正義原則做為多元文化教育實踐的方向，對於不同性別、弱勢族群或身心障礙者的教育需求，予以特別的考量並協助其發展（行政院教育改革審議委員會，1996），在跨國婚姻日漸增多的台灣社會，外籍配偶及其所生的兒童正逐漸增加，在多元文化教育理念下，有關外籍配偶及其子女的教育是值得深思與關注的課題。因為幼兒生活背景中，包括家庭組織分子、價值觀與信仰、父母教養方式、種族、文化、性別、社會地位、宗教、傳播媒體、社區都將與幼兒的發展產生交互作用（賴碧慧等譯，2005）。社會文化脈絡的創造性觀點與幼兒心智發展理論，都一再強調個人創造力與所處的社會生活脈絡有密切關係，而台灣教育正處於多元文化交互作用之中，幼兒教師與幼兒都將因為多元文化的交融，而享受更豐富、更有創意的學習活動；如果幼兒教師能掌握多元文化教育的價值，而使來自多元文化背景的幼兒能產生交互作

用的話，其交互作用所產生的作用力對教師與幼兒所促發的創造行為與創意作品，將會是非常豐碩且具多樣性。

在多元文化教育理念下，幼兒教師所應掌握的教學原則有（賴碧慧等譯，2005）：

1. 無條件地接受兒童，包括其文化；接受兒童原來的樣子，而不是你喜歡的樣子。
2. 重視、接受、尊重，以及鼓勵兒童的母語與文化，視其為是獨特個別差異的優點與表現。
3. 強調兒童的優點與能力，以兒童的母語授課，慢慢地幫助兒童學會二種語言。
4. 協助兒童在學校時感到自在，在景物、聲音和環境各方面，兒童對陌生環境會感到驚慌失措。
5. 平等對待每個兒童，指導原則、規則、獎勵要適合每一個兒童。
6. 要了解多樣性，選一堂多元文化教育的課程品嘗風味食物，逛有民族風的商店。
7. 討論和學習人與人之間的相似與相異之處，把人的相似之處列為重點。

在強調多元化價值的教育理念之下，一個擁有職權相當的專業自主幼兒教師，才能擁有足夠的信心與責任去承擔、嘗試創造性教學活動；因此，傳統教師專業發展所強調的專業複製模式，已經無法滿足及因應追求多元價值與講求創造力的時代。幼兒創造性發展所涉及的層面包含幼兒整體教育文化與領域的創新，這些課題包括幼兒園組織、幼兒教師、幼兒、幼兒的家長及社區。

本章回顧

1.討論幼兒專業發展的內涵。
2.討論賦權增能的理念為何?而幼兒教師賦權增能專業發展理念可從哪兩個層面探討?
3.討論多元文化教育的內涵及幼兒多元文化教育的目的。
4.在多元文化教育理念下,幼兒教師應掌握哪些教學原則?

第十章
有利幼兒教師從事創造性教學的
專業發展 —— 學習型幼兒園理念

　　在變遷迅速且多元的社會，創新與創造力可說是現代公民的基本素養，因而也就成了教育改革的重要目標，教育部從2000年就開始陸續推動「創造力與創意設計教育師資培訓計畫」、「創造力教育91-94年度中程發展計畫」，然後公布《創造力教育白皮書》，期望能更持續與更有效地推動創造力教育（教育部，2004）；而「創造力」就是創新與發展具有原創性觀念的能力（洪如玉，2004），創造力教育不僅是爲了落實教育改革的理念，其終極願景更以打造未來嶄新的創造力國度爲目標，《創造力教育白皮書》理想中的創造力國度包含個人、學校、社會、產業與文化等五大主體，期待全民都有自我創造的意識，能夠勇於創新、冒險、超越而開展創意，除了能展現獨特、新穎和有興味的個人色彩外，並能從不斷嘗試創造之歷程中發現學習樂趣，最後建構全民終身學習的學習型社會，以因應變遷迅速且多元化的時代。

　　《創造力教育白皮書》提出六項創造力行動方案，其中「創意教師成長工程」與「創意學校整體營造」二項行動方案與幼兒創造力教育的落實有關，這二個議題對幼兒創造性發展而言，涉及幼兒教師專業發展與幼兒園整體組織創新的創意營造；就幼兒教師而言，追求創新與創造力教學目標並不是單打獨鬥的工作，而是應關注個人與他人及工作之間的互動。教師必須具有高度的洞察力、敏覺力、樂在工作及富彈性的特質，以陶融創意文化，培養團隊創造力，而且讓學生都能發掘自己的優點、擅長的智慧，展現自我的生活風格，在團隊中創造利基（niche），互相貢獻、互相欣賞，以產生異質交流的創意表現（吳靜吉，2002）。

　　就幼兒園而言，幼兒教師所從事的創造性教學活動，是一種持續性的創新活動。而創意教學是不能照本宣科的，因爲常常會面臨許多「狀況外的狀況」，需要師生延伸性的探索；所以課程通常採行小組創意團隊創作方式，需要許多討論發想，需要兼重科學的程序性和藝術的變易性（沈翠蓮，2005）。基本上，幼兒園必須建立能鼓勵與支援教師願意從事持續性創造性教學的學習團隊，才能有利於創造及討論各種教學創新發想；而幼兒教師是成人，有關幼兒教師專業學習有必要以成人學習理論來建構。

　　成人教育學者Knowles（1990）所提出的「成人教育學」（Andragogy）理論，認爲成人學習具有下列的需求與特質：

1.認知需求——成人參與學習活動之前，需要知道他們為何需要學習。

2.學習者自我導向概念——成人擁有「對自己的決定、對自己的生活負責」的自我導向概念。

3.學習者經驗的角色——成人學習者具有豐富的經驗，而且異質性高。

4.學習準備度——成人準備學習的都是他們想知道，而且能夠去做的事，學習是為了使他們能夠有效地順應其生活。

5.學習取向——成人學習是屬於一種生活中心（life-centered）、任務中心（task-centered）或問題中心（problem-centered）的學習取向，學習是為了能幫助其完成任務或解決問題。

6.動機——成人學習最主要的動機是來向內在動機，而非外在動機。

　　基本上，創意教學常常會面臨許多狀況外的問題，幼兒教師與幼兒必須從事延伸性的探索，而教學創意團隊則可支持這種創意的發想與實踐，讓幼兒教師的創造性教學方案不只是空中樓閣的構想而已。原則上，有關幼兒教師專業發展的模式應把教師日常生活經驗與教學經驗都納入在專業發展計劃中，如此才能持續促進與支援教師專業發展及創意教學的動力；而且幼兒教師專業發展涉及教師的賦權增能理念，傳統複製方式的教師專業發展，對幼兒教師教學信念的轉變與創新教學的執行，其實並無多大助益；而成人學習理論觀點或許可以為幼兒教師專業發展提供多元化的創新型學習途徑，以鼓勵並促進幼兒教師從事創造性教學活動。

　　另外，從Csikszentmihalyi（1999）系統觀點創造性理論來看，學門、行業、機構組織的文化及領域知識的取得、內化都對個體的創造性發展有著密切的影響關係。對幼兒教師來說，其創造力及創造性教學活動設計表現，與整個幼兒教育領域、學門、機構組織有著密切關係，學門／機構組織守門人對其創造力表現的判定、支持，以及領域知識的獲取、內化難易，都將影響幼兒教師與幼兒創造力教育的成效。無論從成人學習理論或是創造性理論角度來看，幼兒教師的專業發展都應能融入幼兒在教師生活經驗及教學需求之中，並能為幼兒教育學門領域所接納，而幼兒園本位專

業發展及組織學習理念，或許能做爲幼兒專業發展模式的創新基礎，期待能藉此促進幼兒園整體的組織創新，最後建立學習型幼兒園，以建構有利幼兒教師從事創造性教學的環境，而落實創造力教育的目標。

 ## 第一節　幼兒園本位之教師專業發展

　　在後現代課程中，教師與學生的角色重新被定位、被賦權（empower）（黃永和，2001；張嘉育，1999），讓教師充分參與，並與領導者全面合作努力達成目標，亦即是「增權賦能」（陳伯璋，2003）；學校本位學習，就教師角色而言，是一種教師的聲音從被忽視、被拒絕、被消除、被邊際化到發出聲音的過程；顯示主體才能說話，客體是無聲的，而沒有聲音就沒有權力（歐用生，2004）；在教師角色期望從「知識的傳授者」轉換成「能力的引發者」；從「被動學習者」轉換成「主動的研究者」；而「教師在職進修」便應轉變爲「教師專業發展」（饒見維，1999）的教師專業發展理念下，幼兒教師專業發展模式亦應有所轉型、突破；有關幼兒園本位教師專業發展的理念則是源自於學校本位專業發展。

一、學校本位專業發展內涵

　　學校本位（school-based）源自於學校本位管理（school-based management），美國約自70年代中葉開始實行學校本位管理，將管理學校所有事務的權力由上級下放到學校裡的成員運作，是一種參與式的、由下而上的，去權威中心的，邊陲性質的，以及草根性的教育改革理念，可以反映學校面臨的各種挑戰，較能貼近學校的實際需求（張德銳，1995；陳伯璋、盧美貴，2002），1980年代的學校本位以學校成員爲關注焦點，關心學校成員的問題與需求的解決，意涵接近「以學校爲焦點」（school-focused），但其界域不限於學校（洪福財，1999）。

　　饒見維（1997）認爲學校本位專業發展是利用學校環境資源、行政支

援，讓教師在對話中進行合作學習，共同分享教學經驗，共同突破教學的瓶頸，重新組織教學的知能；周水珍（1996）認為學校本位教師進修活動必須在學校進行，且進修內容必須符合教師需求，做為學校教師的自我導向學習，以及教師即研究者等特質；張碧珊（2005）則將學校本位教師在職進修界定為：由學校及教師根據需求，以校內教師為主導，在校內或鄰近學校所進行之教師在職進修，進修內容可以結合校內與校外資源。饒見維（1997）認為學校本位專業發展的主要意涵有：

1.教師專業活動應儘量配合學校的需求來推動。
2.教師專業發展活動的場所應儘量在學校進行。
3.師資培育機構應把其教學和研究活動儘量移到中、小學，和學校的實務情境直接結合，並直接協助學校推動發展活動，而不是在學院裡閉門造車，等待教師登門求救。

而彭仁晃（2000）的學校本位教師專業發展內涵為：

1.以校內場所為主。
2.進修時間配合教師作息。
3.進修內容融入實際工作。
4.進修需求兼顧教師及學校發展。
5.進修實施是持續的發展過程。
6.教師是主動的學習者與研究者。

陳煜清（2004）則將學校本位教師進修內涵歸納為：

1.場所以教師服務學校為主，鄰近學校為輔。
2.以學校內的教師為主要對象。
3.目的在於促進教師專業技藝知識（professional craft knowledge）之提升，以及學校校務之正常運作。
4.由下而上貼近學校現場的發展性活動。

5.透過教師自我導向，有計畫、有系統的學習活動或經驗，藉此產生知識螺旋作用。

6.多元、多軌的進修方式，邁向動態的學校。

　　基本上，學校本位學習的教師專業發展，以學校階層爲主體運作，是最直接、最有效的改革方式，如果教師教學場所同時也是在職進修場所，便可以解決該學校面臨的問題與困境，而且學校的教學實務與情境脈絡也是教師最佳專業發展的活動地點（蔡文山，2002）；最重要的是，學校本位專業發展強調學校教師自發性之動機，以符合教師個別能力、興趣及發展目標，所以「學校本位進修」被認爲是目前最有效的教師專業發展模式（饒見維，1996）。

二、幼兒園本位教師專業發展

　　教育部在2001年教育改革行動方案的教師進修制度中，鼓勵學校建立「以學校爲中心」之進修模式，以因應學校需要，並進而建立學校特色（教育部，2001），而學校本位學習課程發展的參與人員包括：個別教師、教師團體、全體教職員以及教師、家長、學生（張嘉育，1998），幼兒園本位專業發展理念源自於學校本位學習理念，在強調多元文化理念下的幼兒教師專業發展，涉及幼兒園整體教育文化的創新，包括幼兒園組織、幼兒教師、幼兒、家長及社區。而幼兒園本位學習能使經營者與行政人員和園所其他成員共同分享權力，一起決定幼稚園的願景、課程，讓幼稚園處在動態、循環、改變當中（巫鐘琳，2006）；很明顯的，幼兒園本位教師專業發展確實能促進幼兒多元化教育的落實。

　　同時，學校本位學習所強調的共享、共治的結果也會促使教師必須不斷地與他人對話與合作，可以破除教師的孤立狀態，而教師導向的學習，可以突顯教師的專業自主權，再者，權力的分享與參與，則使得教師有參與和做決策的機會，權力下放能讓教師專業向上提升（陳伯璋，2001）；傳統教師專業發展強調專業的複製，是一種由上而下的指定進修內容與時間的方式，並不是針對各個幼稚園與教師的需求而實施；其進修活動往往

流於一種形式。大多是專家學者的專題演講，教師彼此之間的交流不多；進修的時間往往是集中式的，無法有持續性的學習（歐用生，1996；張德銳，1998），而幼稚園本位在職進修讓教師成員自行決定，依照自己所需，以互動、溝通的方式進行，由教師自己設計、帶領研習，可以增強對專業的自覺，進而達到成長的目標（巫鐘琳，2006），這種以幼兒園爲場所、以教師爲主的學校本位專業發展，可免去教師舟車勞頓、來回奔波之苦，並能夠立即解決教師的教學問題（陳伯璋，2001）。這種由下而上、去中心化的幼稚園本位理論內涵，來自後現代主義論述與幼稚園本位之關係，在後現代主義中、幼稚園本位理念下的教師，是不斷地在成長，不斷地重塑自我的專業（巫鐘琳，2006）；也更符合教師賦權增能的專業發展模式，目前教育部除了推動學校本位專業發展之外，也提出了教師終身學習的概念，規劃教師終身學習護照，讓教師自行安排進修活動並且整合各縣市的教師終身學習卡；這種由下而上、去中心化的幼稚園本位理論內涵，能符合教師賦權增能的專業發展模式，讓教師的專業發展方式更具自主性與多元性。

三、幼兒園本位教師專業發展之型態

幼稚園本位教師專業發展是由幼兒園發起或是教師自發性、同僚合作性的專業學習活動，比較可以提供幼兒老師實際的需求，對於問題的產生能夠立即反應、解決，並且可以凝聚幼兒園內部成員的共識，以共同面對挑戰。其方式可以利用專題演講、教學觀摩會、個人或協同行動研究、個人導向式學習、協同成長團體、遠距教學（網路學習課程）等方式實施（張碧珊，2004），亦可採用閱讀講座型態、參觀操作型態、成長團體型態、省思研究型態等方式，其形式則分爲個人自我導向與協同互助導向（郭木山，2005）。

而蔡芸（1997）將學校本位教師專業發展方式分爲三大型態：

1.傳統進修研習課程：包含演講、教學觀摩、教育參觀、教室觀察、週三研習、小組討論等方式。
2.互助式進修：包含讀書會、討論問題、研究主題等。

3.自我導向（個別式）研究：包含研究個案、閱讀寫作、進修學位
等。

　　巫鐘琳（2006）則將傳統教師進修與幼稚園本位在職進修的運作方
式、研究內容、研習地點、研習規劃、研習方式、研習目標、教師角色與
參與動機來說明傳統教師進修與幼兒園本位教師專業發展的差別，如**表
10-1**所示。

　　一般來說，幼兒園比國小以上的學校享有更大的自主權，沒有國家政
策、指定教材與評量的要求，然而通常幼稚園的進修方式與自主權都掌握
在經營者以及管理者的手裡。而幼稚園本位的意義則是將幼稚園所有事
務，交由教職人員、幼兒、家長共同決策，結合社區力量與資源，建立幼
稚園在地特色，並解決幼稚園師生關係的議題與面臨的問題（巫鐘琳，
2006），這種專業學習方式可以讓教師獲得參與的權力，可以與經營者形
成平等、互惠的合作夥伴關係；在幼兒園本位的概念下，賦予教師參與及
發聲的權力，透過合作、對話的經驗分享，可以促進教學反思，促使教師
自我覺醒，在專業學習上由客體變成主體，幼兒教師因而獲得專業自主的
地位，也因而更能掌握教學信念與教學實務之間的落差。

四、幼兒教師專業發展之方向

　　有關幼兒教師專業發展方向，莊淇銘（2005）認為我們必須「鑑往知
來」、「知變應變」，符合變革的步伐，依據未來可能發生的事，調整現在
努力的方向，才能正確通往未來的世界。從Csikszentmihalyi（1999）系統
觀點創造性理論角度來看，領域知識的易於取得、內化對個體的創造性發
展影響非常密切。而幼稚園本位的在職進修，老師參與度較高，彼此容易
凝聚共識，可以立即解決問題，能夠配合自己所需，研習氣氛也比較熱
絡，帶來老師的轉變，有切合所需，提醒所忘，運用所學，引發學習動
機，自我省思，持續成長與增強專業自信等七項功能（巫鐘琳，2006），
在Csikszentmihalyi系統理論中的組織文化亦扮演著重要角色，由於幼兒園
本位學習較能凝聚教師的行為、行動與價值的共識，因而較能對教師的創

表10-1　幼稚園本位在職進修與傳統的教師進修之差別

	幼稚園本位在職進修	傳統的教師進修
運作方式	由幼教師設計、規劃、推行與評鑑。	由教育單位、園所主管配合政策的外控模式，教師通常置身其外。
研習內容	兼具理論與實務，進修內容依據教師與園務的需求設計。	偏重理論，未能真正切合教師的實務需求。
研習地點	多在幼稚園內進行，工作場所即為進修地點。如有幼稚園合作模式，則輪流在幾個幼稚園舉行。	多在園所外進行，教師必須來回奔波，甚至於因為研習場地太遠而不得不放棄研習的機會。
研習規劃	具系統性，在園所全力支持下，幼稚園成員共同發展願景，進修內容與園方規劃相互配合。	零散、沒有整體規劃，活動多為臨時性的，缺乏系統性的管理安排。
研習方式	多元化，研習活動以不同形式靈活進行，短文分享、實作教學、專題演講、讀書會等都可以自由運用，成員不受限制參加。	單一演講為主，專題演講的形式較多，如遇有工作坊或熱門主題，名額限制將使教師無法進入該領域的研習。
研習目標	建立教師自我導向學習的專業成長，並且同時促進園務發展、成員彼此間的人際關係。	解決教師現場教學問題與促進專業，非依照個人需求規劃，效果有限。
研習需求	兼顧教師與園方需求，能夠提升幼稚園整體效能。	偏重教師個人需求，目標多集中於個別成員。
研習評量	研習之後的實作評量能夠促進教師知行合一，由教師同儕評鑑給予建議並要求改善，能夠形成良性競爭、專業團體。	研習後並無實作評量，教師沒有立刻運用所學，不容易加深印象，實務上的運用如遇到困難，則無法立即請教、討論。
教師角色	針對教師自我需求的進修，並且自行規劃、設計研習內容，教師角色由被管理者轉為在職進修的管理者。	參加者多是指派，缺乏動機、角色被動，由上而下的被灌輸知識與技能，缺少主動參與的投入感。
參與動機	進修符合教師需求，有助於教學工作，因而教師自動自發參與活動。	教師有時為了滿足教育單位要求、被園所委派為代表參加，或是因研習時數的規定而被動參加。

資料來源：巫鐘琳（2006）。《幼稚園本位在職進修與幼教師專業成長之研究》，p. 34。國立嘉義大學幼兒教育研究所碩士論文。

造性教學行為產生共識並加以支援，進而使教師樂於運用所學去嘗試各種創造性教學活動。

　　另外，教師專業成長應朝向對教學實務的行動反思，以建立前瞻性教學信念和教師角色，才能使教師將專業發展所獲取的專業知識實際應用在教學實務上，才不致於造成教學信念與教學行為不一致的現象。依據陳淑敏、張玉倫（2004）及Fang（1996）的研究指出，由於教室生活與教學情境的複雜性，限制了教師信念與教學實際的一致性，致使教師造成教學信念與教學實務的不一致。同時陳淑敏、張玉倫（2004）的研究亦指出，目前很多教師仍然在複製傳統、威權的教學方式，因為他們沒有機會去思考教育是提供學生批判與共同建構意義的可能性；而這可能與我們的教育一直都是以教師為中心有關，教學活動所強調的只是事實記誦和技巧練習，而非思考與問題解決的能力。

　　所以，幼兒教師雖然職前都接受過近代幼兒教育理論，也都了解以Piaget與Vygostky的理論觀點去建立以幼兒為中心的教學模式，但是理論歸理論，當幼兒教師實際教學時還是以傳統的教學模式教育幼兒。就誠如夏林清（2000）所言：教師若缺乏主動覺識力與反省思考力，即使透過閱讀有關的研究及參加有關的研習，藉以提升自己的班級帶領能力，最後可能還是依其十餘年來的教學習性治理班級，卻不能覺察到自己的不一致。而幼稚園本位的在職進修，由於老師參與度較高，彼此容易凝聚共識，可以引發教師的學習動機，自我省思，持續成長與增強專業自信等功能（巫鐘琳，2006）；原則上，幼兒教師專業發展必須改變傳統方式，而以終身學習的理念去規劃幼兒教師的專業成長模式，然而幼兒教師專業發展除了以幼兒園本位專業發展加強教師對知識信念與實踐批判外，更應關注幼兒園整體組織的發展。

　　就幼兒園而言，除了以賦權增能方式提供教師本位的專業發展外，更需面對社會變遷與其他幼兒園的競爭與挑戰，所以對幼兒園組織而言，就如Guns（1998）所言：比競爭者更快速且更有效的組織學習，便是因應快速變遷的全球環境及維持競爭優勢的最佳利器。原則上幼兒園教師專業發展的方式除了建立幼兒園本位理念外，更可朝向幼兒園的組織學習來發展。

 第二節 幼兒園之組織學習

在環境急遽變遷和科技高度發展的時代，組織環境充滿著變動與不確定性，任何一個組織為了因應及調適環境變遷，便必須藉由學習來增強組織的競爭力，因而組織學習的重要性日益增加（Sadler, 2001）；組織學習能力及迅速將學習化為行動，乃是組織最上乘的競爭優勢（黃朝曦，2007）。近年來，組織學習理念可說普遍存在於企業組織的決策運作與管理過程之中，且被視為影響企業組織經營與管理的關鍵因素；而幼兒園雖然是教育機構而非營利機構，但是目前幼兒教育並未納入國民教育，幼兒園為了生存，同樣必須面對社會變遷的挑戰與其他業者的競爭，在經營上可藉由企業組織的組織學習理念做為經營管理的策略。

一、組織學習的意涵

Simon於1953年在其研究中提出了組織學習理論，他認為政府組織再造的過程就是一種「學習」過程，此後，組織學習理論便日益蓬勃發展（盧偉斯，1996）。隨後即有以組織學習為核心概念的討論與研究出現，其中以Argyris與Schön在1978年所著《組織學習：行動理論的觀點》（*Learning: Observation toward a Theory*），最有系統與最具代表性；而後組織學習便成為新一代組織理論的探究概念（Ulrich, Glinow, & Jick, 1993）。

基本上，組織學習就是集體學習，而組織行為的改變就是集體學習的過程，學習過程是透過人與人之間的互動過程，沒有個人學習就沒有組織學習，個人學習對組織學習是不可或缺的條件，而組織學習不只對工作有助益，亦可對組織成員產生不同的運作（Hodge, et al., 1996）；而組織學習與個人學習是有差別的，組織學習是透過洞察力、知識和心智模式的分享而來的，要有互動的過程；把學習建立在組織過去的知識與經驗「記憶」上，而組織記憶則依賴組織機制來保留知識（Leithwood, et al., 2001）；個人學習的知識與經驗有助於個人心智模式發展，這是屬於個人學習，然而

個人學習經驗，必須透過組織學習才能整合個人觀點，並將個人知識成功的轉換為組織共享的心智模式，而對組織所有的成員產生共同的行為改變（Huber, 1991; Kim, 1993; Leithwood, et al., 2001）。

　　事實上，組織學習乃是透過許多明確的活動發展而成的，組織學習不會是一個人的學習或是個別學習的總和；因為組織行動是目標取向的集體性活動，透過組織集體學習的內容可引導個人朝向組織即將改變的行為模式；因此組織學習是一種過程，而不是結果；組織學習是一種創新，而不是適應。

二、幼兒園組織學習功能

　　基本上，幼兒園組織學習是一種過程，也是一種創新，而組織學習的功能則可從二方面來說；就組織學習的過程而言，幼兒園組織如果要轉變教師朝向以幼兒為中心的創造性教學發展，就必須要進行組織學習，促使幼兒園所有成員共同學習，以產生共同的組織行為（Swerning, et al., 1992; Leithwood, et al., 2001）；而幼兒園所有成員參與學習所產生的能力，絕對大於原來個人能力的總和。這是一種個人和組織內部與周遭環境，甚至與整個世界之間所發展出來的一種和諧關係，而這是一種潛在力量（Lessem, 1990），幼兒教師個人所獲取的知識無法產生組織的獨立性（Crossan, Lane & White, 1999），然而組織學習則可促使教師在合作、分享的教學文化中相互支援教學創新活動（Leithwood, et al., 2001），而且組織學習的合作文化亦可促進教師進行持續性的教學實務反思，並對教師從事終身性的專業發展有所助益。

　　另外，就組織學習的功能而言，幼兒園組織學習是一種為了達成幼兒園目標所進行的集體學習，組織學習是一種工作實現導向的學習，是一種實用主義，它經常是一種暫時性選擇，傾向以促進合作、刺激意識來進行學習，所以組織學習兼具補充性與建設性的功能（Swerning, et al., 1992），同時組織學習可建立一套系統解決問題的學習方式，以工作經驗的分享、對話學習來發展教學實務的理解力，促使教師超越傳統的教學心理模式，進而激發教師的教學創新（Hodge, et al., 1996）。如果幼兒園想落實幼兒創

造力教育目標，便必須透過組織學習去建立幼兒園整個組織團隊的分享、應用、合作的機制，才能發揮知識與資訊的最大價值，也才能讓幼兒教師共同轉變教學信念，以共同從事創造性教學活動，更不致於造成幼兒教師之間的教學落差。根據陳淑敏與張玉倫（2004）對幼教老師的研究描述：有位教師與另一位教師搭班輪流教學，常常感覺自己的創意教法無法延續，也不能得到對方的支援；而其他教師也都儘量保持與園內其他教師同一步調，以免招致同事的批評，在這樣的教學生態環境中，這些教師大都不會積極去省思與改進自己的教學，以免招來批評。其實就Csikszentmihalyi系統觀點創造性理論中的學門「守門人」角度來看，幼兒教師所處的幼兒園與教師同僚都是其創造性教學的「守門人」，如果教師同僚都能支援並共同嘗試創造性教學活動課程的話，就能使幼兒園整體組織文化對創新教學產生共識與共鳴，而使所有教師都願意共同從事創造性教學。

　　因此，幼兒園領導者如果想把幼兒園經營得更好、更有朝氣的話，就是要建立組織學習去轉變幼兒園所有成員產生共同的教學信念；就誠如楊國德（2001）所強調的：無論你是最迷人的教師或總裁，沒有人真正能夠要其他人改變態度、信念、技能、感覺、能力或奉獻程度；然而，組織學習的實踐，包括發展與參與實際的活動，可以改變人們做事的方法。而且任何組織想要在今日這個世界生存，必須能發現及處理問題，並能掌握處理的速度（黃朝曦，2007），而組織學習則能在分享、互動之中快速掌握問題並共同解決（李瑞娥，2004）。就組織學習的過程與功能而言，組織對幼兒園具有六項重要的意義（吳明烈，2004）：

1.在組織中有正式結構與非正式結構計畫，能鼓勵成員彼此分享學習成果。
2.組織學習能為問題解決與學習做計畫。
3.在組織每一層級中的學習受到了期望與鼓舞。
4.人們對於組織懷有遠景，並且能適應工作型態。
5.能夠鼓勵成員並提供資源，促使成員成為自我導向學習者。
6.了解自己與他人的學習型態（learning style），藉以促進溝通和組織的學習。

三、幼兒園組織學習之型態

近年來，有學者從知識管理觀點說明組織學習的過程。Huber（1991）認為組織學習可分為四個部分：知識取得、資訊擴散、資訊解釋、組織記憶等；Garvin（1993）則認為組織學習是組織創造、獲取與傳遞知識的過程；Nevis、Dibella與Gould（1995）則將組織學習的過程統整為知識取得、知識分享、知識使用三個階段。在知識管理理念之中，「知識分享與合作」是最重要的關鍵所在，若知識只存在個人的經驗中，是無法對組織知識發揮作用的，必須藉由「知識的流通分享」才能使組織知識創新（Senge, 1990, 1999；劉京偉，2000）。創造性教學與傳統教學最大的不同就是強調團隊合作；而團隊合作可能是幼兒教師最需建立的觀念，就如學者吳靜吉（2002）所提出的：華人學生的創造力發展目前還在臥虎待啟、藏龍待醒的階段，其可能的原因之一可能在於華人社會強調競爭表現、單打獨鬥，不重視團隊合作、知識分享，從知識經濟或知識管理的角度來看，知識流通對知識創造、個人成長以及組織學習非常重要（詹志禹，2002）。

原則上，幼兒教師的創造性教學是兒童創造力培養的切實保證，學校是否具有最適於教師創造性發揮的管理，對於兒童創造力的培養至關重要；學校管理成功的基本條件是要建立一個認識一致、結構合理、協調合作的領導團體（董奇，1995）；許多教育改革的研究發現，如果沒有改變學校文化，只是單純執行課程改革或任何教改行動的話，將可能遭致失敗（張稚美，2000）；因此，如果幼兒園要落實創造力教育目標的話，便需建立組織學習的機制，透過對話、分享的學習方式，引導教師以智慧的行為面對教學環境的變化，並形成組織的共識文化，才能建立創造性教學理念。因為教育創新是一個複雜的、動態的、價值導向的過程，是合作、諮商、妥協和適應的過程（歐用生，1998），若要使教師在教育革新上有成就的話，就要讓教師能透過合作方式進行學習與教學實務的互動（Slick, 2002）；教師在教學傳統上都是以口頭溝通，很少使用其他方式記錄教學經驗和教學方式，而組織學習可透過分享、對話所累積的經驗與知識，提供給領導者與教師去反思教學實務（李瑞娥，2004）。

　　幼兒園可利用各種正式或非正式型態去進行組織學習。其方式可以利用專題演講、教學觀摩會、個人或協同行動研究、個人導向式學習、協同成長團體、遠距教學（網路學習課程）等方式實施（張碧珊，2004），亦可採用閱讀講座型態、參觀操作型態、成長團體型態、省思研究型態等方式，其形式則分為個人自我導向與協同互助導向（郭木山，2005）。徐慧純（1999）以企業界為研究對象，發現利用「讀書會」是最常用來從事組織學習的方式。

　　無論是企業或學校在進修學習活動規劃上，通常由於缺乏成人學習理論，一般都面臨「沒有時間」的問題，所以有關激發學習者參與學習的動機與潛能方面，應建立起有助於成人學習氣氛及建立起使成人能參與規劃的組織結構（魏惠娟，2002），而教師的合作模式能與教室活動課程架構相聯結，以達到促進教師個人發展與專業發展的目的（Franke, et al., 2001）。組織學習中的團隊合作可促進教師透過知識的互動，思考其教學信念，促使教師學習批判思考，幫助教師打破傳統教學理念，建立新的教學信念（Borko & Putnam, 1996）；原則上，幼兒園組織要使所有幼兒工作者產生的共同行為與改變，就必須以創新的模式來引導教師從事個人成長與專業成長。

　　其實，幼兒園無論進行何種型態的組織學習都能促進所有幼兒工作者的專業發展。幼兒園可利用教學社群、領域小組、主題方案教學小組討論、讀書會、自我導向學習、講座、研究主題、討論問題、研究主題、教學參觀、進修學位等等的正式或非正式型態去進行組織學習；但是重點在於應該由幼兒教師為主體主動發起，而幼兒園則應引導並促進教師藉由合作、分享、反思、討論有關創造性教學的實務工作，以促進教師的專業發展與專業學習，進而轉變幼兒園的組織文化，最後促使幼兒園的組織創新，以因應社會環境的挑戰與競爭。

第三節　幼兒園之組織創新

　　二十一世紀是知識經濟的時代。在知識急遽爆增與市場競爭加速的時代，創新是一種引擎，創新已經成為企業組織成功的關鍵因素（Greene & Harich, 1996）；企業組織想在這瞬息萬變的社會中生存致勝，就必須具備優勢的競爭力，而其中最重要的就是「永續創新」（劉春芳，2006）。對幼兒園而言，其組織就如同企業組織一樣，必須具有能持續因應外在環境挑戰與競爭的能力，所以更需要積極努力成長學習，思考如何以創新理念永續經營，以建立幼兒園、幼兒教師、幼兒創造性發展三贏的立基點。

一、組織創新的意義

　　當有機體無法控制既有的結構時，而使有機體為了因應環境的變化，會以產生變異（variation）、以自我突破提升組織結構層次來因應（Lessem, 1990）。創新是將創意形成具體的產品，能為顧客帶來新的價值，且得到公眾認可者（吳思華，2002）；創新亦可界定為運用創意點子，將其轉化為有用的產品、服務或工作方法的過程，使其促進組織品質改進與提升的過程（吳清山，2004）；組織創新不只在創造新點子，更重要的是，創意點子的執行。組織創新可說是組織回應環境改變的手段，此乃因為組織現有的方式已經無法解決現有的問題，而發展出來的一種新穎且有用的方式來處理問題的過程。

　　吳清山（2004）認為學校的創新經營必須植基於三項論點，亦即追求創新型的學校、發展精緻化的學校及建立有特色的學校。由於傳統型學校的表現較為封閉僵化、消極保守；而創新型的學校則展現出開放彈性、革新積極的形象（劉春芳，2006）；基本上，創新就是一種改變（徐聯興、林素君，2005），創新是一種新概念或新事物，這種新概念或新事物會隨著認知經驗的改變，影響組織與個人的價值及行為，創新隱含創造力的開發（李瑞娥，2004）；而組織創新就是轉變組織的運作，意味著組織所有

成員需要改變個人生活，創新者就要試著去讓組織所有成員接受並實踐創新的概念（Williams & Yang, 1999）；學校組織創新除了學校結構、經營管理、整體運作上的創新外，還包括教師如何重新定義與執行教學角色（Hargreaves, 2004, p. 66）；所以，無論是學校本位經營或學校創新經營，幼兒園皆需要建立學校本身的特色，並建立優質的學習環境。

二、組織創新的類型

一般而言，組織創新概念的發展可以歸納為產品觀點、過程觀點、雙重觀點及多元觀點等四種（林義屏，1999；李瑞娥，2004）；而組織創新的類型可分為四個觀點（Robbins, 2001）：

1.結構創新：包括權威關係、合作機制、重新設計，或多樣化結構。
2.技術創新：職場工作方式的流程、方式、設備。
3.物質創新：涵蓋變更職場空間和設計。
4.人員創新：改變員工的態度、技能、期望、概念或行為。

如果以創新的程度區分，則可將組織創新分為四個類型（Henderson & Clark, 1990）：

1.漸進式創新：針對現有產品的部件做細微的改變，強化並擴充現有產品設計的功能，而產品架構及部件之間的連結未改變。
2.模組式創新：對現有產品的部件及核心設計做顛覆性的創新改變，但產品架構與部件之間的連結未改變。
3.架構式創新：產品部件與核心設計基本上未改變，但產品架構則重新建構，並配合新架構，對現有成份、大小及功能做強化；或對附屬產品設計做改變，但是部件基本設計仍未改變。
4.突破式創新：創造出新核心設計概念，亦為整合新核心設計而創造新部件及新架構，此類型創新會產生新設計主宰。

蔡啓通（1996）則將組織創新的研究理論分為四種模式：

1. 過程系統說——將創新焦點放在投入（將組織創新的前置變項）、過程（從投入至產出的一系列事件）、產出（創新採用的數目及種類）。
2. 創新採用比率說——認為組織或多或少均有創新，只是程度上的差別而已；某個組織在產業中的角色，可能是扮演領導者，也可能是扮演仿效者。
3. 創新分類說——將組織創新分為技術創新與管理創新。
4. 例行性創新與非例行性創新，計劃性創新與非計劃性創新。

　　簡文娟（1998）認為組織創新包含技術創新與管理創新兩個層面，只要能將組織中珍貴的人力資源的創造力成功激發出來，藉由創新廣度與深度的延伸，為組織帶來更多的效益，提升競爭力，便可稱為組織創新。企業組織的管理創新包括經營策略、團隊運作、雙向溝通、學習型組織、輪班、分紅制度等；技術創新則包括新設備、新產品、新方法、新工作方式（蔡啓通，1996），以及由組織內部產生或組織外部取得的技術產品與管理措施之革新活動，這些活動包括設備、技術、產品等技術創新及系統、策略、方案、文化、意念、服務等管理創新（賴姿蓉，1998）。一般來說，組織創新就是提出創新的概念與工具，幫助管理者以新技巧和組織能力去發展創新理念以經營整個組織，並形塑未來的競爭力（Tushman & O'reilly, 1997）；組織創新需要組織管理上的創新，因為任何創新都會帶來新挑戰、新技術，也帶來不確定與不可預測的情境，必須藉組織管理創新來因應（Hodge, et al., 1996）；就學校組織創新而言，可從「技術創新」與「管理創新」為範疇來思考（李瑞娥，2004）。

三、影響組織創新的因素

　　企業組織若要保有競爭力，唯有持續的保持創新氣氛（Williams & Yang, 1999）。一般來說，有利創造性發展的組織因素有（Amabile, 1996）：

1. 組織鼓勵創新（organizational encouragement）：組織對構想有建設性的建議，給予獎勵、肯定創造性的工作、具有一套活絡發展新想法的機制，以及對組織嘗試性工作有共同願景。

2. 主管或領導階層的鼓勵（supervisory encouragement）：管理者能夠提供良好的工作模式、設定適當的工作挑戰、支持工作團隊、重視個體貢獻，以及表現對工作團隊的信心等。

3. 工作團隊的支持（work group supports）：是一種擁有各種不同技能的工作團隊，在團隊中，成員能有效的溝通、能公開的表達新構想、彼此相互信賴與幫助。

4. 充足的資源（sufficient resources）：能取得適當資源，包括經費、資料、設備、資訊等。

5. 挑戰性的工作（challenging work）：對挑戰性的工作和重要計劃有盡力而為的認知。

6. 自主性（freedom）：能自主的決定應該從事什麼工作與如何完成它，以及具有控制自我工作內容的認知。

同時Amabile（1996）亦提出會抑制個人創造力的組織因素：

1. 組織障礙（organizational impediments）：以內部的政策問題、對新構想嚴厲批評、破壞性的內部競爭、逃避風險為由，或是過分強調目前的狀況等方式來抑制創造性的發展。

2. 工作壓力（workload pressure）：有高度的時間壓力、對生產力有不切實際的期望，以及分散創造性工作的心力。

Kanter（1988）指出企業組織愈能以鼓勵管理者的創造精神處理事物，便愈有可能成為創新型企業，因為創新活力乃是企業不斷向前邁進的動力來源，企業組織要促進創造性的績效，便應培養創新的組織環境文化，建立一套完整的管理制度來支持創新性的活動。在創造性人才開發與培養中，有一種群體連鎖反應現象，亦即在一個創造群體中，主體與主體之間產生相互影響、促進和啟發，從而都分別做出傑出的創造性成就（張

武升，2002）；只有在員工願意投注時間與精力去達成新目標，並願意承擔困難與壓力時，改革才會成功（Daft, 2004）。

四、幼兒園組織創新的定義與內涵

幼兒創造性教學強調以幼兒為中心的教育觀念，主張以多元教學方式與評量方式培育幼兒創造能力；而有關教師專業發展則強調「賦權增能」、「組織學習」，對幼兒教師與幼兒園來說，都是創新的理念，幼兒園應以系統觀點去創新政策與實務的運作方式，使教師能在幼兒園支援下進行教學創新，如此才能創造非凡的幼兒園學習環境，以培養幼兒的創造力表現；有關幼兒園組織的創新，可從「技術創新」與「管理創新」的組織創新觀點來探討。

基本上，學校組織創新是學校為了滿足學生與家長課程需求、維持內部競爭並提升教育品質，而在組織內部與外部之經營作法上進行改變與創新的策略，創新的層面包括學校行政管理、課程與教學、知識分享、外部關係及資訊科技（濮世緯，2003）；在學校環境場域中，採用創意點子，將其轉化到學校的服務、產品或工作方法的過程，以發展學校特色，提升學校效能和達成學校教育目標（吳清山、林天祐，2003）。就幼兒園的組織創新來說，就是幼兒園經營者能提供新的設備，包括教材、經費，並以合作、對話、參與式等方式的行政系統去執行幼兒園的教學實務運作，以為教師從事創造性教學活動提供支援及資源。

通常任何一個組織都會形成一組根深蒂固的價值、行動、行為等觀點，它會協助組織成員了解組織中哪些行為可以被接受，哪些行為不能。組織文化是一組基本的假定，這是一個群體在學習因應外在適應與內部整合的問題時，所逐漸發現、發明與發展出來的知覺、思考、感受的基礎（Schein, 1990）；但是有時組織文化之中的有些價值觀會對組織產生一種助力，有時亦會是一種阻力。Amabile（1996）認為組織成員所處的工作環境與文化脈絡，是影響組織創新的重要因素，工作環境與文化脈絡可稱為組織氣氛。而組織創新的前提包括組織人員、組織結構、組織文化氣候、組織環境等（賴姿蓉，1998）；學校組織氣氛則包含適當的激勵制

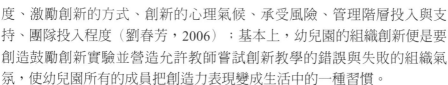
度、激勵創新的方式、創新的心理氣候、承受風險、管理階層投入與支持、團隊投入程度（劉春芳，2006）；基本上，幼兒園的組織創新便是要創造鼓勵創新實驗並營造允許教師嘗試創新教學的錯誤與失敗的組織氣氛，使幼兒園所有的成員把創造力表現變成生活中的一種習慣。

林新發則認為影響學校創新經營的因素，在內部方面有：家長、學生背景、學校規模、學校歷史、教師出身背景、校長領導、教師團隊合作；在外部方面則有教育政策行政措施、社區文化背景、教育生態、社區資源、自然資源、地方經濟活動（引自劉春芳，2006）。而師生互動是影響教師動機與意願最直接的因素，也間接影響老師們是否願意繼續投入創新教學；學校非正式的互動關係對教師創造行為具有激勵與抵制的重要影響力，如果工作伙伴相處融洽，培養相同的默契，形成一個良好的工作團隊，往往會使得創新的想法得以落實（邱皓政，2002）；幼兒園為了激發教師的創造性，應堅持整體系統原則、開放創造性原則、民主管理原則（董奇，1995）。基本上，幼兒園的組織創新可朝向吳清山（2004）所提出的八項學校創新經營構面來發展：

1. 觀點創新——學校人員價值、思考方式、意識型態的改變。
2. 技術創新——教學評量、工作方式、資源運用等改變。
3. 產品創新——學生作品、教師教具、教師著作、課程設計等產品出現。
4. 服務創新——行政服務、社區服務、家長服務等改變。
5. 流程創新——教務、學生事務、輔導、人事、會計業務處理程序，開會流程等改變。
6. 活動創新——開學典禮、運動會、表演會、節慶、家長參與活動等突破。
7. 環境創新——建築物造型美化與改變、室內擺設的調整、環境空間的重新規劃、教學場所的佈置等。
8. 特色創新——發展學校特色、型塑學校獨特文化等。

我們必須認知到，創新是人類社會不斷向前發展的不竭動力（朱長

超，2004），而學校組織創新的經營理念則是學校持續發展的動力，幼兒園若想因應時代變遷並擁有競爭力，便應融入企業組織創新的經營理念，才能促進幼兒園組織與教師的成長、革新，以落實幼兒創造力教育。如此的話，幼兒園應建立充滿融洽及相互激勵的組織氣氛，使教師能夠在相互支持、相互分享的教學經驗之中，充分發揮每一位教師的優點，才能共同為發展幼兒創造潛能積極努力，也才能促使幼兒園朝向組織創新發展，而使幼兒園得以永續經營。

 ## 第四節　建立學習型幼兒園之可行性

在全球化的的知識經濟時代，創新與終身學習可說是近年來各型組織變項的重要理念。對組織而言，創新與終身學習是「全景式視野」概念的抒發（張家銘，1998）；但是創新與終身學習對有意實施智價競爭的各類型組織來說，不能貪快求速，必須如火爐煉丹小心務實經營，讓組織所有成員在不斷辛苦耕耘中學習成長茁壯（黃朝曦，2007）；而建立學習型組織或許是既能持續促進組織創新亦可達成終身學習目標的組織型態。

學習型組織（Learning Organization）是Peter Senge於1990在其所著《第五項修練：學習型組織的藝術與實務》（*The Fifth Discipline: The Art and Practice of the Learning Organization*）中提出的理念，在企業界與社會已造成相當大的迴響。Senge（1990）主張以「系統性的思考」來型塑「創造性張力」（creative tension），以便使組織成員能在自我超越、改變心智模式、建構共同願景及團隊學習之中，不斷形塑並建立學習型組織。而學習型組織至少要有五項基本修練，即自我超越、共同願景、心智模式、團隊學習、系統思考（楊國德，1999）。

學習型組織的產生主要是受到四種力量的激發，包括：（1）經濟、社會和科學環境的改變；（2）工作環境的變遷；（3）顧客期望和要求的改變；（4）工作者新期望的產生（黃富順，1999）。雖然學校是非營利的服務性組織，與一般企業單位在追求利潤，提高生產力的經濟性目標無法

216

相互比擬；然而在企業經營理念轉化為學校經營企業化方面，在達成教育目標的同時，也可在教育投資、最適規模經營方面達成學校經營的經濟性目標，並在培養公民、服務社會人群與組織變革方面，完成其社會性目標（張慶勳，2005）；原則上，幼兒園可將企業的經濟性與社會性目標應用在學校經營上，考量學校的組織性、教育性、專業性特徵後，而將學習型組織理念予以轉化與應用。

同時，Hargreaves（2004）亦主張如果學習必須持續的貫穿生命的話，學習機會與誘因就必須同時是終身的，教師持續性的專業發展，不應只侷限於特定場所，不應遠離學校的相關課程方案，而是應該定位於學校脈絡的相關議題上，這是整體性、共同性的專業發展，能兼顧教師與工作團隊的專業發展，是立基於教學實務生活上的多元觀察、支援、方案行動研究的專業發展，最後並能形成學習型學校。原則上，學習型組織是組織中學習與日常生活工作經過整合，成為系統而持續的型態，使個人、團隊及組織不斷變革與進步（楊國德，1999），學習型組織包含有學習、組織、人員、知識、科技五項領域（Marquardt, 1996），而學習包含人際互動，從溝通、合作、相互影響來重塑人群機構的關係與組織文化的規範（Marquardt & Marsick, 1993）。

無論是大公司、小企業、學校、家庭、醫院、政府機構、非營利組織，及任何團體都適於建立學習型組織，只要成員聚集起來完成非個人所能做的事情都包括在內（Senge, et al, 1999），只是學習型組織需要成員像雕塑家一樣，從心做起，形塑其結構，持續不斷的學習，以創建、維持到革新來增進組織永續發展的能力（楊國德，1999）；學習型組織是1990年代最成功的組織型態，而二十一世紀也將可預見仍是學習型組織的時代（Senge, et al, 1999），根據魏惠娟（2002）的研究，學習型學校應該具備「共同願景」，「能有效溝通」及能「自發性學習」的特徵。幼兒園可以透過幼兒園本位及教師賦權增能的「自發性學習」理念去建立幼兒園本身的「共同願景」，然後藉由組織學習的「有效溝通」，促使幼兒園文化與結構的創新，最後能建立以幼兒為中心的創造性教學信念，並且由於「組織學習」的行動實踐與「組織創新」，而轉型為「學習型幼兒園」。

一、學習型組織的定義

Senge（1990）認為學習型組織的真諦，是組織透過學習來重新創造自我，重新認知這個世界及我們跟它的關係，以及擴展創造未來的能量。各學者有關學習型組織的定義，茲分述如下：

1. Marsick及Watkins（1993）認為學習型組織是一種不斷學習與轉化的組織，而學習是一種策略，是與實際工作相結合的過程，包含成員個人、工作團隊到組織全體；而學習的結果將引起知識、信念與行為的改變，強化組織創新和成長的能力。
2. Garvin（1993）指出學習型組織是一個精於獲取知識、轉化知識及創造知識的組織，而且能不斷修正組織行為以反應新知識與洞察力的組織。
3. Redding（1997）認為學習型組織是整個組織、團體的學習，而非個人的學習，而組織學習的程度是依其對環境快速變遷的應變能力而定。
4. 高淑慧（1995）認為學習型組織是心靈的轉換，即在組織中透過學習，重新創造自我，認知這個世界及自我與世界的關係，具備關照全體的能力及擴展創造未來的能力。
5. 吳清山（1997）指出，學習型組織係指一個組織能持續不斷的學習及運用系統性思考，從事各種不同的實驗與問題解決，進而增強個人知識與經驗，並改變整個組織行為，以強化組織變革和創新的能力。
6. 楊國德（1998）認為學習型組織能支持成員的學習活動，同時組織的功能、結構與文化亦能繼續的創新與成長，最終目的在導致成員與組織同時進步與發展。
7. 魏惠娟（1998）則認為學習型組織的核心概念為改變，學習首重知行合一，不只是獲取知識，更要轉化知識而產生改變，講求持續的學習、轉化與改變，是一種演進的過程，而不是終結的狀態；而改變、轉化與持續進行，可以說是學習型組織的核心要素。

8.黃富順（2002）則提出學習型組織係指組織具有加強個人與團體的學習氣氛，採取有效的策略促進個人在組織目標達成之前提下，持續地學習，而使個人不斷地成長進步，同時也使得組織的功能、結構與文化不斷的創新與成長，進而導致成員與組織同步發展。

　　基本上學習型組織乃指一個已經發展出對環境適應與持續創新能力的組織（Robbins, 2001），學習型組織就是一種能夠將學習、調適、創新等能力深植於組織文化的組織，而組織文化所蘊含之價值、政策、體制、結構及其實踐均能支持成員進行學習（Bennett & O' Brien, 1995）。而學習型學校則是一個已經發展出能持續學習、持續創新，能適應社會環境變遷的學校（李瑞娥，2004）。

二、學習型幼兒園的內涵與功能

（一）學習型幼兒園的內涵

　　學習型幼兒園理念源自於學習型組織，而近年來有許多研究將學習型組織的內涵應用在學校經營組織管理上，將學習型學校定義為：

1.學習型學校是一個以終身學習文化為願景，而引導教師參與組織學習，激發學校組織創新，提升學校效能，落實教育革新的學校（李瑞娥，2004）。
2.學習型學校是一個不斷學習與創新的學校，與學校有關的人員均透過學習來增進知識、技能和形成態度，使學校成為一個充滿學習的地方（傅清雪，2004）。
3.學習型學校是一個有效能、能創新的學校，是一個能真正共同學習的組織，能塑造出組織文化，能促進個人心智模式轉化，能看清複雜現象能力的學校（劉坤俊、林秀珍，2004）。

　　原則上，學習型學校是能夠經由學習導向持續的創新，而非被命令或控制的學校（Senge, 2001）；我們都知道學校是一個以學習活動為核心的

組織，除了學生應當從事學習之外，教師也應該樂於學習，而且應該強調
合作分享、團隊學習（Senge, 1990），教師之間若能夠相互欣賞、相互合
作、相互學習，避免動輒相互比較、互不信任，那麼，應該會對問題解
決、教師成長以及課程發展有相當大的幫助，從而有利於培養自身以及學
生的創造力（詹志禹，2002）；基本上學習型學校不是口號，乃是「學習」
的新觀念（魏惠娟，2002）。學習型幼兒園就是以幼兒為中心的教學理念
及以教師為主體的專業發展去建構具有終身學習文化的幼兒園，以引導教
師參與組織學習，並藉此促進幼兒園之組織創新，以達成創造力教育目標
的組織型態。

(二) 學習型幼兒園的功能

Senge（1990）主張學習型組織最終目的不在建立學習的組織，乃是
在建立學習的觀念，使組織成員在學習型組織所提供的有意義學習中，能
在工作上與生活上創造自己生命的意義。學習型組織透過與實際工作相結
合的學習與轉化過程，將學習結果促使組織所有成員中的個人、工作團隊
到組織全體產生知識、信念與行為的改變，並藉以強化組織創新和成長的
能力（Marsick & Watkins, 1993）；學習型組織重視追求新知，強調以團隊
工作的方式及系統性、觀照整體的思考，以因應變革及解決組織問題（秦
夢群，1999）。

基本上，學習型學校是利用一系列的策略去統整與實務工作相關的學
習，並促使教師參與教育專業學習，以個人、團隊和跨組織的持續性學習
活動，使學校所有成員相互溝通，並以一種自我監控、自我評量和自我改
進的承諾，去達成共同合作的學習成果，進而轉變自己的生活信念與工作
價值。在學習型組織的理念之下，學校的組織再造與創新有下列的意義
（蔡培村，2000）：

1. 學校再造的發展策略上應提昇學生的主體性，把學生視為一個完整
   之個體，以人本的理念來看待學生。
2. 把「培養獨立思考、自律的學生」視為重要的教育目標。
3. 鼓勵教師給予學生較大的信賴與自主空間，鼓勵學生認清自身的主

體性，為自己負責。

4.改變以往「服從循規」為優良學生的刻板想法。

5.鼓勵學生帶領、參與各項社團，建立師生共學之機制。

傳統上，學校教師通常獨立於教學領域中，不願意被人觀察，亦不願意觀察別人，這種孤立的習慣，要建立合作、共享的教學文化，將會是一項挑戰；加上教師是無升遷、無生涯的工作，教師在獲得教師工作後，除了往行政工作發展外，並沒有晉升的機會，可是並不是所有教師對行政工作都有興趣（李瑞娥，2004）。因此，大都份教師皆過著「四十年如一日」的工作生活，所不同的只是學生一批一批地更換而已，教學工作所具有的平穩但少變化的性質，使得教學文化呈現了「保守性太濃厚，而前瞻性不足」的特性（單文經，1990）；難怪學校會被視為過去五十年來，始終沒有太大改變的地方（林麗寬譯，1999）。而學習型幼兒園將有助於建立幼兒與幼兒教師的主體性，並以自我導向方式進行終身專業學習去轉化及創新知識，以培育幼兒與幼兒教師的獨立自主、創意思考的能力；學習型幼兒園將有益於幼兒教師之間相互欣賞、相互合作、相互學習，避免相互比較、互不信任；而對教師專業發展及課程創新有所助益，從而有利於培養教師自身以及學生的創造性，以落實創造力教育。

三、建立學習型幼兒園之可行性

基於幼兒園為了因應社會變遷，必須藉由組織學習與組織創新促進幼兒園的整體性發展，有必要建立學習型幼兒園。而李瑞娥（2004）綜合各學者有關學習型學校的定義、特徵、模型的分析之後，主張學習型學校所具有的特徵為：

1.重視追求新知，以因應教育革新。

2.強調一種持續學習的文化，學校教師都抱持終身學習的態度，不斷追求自身的成長，並致力於提昇教學效能。

3.重視團隊學習與團隊合作的學校文化。

4.重視系統性思考，能有效掌握教育革新、解決問題。

5.是一種持續轉型的學校，能持續創新，創造高效能的學校。

6.重視學生的學習活動。

7.以工作任務、問題取向爲教學目標的學校。

　　有關學習型幼兒園的建構可以依據學習型學校的特徵及模式建構。基本上學習型學校發展架構是以學習者爲中心的組織學習設計（魏惠娟，2002），而其建構的模式則可依據Senge（1990; 1994）與Goh（1998）所提出的學習型組織模型概念來發展。

（一）Senge的學習型組織運作模型

　　Senge（1990）指出，學習型組織是一群人經過一段時間後，能創造出自己想要創造的事物；並且從團隊發展過程中，可觀察到一種深層的學習循序出現。團隊成員發展了新技能，新技能改變了他們的行動與理解能力。當他們發展新技能時，同時也有了新的認知與感覺，經過一段時間之後，當他們開始從不同角度來觀看與體驗世界，他們也開始形成新的信念與假設，而新的信念和假設又可促使他們發展出新的技能（齊若蘭譯，1995）。

　　同時，Senge進一步指出，在運作過程中，與學習循環相互影響的則是組織架構的建立，要建立學習型組織的領導人，必須同時強調：（1）指導方針；（2）理論、方法和工具；（3）創新的基本架構等三大要素，且彼此之間不可偏廢，否則行動領域的運作就會分崩離析，其建構模型如圖10-1所示（齊若蘭譯，1995）。

　　基本上，學習型組織的運作是藉由學習的回饋機制，反思、修正組織成員的思考模式與工作習性，透過意義共享的過程建立新觀念、創造新知識、實踐新行動的循環歷程，並透過這種循環歷程，面對環境所帶來的挑戰。

（二）Goh的學習型組織模型

　　Goh（1998）在其所著〈邁向學習型組織：戰略構件〉（Toward a lesrning organization: the strategic building blocks）一文中指出，學習型組織

的發展必須建立在組織的設計，以及成員能力、知識獲得的兩個基礎上，使其具備使命與願景、領導和投入、創新的文化、知識轉換能力、團隊合作等五個構件，其建構模型如圖10-2所示。

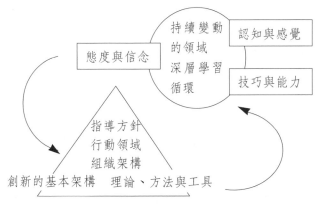

圖10-1　Senge學習型組織的思考架構

資料來源：齊若蘭（1995）。《第五項修練（II）——實踐篇》（上、下冊），p. 68。台北：天下。

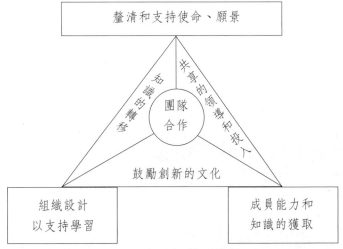

圖10-2　Goh的學習型組織戰略構件模型

資料來源：Goh, S.C.(1998).Toward a learning organization: the strategic building blocks. *S.A.M Advanced Management Journal*, 63(2), p.17.

Goh（1998）的學習型組織建構的組件包含：

1.釐清並支持組織的使命和願景。
2.共享的領導與投入。
3.鼓勵創新的文化。
4.跨組織範圍轉移知識的能力。
5.團隊合作。

　　幼兒園在爲了落實《創造力教育白皮書》所提出的「創意教師成長工程」與「創意學校整體營造」行動方案，可以透過組織創新及組織學習，爲幼兒園獲取創新的知識與創新的技術，而幼兒園所有成員的攜手合作，將可爲幼兒園建立知識分享、創新求變的組織氣氛，進而爲個人及組織提供更多的競爭力；若轉型爲學習型幼兒園，既能有利於推動幼兒創造力教育，亦能達成幼兒園經濟性與社會性的目標。

本章回顧

1.討論幼兒園本位教師專業發展對幼兒教師專業發展的意義。
2.討論幼稚園本位在職進修與傳統的教師進修的異同。
3.請問幼兒園組織學習對幼兒園具有哪些功能？
4.討論幼兒園的組織創新可從哪些構面著手。
5.討論學習型組織與學習型學校的意涵。

第十一章
幼兒創造性學習與發展之研究方向

　　國內教育界對各學門領域的研究方法論已頗爲重視，而且已有廣泛的討論與論著，顯示研究方法論受到重視，而理論、研究與實務三者是教育研究密不可分的共生體；原則上，教育研究過程是一個研究環（張慶勳，2005）；研究可以使理論與實務相互結合，一個沒有理論的實務工作是盲目的，會因爲缺乏焦點而失去方向，而缺乏實務的理論則是空洞的，將因缺乏驗證而流於形式，就誠如Bodgan與Biklen（1998, p. 22）所言：以理論做爲研究的取向或觀點，既可指引研究者觀看世界的方式，亦可爲人們指引何者是重要的，何者是世界運作所訂定的假設。

　　近年來由於幼兒社會環境及文化、人類學的研究，爲幼兒的研究提供了另類觀點，這些研究主張有關以成人觀點所建構的兒童發展理念，必須隨著時間與空間，而予以超越及改變（Gittins, 2004: 57）；影響兒童發展的研究應關注兒童所處環境文化結構的影響力，我們應理解環境對兒童的影響並不僅只是單一方面的作用力，根據研究：不同環境成長的兒童顯現出非常大的差異性（Penn, 2005: 97），有時當我們在描述兒童發展時，通常就是在描述我們的文化理解與偏見，而它通常並不是眞實的；如果對兒童期的研究經常以簡單的連結物去定義兒童發展，這就過於簡化了，研究兒童應該採取多元化與多樣化的觀點介入（Waller, 2005），並以幼兒爲中心的發展概念去建構其整體發展模式的研究方式，包括身體、社會互動、情感、認知和創造的發展研究。有關幼兒研究的議題可包含下列的範疇（Nutbrown, 2006）：

1. 語言與個人所綜合的意義。
2. 遊戲、學習、參與的障礙認定及減少態度差異的實務工作、機構障礙方式的認定。
3. 提供資源去支援學習社群內部的遊戲、學習、參與等重要功能，以及所需要的可移動性及最大化的人力資源，包括幼兒及其父母。
4. 支持多元化理念，所使用的資源應逐漸增加整體性考量，而不只是針對特殊個體的認定。

　　一般來說，有關幼兒的發展階段都是以西方兒童爲研究基礎，而這種

操作觀點並不能完全理解幼兒發展的個別差異與文化差異（Waller & Swann, 2005）；台灣幾十年來的教育研究，在國際化趨勢下，幾乎都是由西方理論主導，因而未能植基於本土化的教育知識與文化情境，常常造成只有研究形式的移植（楊深坑，1999），如果放眼於本土化與全球化觀點，以反思行動定位於共同目標去尋找學校展望的話，應該把反思性研究納入到實驗室研究（Rinaldi, 2001: 89），並深思主體性與本土化的新焦點，謀求體用合一（李賢哲、樊琳、張蘭友，2005）；幼兒創造性學習的研究如果要建立溝通與關係系統的教育觀，便要能進行包括幼兒、教師及父母在內的研究（Dahlberg & Moss, 2005），並透過一種關係系統去理解及傾聽多元文化脈絡的重要性與優先性（Rinaldi, 2001: 6）；同時將研究視為一個研究環，將研究分成描述性研究、建立理論、實驗研究、發展原理原則等四個階段（Goodnow，引自張慶勳，2005）。傳統上由於受到科學派典的影響，對人類行為都以科學性的量化研究為研究方式，來建構標準化的知識結構，但是隨著時代變遷所呈現的多元化社會，其研究的派典應隨之改變。研究者必須由重視量化研究而逐漸轉移到重視質性研究（楊深坑，1999）。

　　有關幼兒創造性學習與發展的研究應該多累積本土性的研究資料，以幼兒為主體來研究幼兒的創造性發展，如此的話，可從幼兒概念發展與幼兒創造性發展為研究題材，並以教師行動研究方式去建構描述性的研究資料，建立以幼兒、幼兒教師、幼兒園為主體的理論架構；再以其所建構的理論做為創造性教學的實務研究基礎，並進一步證實理論，以發展出幼兒創造力教育之原理原則的可行性。此種探索教育實際情境現象的研究即是強調研究的本土化與符應教育的實際現場需求（張慶勳，2005）；所以幼兒創造性學習與發展的研究方向可以朝向以幼兒為主體的幼兒概念研究，及與幼兒創造性發展有關的研究，而這些研究方向則可透過教師行動研究方法來進行，以建構本土性幼兒創造性學習與發展之實務與理論基礎。

 # 第一節　幼兒概念發展之研究

我們都知道，60年代的幼兒教育被視爲是成人期的預備，一直到70年代、80年代初期，研究者才開始反思並且挑戰「兒童是消極接受」的觀點，而主張有關兒童的研究，應該把兒童的生活情境當做重要的研究議題，必須以「幼兒爲中心」做爲研究與教育的核心理念（Griffiths, 2005），另外由於創造力不會來自眞空（Csikszentmihalyi, 1999），而知識是創造歷程中最重要的因素（Amabile, 1996），如果幼兒缺乏基本的知識與概念，便無法去施展及發揮其創造力。

一般來說，兒童概念發展的過程可做爲學習基礎（許榮富，1991）；幼兒教師爲了設計並從事幼兒創造性學習，基本上必須先了解幼兒概念發展的情況，才能將學習內容與幼兒經驗相結合，而提供有效的創造性學習活動去幫助幼兒建構知識與概念，並做爲開展與發揮創造能力的基礎。

一、幼兒概念發展研究

近年來國內外幼兒教育研究開始把概念發展的研究列爲一項重點，陸續從不同的主題、不同的年齡層，採用不同的方法來進行探討，至今仍然不輟（莊麗娟，2004）；然而根據統計，截至今日爲止，國內學界對概念發展的研究，涉及小學低年級者，比例不超過10%（如林顯輝，1992；林碧芬，2002）；而涉及學前幼兒者，尤爲缺乏（周淑惠，2003；莊麗娟，2004）。目前有關幼兒概念的發展研究，數量可說極爲有限，然而幼兒概念的發展對幼兒學習及創造力的開展佔有極其重要的位置，是非常值得深入研究的議題。

（一）概念的定義

基本上，概念是一種經過符號化之後，有次序、有組織的訊息，可用以表徵共同或相似事物（objects）、事件（events）或過程（processes）的

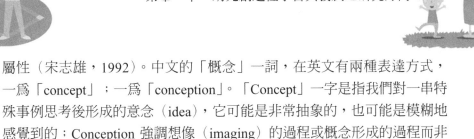
屬性（宋志雄，1992）。中文的「概念」一詞，在英文有兩種表達方式，一為「concept」；一為「conception」。「Concept」一字是指我們對一串特殊事例思考後形成的意念（idea），它可能是非常抽象的，也可能是模糊地感覺到的；Conception 強調想像（imaging）的過程或概念形成的過程而非結果（黃達三，2004）。

　　「概念」是一種象徵的建構（symbolic construction），用來代表外界事物的共同性（許良榮，2003），概念可視為在一群概念（ideas）及事實（facts）中，其基本性質的綜合；或被定義成在一組特別的物體、表徵或事件中，其基本共通特性的集合，且這種特性可被特別的名稱或符號所表示（林顯輝，2004）；而概念的形成基本上是一種分類的過程與結果（Smith & Medin, 1981）。

（二）概念的形成特性

　　概念之所以形成，是由於我們能夠對外界相同的事物進行歸類，以便在理念上能區分不同類的事物（鄭昭明，1993），幼兒知識結構是以其本身的概念為骨架，並藉由幼兒認知上的分類結果建構而成。

　　有關幼兒認知能力的發展，Gega（1994）根據Piaget的系列研究指出，一般4-7歲的兒童，在認知能力發展上所具有的特性有：

1. 就因果思考（cause-and-effect）而言，4-7歲的兒童通常缺乏邏輯性，對自己本身有關前後思考的矛盾不自覺；而且常常把事件發生的原因，以神奇或泛靈論的觀點來解釋。
2. 就相對思考（relative thinking）而言，4-7歲的兒童會呈現一種自我中心現象，認為別人的觀點都會和他們一樣；所以如果無法理解他們所說的話，這些處於直覺期的孩子通常只會重複剛才所說的語句，並不會做進一步的說明。
3. 就分類與序列（classifying and ordering）而言，4-7歲的兒童往往一次只能根據一種特性來進行分類，而無法同時考量兩種以上的特性。

　　林顯輝（2004）認為科學知識的獲得是經由個人感官、知覺對現象的觀察得到的事實，再經過觀察、假設、測量、歸納、演繹等動態的過程方式形成更通則化的科學概念；因此科學知識的成長與概念的發展是動態的，是不斷的前進且自我修正的探究過程。例如，如果想讓一個3-6歲的幼兒學習有關空氣概念的知識，首先就必須了解幼兒對「空氣概念」的認知程度，才能設計相關的學習活動去建構幼兒有關空氣的知識。一般來說，由於幼兒專注力有限，再加上成人的用語、生活直觀經驗影響，以及本身的知識限制，導致幼兒產生瑕疵推理與「合理化」認知衝突，而產生許多天真的另有概念與迷思想法（鍾聖校，1995；郭重吉，1998；周淑惠，2003；林顯輝，2004；Driver & Bell, 1985）。

　　在人類生活發展中，由於個體的感官經驗及知覺事物的能力有所差別，對所得到的事實詮釋與概念也就會有所差異，這就是Vygotsky所稱的「最近發展區」。如果幼兒教師能觀察幼兒行為，並可以理解幼兒的知識與理解力的程度，同時亦可立即執行幼兒觀點的學習活動，就可以使幼兒成為一個有能力與有力量（powerful）的學習者（Nutbrown, 2006）；因為學習就是幼兒概念與科學概念之間的連結，科學概念的學習應重視個人建構知識的特性，使個人知識的獲得能經由學習，透過不斷的觀察、假設、測量、歸納、演繹等過程，獲得目前所公認的科學知識（林顯輝，2004）；而科學概念就是幼兒在正規教育中所學習到的系統知識（Vygotsky, 1978），所以為了建構幼兒概念與知識的結構，就必須先了解幼兒相關各學科的概念發展，以掌握幼兒的「最近發展區」，然後設計以幼兒概念為基礎的創造性學習活動，以促進幼兒創造力的表現與創造性的發展。

二、幼兒的先備知識

　　原則上，幼兒在日常生活中便已習得一些概念，而這些概念將影響幼兒的學習。Ausubel於1968年所出版的《學習心理學》一書中提到，「影響學習最重要的一個因素，就是學習者的『新知』」（林顯輝，2004），而此『新知』即是「先備知識」（prior knowledge）（江新合，1992）。學生在接觸學校教學之前，對於一些常見的現象，即有他們自己的一套想法，學生

持著這些個人建構的知識，進入學習環境，根據這些知識，他們可以組織個人的經驗和觀察，然後理解、做預測（郭重吉，1989；王靜如，1987）；通常新知識的學習都以先備知識為基礎，並受到先備知識的影響，而這種先存知識是學習者在特殊情境下，決定對外界訊息該如何做出反應以及學習些什麼（黃達三，2004）；但是每個人對其經驗世界均具有其獨特的建構方式，而這些建構系統亦會隨著每一個人的概念架構之充實與擴張而演變，促使其個人的經驗世界具有更多的意義，這種自我構念即是學習者的先備知識（林顯輝，2004）。

　　一般來說，兒童的先備知識常常異於學校所要教的正統科學概念，所以先備知識有可能成為學習的障礙，影響新的學習（郭重吉，1989；林顯輝，1994）；所以兒童概念學習產生困難的其中一個原因，就是受到個人經驗的影響（邱美虹，2000）；而兒童的先備知識具有三種特性（林顯輝，1994，2004；Driver, Guesne, & Tiberghien, 1985）：

1. 兒童的概念具有個人性（personal）──兒童經常以自己的方式來解釋所看到的現象。
2. 兒童的概念具有不一致性（incoherent）──兒童所擁有的概念，可能和正統科學家的概念不一致。
3. 兒童的概念具有穩定性（stable）──兒童即使發現自己的概念與實際現象不符，仍然對其所擁有的概念很堅持。

Benson等人指出學童在幼年階段，甚至在學齡前，對於許多科學論題（topics）就有自己的觀念和想法；儘管學童所據以說明（descriptive）或解釋（explanatory）科學論題的樸真（naive）概念，時常和科學家的觀點有所差異，但對學童自己而言，這些先備概念（preconceptions）卻是合理的（sensible）、有效的（useful）（引自林顯輝，2004）；而幼兒的先備知識是個人與環境交互作用所形成的認知結構，包括來自父母、家人和同儕。

　　根據研究，兒童所具有的先備概念雖然有時能夠應付實際問題，但在很多情況下，其認知結構並不符合事物的實際需求；有些元素可能相互矛盾、不協調，但是兒童的某些概念是非常牢固的，有時會因此而排斥接受

新概念，或者把新事物歪曲，只取與原結構相同的部分（林顯輝，1994，2004）。幼兒工作者必須了解幼兒在生活經驗中所建立的先備知識，並以此先備知識做為幼兒從事概念改變與學習的基礎。

三、幼兒的迷思概念與另有概念

　　近年來研究文獻顯示，學生在進入學校正式學習之前，學生對於外在世界的現象就已發展出一套自己的想法或解釋系統，他／她們據此理論來詮釋日常生活中所遭遇以及所發生的現象及事物（黃達三，2004），由於兒童的先備知識常常異於學校所要教的正統知識概念，而形成所謂的先備概念、迷思概念（misconception）、另有概念（alternative Conceptions，或稱另有構念）。兒童在概念學習上會受到其自身先備知識的影響，但老師卻往往不知學生的先備知識為何；在傳統的教學方式下，學生會抗拒其先備概念的改變，或僅表現出非教師預期的改變；此類錯誤的先備知識，即屬迷思概念（林顯輝，2004）；所以兒童的先備知識有時是一種迷思概念，隱含社會文化脈絡的建構意義，迷思概念經常因為個體的不同背景而呈現差異性與不一致性。

　　迷思概念為學生在正式上課前，所持有的先前概念、另一種想法的替代性架構（alternative frameworks）（林顯輝，1994；鍾聖校，1995）。學生對學習教材存有迷思概念，而在學習上若要克服這些原有知識中的迷思概念是有困難的（王靜如，1997；邱美虹，2000）。迷思概念不僅常常根深蒂固的存在學生腦海裡，有些上過課後，繼續存在；有些則過了一段時間會再出現（王靜如，1997）；一般來說，迷思概念具有過程性、不完備性、非正統性、思考性、個別性、普遍性、不穩定性、頑固性等八種特性（鍾聖校，1994）。

　　另外，另有概念（alternative conceptions）一詞，近年來也常出現在學術界（陳重吉，1991；鍾聖校，1993；周淑惠，2003；黃達三，2004）。另有概念的形成與概括的「認知發展」程度有關（鍾聖校，1993），與學生所持有的本體論的範疇（ontological category）和所要學習及建構的概念在本體論上的範疇不同，加上學生對某些學科的知識不足，這些都是學生

在學習科學時，阻礙正確科學概念的建構，形成所謂「另有概念」的重要原因之一（Chi, 1992）。

因此，幼兒工作者為了讓幼兒從事有效學習，必須先觀察與研究幼兒所存有的迷思概念與另有概念；而有關幼兒概念的研究，學者林顯輝（1994，2000）建議可以從四大研究類型來進行：

1.概念成因的探討。
2.概念如何改變。
3.概念研究工具的發展。
4.實證性探究兒童的各種迷思概念。

基本上，有關科學概念的研究，會因不同研究派典及探討問題的不同，而採用不同的研究方法，以Piaget認知論發展派典的學者常應用臨床晤談的方法，深入探討學生的抽象推理能力的層次，和概念形成的發展關係（陳李綢，1992）；Ausubel認知結構派典的學者則採用概念形成的發展圖（concept map）和Vee型圖（Vee map）的方法去發現學生的想法（毛松霖，1995），而Gagne派典的學者則常使用單字聯想、事例晤談、有聲思考的原案分析（thinking aloud protocols）、刺激回憶（stimulated recall）等研究方法（林顯輝，1993，2004）。

由於概念是一種符號化之後，有次序、有組織的訊息，它可以代表共同或類似的事物、事件或過程，有關概念研究的要素、研究類型及性質，宋志雄（1992）與林顯輝（2000）將其製成表格，如表11-1所示。

四、幼兒概念改變與教學

幼兒的認知概念的發展可以藉由學習進行概念改變。因為Lawson將「概念」定義為：概念＝心智模式＋語詞（Concept = Mental Pattern＋Term）；他強調，心智模式必須由學生在活動中親身體驗，無法經由教師的傳授獲得（林顯輝，2004）；而Vygotsky（1962, 1978）亦主張不能用直接教學法轉變幼兒的自發概念，必須透過成人的提問、提示、示範等等方

表11-1　概念的要素、研究類型以及性質

要素	研究類型	性質
1.實例（example）	1.描述性（descriptive）研究	1.可學性（learnability）
		2.可用性（usability）
2.屬性（attribute）	2.解釋性（explanatory）研究	3.有效性（validity）
		4.概括性（generability）
3.屬性價值（attribute value）【Bruner】	3.概念改變（conceptual change）的實驗研究【Hashweh】	5.結構性（structure）
		6.廣用性（power）
		7.可覺性（instance perceptibility）
		8.無限性（instance numerousne）【Klausmeier】

資料來源：宋志雄，1992；林顯輝，2004。

式，去提升兒童的心智發展。就目前教育界普遍採行的認知觀點，學習就是概念的改變（郭重吉，1988；林顯輝，1993；2004）。而概念改變的形式可分為同化（assimilation）及調適（accommodation）二類，同化是學生用既存的概念去處理現象，而調適則是當學生無法以現存概念了解新的現象時，對其原有概念的置換或重新組織（林顯輝，2004），我們如果想修正學生原有的迷思想法，則必須使學生產生調適學習（邱美虹、陳英嫻，1995）。

基本上，概念改變必須具有四個條件（林顯輝，2004）：

1.不滿意（Dissatisfaction）：學習者必須對現有的概念感到不滿。
2.能被理解（Intelligible）：新的概念必須能被理解的。
3.合理的（Plausible）：在剛開始時，新的概念必須是合理的。
4.廣泛的（Fruitful）：新的概念必須是適用性較廣的。

學生概念的改變與學生對新知識的認知、評價及實際運用新知識時對原有知識的衝擊有關，同時學習也會受到學習者原有知識、記憶和經驗極深的影響（林顯輝，1992，2004；周淑惠，2003；莊麗娟，2004），也就

是說，幼兒學習與幼兒的先備知識、迷思概念及另有概念有密切關係。因此促使學生概念改變的因素包括（林顯輝，2004）：

1.學生原有的概念，無法有效的解決問題。
2.學生對新概念能夠有效理解。
3.學生對新概念有較高的評價，願意接受。
4.新概念有較廣的適用性。

莊麗娟（2004）在進行「3-6歲幼兒對重量概念的認知：認知與保留推理的研究」後，提出未來有關幼兒概念相關研究的建議：

1.有關幼兒重量保留推理的探討向度，仍有開展的空間，配合幼兒的生活經驗更深入了解幼兒科學思考的整體網絡。
2.幼兒的思考推理，常會隨情境脈絡的特性而有所不同。可針對同一焦點，系統性地規畫不同脈絡來探測分析。
3.追蹤生命早期科學學習的發展脈絡，在配合腦研究理論與先進儀器技術下，實可更往下延伸至3歲以前，甚至嬰兒期。有關概念「何時萌發？」「如何萌發？」「如何轉變？」的動態機制，應是有趣並富價值的議題。

有關幼兒概念發展的研究，目前非常缺乏相關的研究文獻，如果要能讓創造性學習活動成功執行，便應從最基本、最淺顯的幼兒概念層面談起，然後依學習者的認知概念發展逐漸加深、加廣，並對幼兒的另類概念與迷思概念透過活動方式予以突破；如果幼兒教師能充分掌握幼兒的概念發展狀況，必定能使幼兒完全投入創造性活動之中。就幼兒科學概念研究來說，周淑惠（2003）在以3-6歲幼兒為對象的科學概念發展研究之後，建議應該擴增幼兒科學概念與思維方面的相關研究，目前所有的概念研究大都鎖定在國小以上，幾乎找不到有關幼兒科學概念的研究；同時期待能以有計畫且統整舉辦大規模幼兒科學教育研習，使全國幼兒教師能塑造正確的科學教育理念，並了解幼兒容易擁有的迷思另類想法。

有關幼兒概念發展的研究，涉及每個兒童在成長過程中與所處環境產生交互作用的差異，以致每一個兒童所產生的經驗知識都有差異性，為了使幼兒在學習過程中成功的建構知識概念，有必要深入探討及研究幼兒的概念發展情況，然後給予適當的學習教材與學習方式，讓幼兒在活動中產生概念衝突，才能有利於突破原有迷思概念，進而促發幼兒創造力。

 # 第二節　幼兒創造力之相關研究

有關創造性的研究始於1950年代，以往創造性的研究較偏向心理學上狹隘而孤立的個體層面，或是認知的心理思維歷程（Lin, 2004）；近年來，逐漸把焦點放在個人與環境交互作用（Sternberg & Lubart, 1999）。研究者多從多元向度及動態發展的觀點研究創造力，此一觀點強調創造性發展是多元因素間的互動作用，主張個人的創造力必須與既有各領域與學門之間產生交互作用才能顯現出來（Amabile, 1996; Csiksentmihalyi, 1999）；並主張以「匯合取向方式」（confluence approaches）去研究個人創造力展現的過程（Sternberg & Lubart, 1999）；傾向以巨觀系統方式、科際整合方式去獲取整體性的創造性發展圖像，以社會文化取向（Sociocultural approaches）去研究個體思維與外界環境交互作用對個人創造力發展的作用（Lin, 2004）；所以有關幼兒創造性發展的研究議題及其涉及的範疇是非常廣泛的，包括幼兒本身，幼兒的父母、家庭、照護者、老師、同儕、幼兒園及其身邊的相關人士。

一、國內幼兒創造力研究狀況及研究範疇

台灣有關創造力的研究論文，在1970-1982年期間只有7.2%，在行政院提倡後的1983-2002年期間則佔98%（陳龍安，2006）；台灣的創造力研究在60年代末有賈馥茗的創造性培養與教育實驗，70年代有林幸台、徐玉琴、吳靜吉等人的實驗研究，80年代初則有陳龍安、張玉成等人的創造性

教學和訓練的實驗研究，90年代後則有吳靜吉、簡玉瑛、詹志禹、陳龍安等人極力推動創造力教育與研究。

　　國內有關創造力研究的樣本多集中於國小階段，並以資優教育為多。國內以「幼兒創造力」為題的相關研究更不到10篇（簡楚瑛等，2001），近幾年在教育部《創造力教育白皮書》公布後，以幼兒創造力相關研究的碩士論文有明顯增多的現象，但是仍然十分有限，值得幼兒教育工作者再投入更多的研究。

　　Mayer（1999）分析創造力研究文獻後，提出未來有關創造性的研究必須面對二個重要挑戰：一是發展清楚明確的創造力定義；二是應用一種整合型研究方法理論以使創造力領域由論點（speculation）轉變為明確的論述（specification）。就創造性研究而言，除了探討創造力所呈現的原創性與實用性作品（Amabile, 1996; Mayer, 1999）之外，「創造力在何處？」則是Csikszentmihalyi的研究焦點（Csikszentmihalyi, 1996: 23）。

　　幼兒的創造力到底在哪裡？Wertsch（1985）認為Vygosky的社會文化取向的心智歷程理論企圖在教育中聯結人類心理建構所兼備的天生（nature）與培育（nurture）功能，但是卻未提出相關的研究方式，讓我們能達到天生與培育的聯結；而Lin（2004）則認為Vygosky的理論主張人類的心智歷程是個體思維和外界環境密切交互作用，而非孤立的個體運作，此種心智與環境互動的特性，意味著創造力應該在豐富的社會與文化情境中，有必要加以深入去探討研究。所以邱皓政（2002）主張正規教育學制應思考如何營造一個鼓勵創新思考的環境，進而影響創造性的教學歷程與課程設計，藉以提昇學生創造思考，懂得應用適當策略、技能，以解決生活困境與社會情境之論題。

　　董奇（1995）認為在台灣有關創造力的研究較為接近生活實際情況，因而比較實用、有效，但對兒童創造力的發展規律、年齡特徵及影響因素則未作深入的研究和探討；而Lin（2004）主張學校在創造力研究上應突顯社會因素所關注的價值、信念、行動等整體風氣觀點去提升學生的創造力。隨著創造力研究的多元化理論、社會的發展變化及科學技術、方法的進步，有關幼兒創造力的研究，除了關心幼兒本身個體的發展之外，更應關注與幼兒生活有關的社會環境，包含幼兒的家庭成員、幼兒園成員，及

其歷史文化對幼兒創造性發展的影響力。研究對象不應僅是高創造力的天才兒童,更應該研究普通兒童的創造力;因為創造力為人類普遍具有的一種心理能力(董奇,1995)。

Lin(2004)認為Vygosky雖沒有提出有關如何以教育聯結人類天性與培育的研究方法,但其所架構的社會文化方法論可以讓我們以心智「社會文化」研究取向論點,去探討創造力在豐富的社會與文化情境交融中所涵養的作用,這種研究取向可適切的補充創造力研究的另一風貌。投資觀點的創造性理論提到個體的智力、動機、知識、綜合分析能力、環境,都是影響創造力表現的重要因素,這些因素可做為研究幼兒創造性發展的內涵與議題;有關幼兒創造性的研究理論,可從傳統純理論性研究朝向綜合應用性研究發展。

二、幼兒創造性之研究方式

一般創造力研究取向可分為個人、創造歷程、創造作品、環境等四個向度;有關創造力研究所需的評量技術則可分為三類(Amible, 1983, 1996):

1. 基於心理計量取向而編製的標準化測驗,同時可細分為「人格量表」(personality inventories)及「傳記量表」(biographical inventories)和行為測驗(behavioral tests)。
2. 主觀的產品評定及個人創意。
3. 對產品客觀的分析。

傳統上,有關創造力的研究大都把焦點放在個人的「創造力人格特質」,過度重視「人」的因素,而忽略了「創造情境」;這種研究方式在80年代以後逐漸受到學界的質疑,並開始將研究焦點轉移至外在因素的影響(邱皓政,2002;簡佩芯、劉旨峰,2005;Amabile, 1983, 1996; Csikszentmihalyi, 1999; Mayer, 1999),其實從心理發展的角度來看,人類的發展不只是能力的發展,亦不只是創造力的發展,還應該包括意志、情

緒、動機和性格等方面的發展（Fox, 1981）。有關創造性的研究，因為涉及社會文化脈絡的社會意識、獨立、合作、互助互利、道德習慣等社會化的發展因素，因而可從社會心理學的角度去彌補傳統創造力研究只為了找出個體創造力表現「共通性」的目的，並藉由實驗操作方式去印證有關創造力的研究效果，並沒有關注到「個別差異」等的研究問題與缺失。

　　從社會學角度出發的社會脈絡系統觀點與投資觀點的創造性理論，將可結合人格、認知與社會心理學的創造性研究觀點，以個體早年社會化的經驗、個人背景、所處社會環境為介入點，而深入去探討其對個人創造力發展的影響力量。研究資料顯示，社會、文化因素與兒童創造力發展有密切關係；學校的教育觀、教學方法、教師課堂行為、學校團體和班級氣氛等各種因素，都與兒童創造力發展有密切關係（董奇，1995）；在創造歷程中，要讓學生「願意」投入在創意任務中，有動機繼續做下去，在這過程中，學生「自我效能信念」的提昇，成了促成變化的關鍵；如果教學環境能讓學生體認到創意任務的價值，將更具自我效能，學生會更勇於突破原先的評估模式，否則學生經常會低估自己的創意潛能（簡佩芯、劉旨峰，2005）。而幼兒創造力研究者一方面要樂意以多元互動、流動的情境去建置人類行為；另一方面關注教育機構內部、教室內的互動、兒童價值與信念，以及學校價值等，使之成為一種整體性的認知（Lin, 2004），才能建構社會文化取向的創造力研究結果。

　　實證研究發現，創造力的展現除了受到人格特質、知識、認知能力等層面的影響，更重要的是教育、文化、社會、家庭背景等外在因素對於創造力的發展與養成（Runco & Walberg, 1998）；這些探討外在影響歷程的「情境論」的創造力研究，近年來都受到研究者的重視（Amabile, 1983; Csikszentmihalyi, 1996; Mayer, 1999），因此有關幼兒創造性發展的研究不應只以單一因素去研究，而應以「匯合取向」的多元化研究方式去從事研究。

三、有關幼兒創造性的實證研究

　　目前國內有關幼兒創造性教學的研究文獻，吳昭宜（2002）以行動研

究為方法，並以「走入幼兒戲劇教學的殿堂」為題的主題教學方式，進行5至6歲幼兒的創造性戲劇活動，以探討不同特質的幼兒，在戲劇學習的技巧表現，此研究關注教師引導方式及同儕間的互動學習。葉佳容（2004）以幼兒數學創造力教學引導策略之分析研究為題，嘗試突破過去創造力教學的困境，以認知、情意、社會、文化四個向度之多元面向論點為架構，結合數學與社會性行為學習，而發展「幼兒數學創造力教學」課程以培養創意幼兒；其研究結果發現，認知、情意、社會、文化這些向度在數學創造力教學上是無法各自獨立運用的，必須彼此交織、互相循環搭配運用，才能產生教學效果。

廖怡佳（2005）以幼兒創造力及其相關因素之研究為題，研究結果顯示父母職業與教育程度對創造力無顯著影響力，但是若父母教養上傾向於支持讚美的幼兒在整體創造力表現上較優秀；同時發現幼兒園的教師若常與幼兒互動，對幼兒的創造力表現亦有顯著影響力。陳美莉（2005）以Csikszentmihalyi之心流理論（flow，亦有學者稱神馳經驗）為依據，探討幼兒在創造性肢體律動活動中不同活動階段及不同活動類型裡心流經驗之差異。而吳巧瑜（2005）則以幼兒教師為對象去探討其對幼兒創造力知覺的研究，發現幼兒教師都能了解具有創造力的幼兒具有什麼特質，但是為了維持秩序，對於會干擾課程進度的幼兒較不喜歡，而比較喜歡具有「情緒智力特質」的幼兒。

基本上，有關創造力研究是複雜性的，董奇（1995）主張研究者進行研究時應該特別注意創造個性的普遍性特徵、具體性特徵、特殊情況下的特徵及其區別性，具體而言，應該確認出兩點：

1.創造個性的特徵常常是從普遍性的角度提出，但在具體的創造主體身上，其表現可能有所變化。

2.不同領域、不同發展階段的創造主體，其創造個性的某些特徵會有所不同，甚至相反。

研究者可從多元角度去探討幼兒在創造性學習活動中的行為表現，然而幼兒的創造力研究議題，除了關注幼兒本身背景影響之外，亦可朝向把

幼兒園的轉型、創新對幼兒創造力教育的影響列爲研究範疇，這是一種整體性的巨觀研究方向；研究者可在邊做邊改的各類型行動研究模式中，去從事各領域的幼兒創造性學習活動的微觀研究。

 # 第三節　幼兒工作者之行動研究

近十年來，有愈來愈多的教師投入教師及研究者的行列，著重以行動研究促使教師對自己的教與學進行探究，進而促成教師專業成長（歐用生，1999；蔡清田，2000）。原則上，無論何種形式的行動研究，對參與研究教師之教學均可產生一些正面的影響，可以讓教師從教學實務的反思與研究中對課程有更深層的認識，而較願意去嘗試新的教材或教法，並且不斷學習與研究教學方式。

一、幼兒教師教學行動研究之內涵

行動研究理論源自行動理論（theory of action），是Argris 和Schön所發展的一套說明個體或組織行動與學習過程的中介理論；強調行動理論發展的過程便是學習過程，而學習結果就是行動理論的持續修正（Argris & Schön, 1978），對幼兒教師而言，從事幼兒創造性學習活動是一種嘗試、是一種邊修邊改的創新教學歷程，藉由創新的教學活動去反思及研究所設計的創造性教學活動之可行性，以便能同時進行自我超越、改變教學信念與教學模式，而對教學活動有所突破與創新。

原則上，幼兒教師所進行的行動研究既是一種教學哲學，也是一種學習方法。行動研究是將「行動」和「研究」結合起來（黃政傑，1995）；教師進行教學行動研究雖然名爲研究，實際上教學本身即爲一種實驗性的探究活動（陳英娥、林福來，2004），其方法可先發展行動學習團隊、詢問問題、創造出新知識，行動學習代表教導與經驗的結合，在學習型組織中，行動學習與發展員工的創意思考技能是同等重要的必備條件（王如

哲、黃月純譯，2004）：或是情境的參與者基於實際問題解決的需要，與專家、學者或組織中的成員共同合作，將問題發展成研究主題，進行有系統的研究，除了講求實際問題解決外，同時更重視批判反省思考能力的培養，以增進實務工作者的實踐智慧，縮短實務與理論之間的差異（陳伯璋，1999）：基本上，行動研究就是將「行動」與「研究」二者合而為一，由實務工作者在實際工作情境當中，根據自己實務活動所遭遇的實際問題進行研究，研擬解決問題途徑與策略，並透過實際行動付諸實行，進而加以評鑑、反省、修正，以解決實際問題（蔡清田，2000）：教師進行教學行動探究活動時，教師個人所經歷的專業知識、能力及經驗對教師專業發展皆具有重要影響。

後現代色彩濃厚的行動研究，意味跳脫格式，尊重多元，欣賞獨特，並達到教師賦權增能的效果（楊秋南，2003）：讓教師講自己的故事、表現自己、敘說自己的願景、相信自己是有存在價值的，唯有如此，教師才能反思以往強加於身上的意識型態，並抗拒或重新命名，才能建構自己的敘說，才能主導自己的專業改革（歐用生，2005）。當外來的體制規範幼兒教師應該如何做，如何教學，如何進修，如何成為一位專業教師時，已經完全替代教師對自身的看法，教師專業成為他者由上而下的要求與定義，而不是來自教師本身（巫鐘琳，2006），而行動研究與學校本位課程發展的關係非常密切（陳惠邦，1998）。幼兒教師從事創造性教學的行動研究將可為幼兒教師創造發表教學經驗及需求的機會，同時亦可為自己創造自我專業成長的學習，進而提升其專業地位。

二、幼兒教師教學行動研究之方式

基本上，幼兒教師所進行的行動研究是一種教學實務上的自我反省及探究的歷程，教師可運用各種不同的方法去理解並解決個人的各種教學情境及學生的問題，教師在教學行動研究中可以透過教學反思去檢視其教學信念，然後以新的理念去評估其可行性。如果試行的結果更能符合其教學情境或學生需求，則此創新理念將成為教師進行教學決策的知識基礎（Richardson, 1996）。一般來說，行動研究具有五項特徵（陳伯璋，1990）：

1.行動研究是以共同合作的方式來進行。

2.行動研究是促進研究與行動不斷循環的檢證。

3.研究是一團體互動的歷程。

4.研究是在特定情境中來進行。

5.研究結果的即時（或一時）性。

同時，Cohen與Manion（1994）亦認爲教師行動研究的特質有：

1.是集體合作的，研究小組和實際工作人員共同研究。

2.是參與性，研究人員直接或間接參與研究。

3.是自我評鑑的，方案在研究過程中不斷修正、評鑑，最後目的在改進實際問題。

　　行動研究的類型依研究目的可劃分爲課程研發式行動研究、改進實務式行動研究、改革情境式行動研究；若依照研究者的角色來劃分，則可分爲個人行動研究、協同行動研究、引導式個人行動研究、引導式協同行動研究（饒見維，2000）；所以行動研究可以是教師的個人獨自進行，也可以與其他同事，或是與專家學者共同基於實務問題解決、教學創新的需要，而進行的參與式教學行動研究。行動研究的歷程大致可分爲五個（陳惠邦，1998；蔡清田，2000）：

1.選定一個問題焦點。

2.澄清問題情境。

3.發展行動策略。

4.評估行動策略的有效性並加以修正。

5.公開自己行動的結果，供他人參考並接受批評和建議，形成行動研究的循環。

三、教學行動研究之功能

基本上，行動研究是利用批判思考，引導對實務的反思，使教師改變並成長，以便能更有效的找到教師的定位（Ginns, Heidsfield, Atweh & Watters, 2001），真正的行動研究應該包含知、行、思三個連續環節，缺一不可，同時行動研究需要教師以理想、熱情與知識等三要素來規範自己，是屬於敘事性的質化研究，其研究可以顛覆宰制社會的知識成果，行動研究具有技術－工具層次、實踐模式與解放模式等三個層次，而改進教學只是目的之一（陳惠邦，2002）。

Nutbrown（2006）強調採取群體與合作的行動研究是蒐集有關幼兒研究資料最好的方式；甄曉蘭（2001）亦認為合作行動研究最能幫助研究者與教育實務工作者投身於教育現象本質的解析，並且能具體有效的發揮「將教育理論應用於實際」、「假實際經驗修正理論」的功能。許多研究亦都持續的指出，教師參與行動研究會使其比較能注意自己的教學行動、自己的信念與行動間的差距；同時更證明行動研究可增進教師的思考與推理能力（佘曉清、連文惠、蘇蘭雅，2000）。原則上教師的行動研究能支持教師面對教學情境中的問題與挑戰，反思與創造行動策略的精神，行動研究主要的重點是在改變的產生，而創新與發展是教育專業中不可或缺的精神，而且行動研究背後的精神，不認為改變是由於教師的專業不足或失敗，而是一種專業發展中必然的過程（劉惠琴，2001）。

就「課程即研究假設」的觀點而言，課程是教學實際的一種計畫形式，行動研究是一種可以將教育理念轉化成在實際現場中驗證假設的方式（陳英娥、林福來，2004），就教師角色而言，在從事幼兒創造力教學時可藉由主題方案教學、合作學習、遊戲學習等方式進行的行動研究，藉由教學實務的行動反思去修改教學活動內容並促進本身的專業發展。所以Ginns等人（2001）把教師行動研究的功能歸納為：

1.創造一種環境，使參與者在給予和獲取有根據的資訊時，可以自由的選擇資訊並產生內在承諾。
2.可使參與者在計劃中學習經驗，能找尋資源處理教學情境。

3.促使參與者從事個人的知識檢測，包括理解、技能、價值，並解釋
　個人在社會的行動範疇。
4.行動研究是一種合作的研究，目的在共同合作中，重新建構個人的
　社會詮釋，藉重構的行動組合社會的概念，是和「他人」的研究。
5.行動研究是一種批判過程，這過程能有意的啓始一種內容並重組不
　合理、無結果的、不滿意、不公平的詮釋方式，來描述他們的世
　界。

　　研究證實行動研究確實有利於教學實務的研究，周淑惠（2003）在以
3-6歲幼兒爲對象的科學概念發展研究之後建議，如果要進行「概念改變」
的教學實驗研究，必須以行動研究或協同行動研究方式積極進行幼兒科學
教學研究，才能改善及強化幼兒科學教育。黃國勳與劉祥通（2006）以
「一個情境認知取向教學活動的發展與實踐」進行數學教學，發現透過合
作行動研究的修正機制，可以增添「異質分組」、「堆疊牌」與「佈題」
的策略，形成了適切的精緻方案。

　　而根據陳英娥與林福來（2003）以初任教師爲對象的行動研究發現，
初任數學教師透過參與式行動研究，可以促進其教學知能成長，包括診斷
教學和培養學生數學感的教學活動增加；而且教學思維從關心教材轉移到
關心學生的想法。楊秋南（2003）以教師讀書會促進教師專業發展的行動
研究發現，讀書會有助於轉化教師在通用能力及專業精神等心靈的提升，
但對教師的學科知識、教育專業知能的提升則較不明顯。洪玉眞（2001）
以幼兒教師做爲行動研究對象，發現參與研究的個案教師，其轉變的教學
信念爲：

1.師生互動方式：個案教師最先認爲擁抱只是師生互動的方式，到後
　來認爲擁抱爲一種師生間的情感交流，擁抱是一種鼓勵與獎勵的增
　強物。
2.家長的角色：個案教師之前一直覺得教會幼兒是教師的責任，但是
　經過一次與家長分享幼兒的學習狀況之後，發現家長對於幼兒在學
　習上有著很大的助長。

3.教學方法：個案教師在這方面的轉變有二，一是從齊頭式的學習標準轉變為適性教育；二是從形式教學法是最佳的學習方式轉變為實物教學法是幼兒最佳的學習方式。

4.教室空間佈置：個案教師先前的教室佈置，是以整體教室空間進行無障礙空間的規劃，從完全沒有角落規劃的概念到現在具有清楚的角落規劃概念，認為教室的空間要以幼兒的學習狀態為優先的第一考量。

5.教師的角色：個案教師自省以前自己不具有高度的敏感度，因而不能夠分擔教室內幼兒的狀況。經由不斷的自我反省，發覺一位好的搭檔老師，應該具備高度的敏感度，才能夠隨時察覺教室的狀況，主動的補位與分擔搭檔的工作量。

根據教師行動研究的文獻報告，教師行動研究確實能填補教育研究的空隙，就如張慶勳（2005）的看法：有些教育研究常根據理論與相關文獻，而提出研究設計與實施，然後進行研究驗證；有些教育研究係依研究者的實際經驗，探索教育實際情境，此種研究較能符應教育現場的實際文化情境，也較能解決教育問題，其實無論是量化與質性研究的教育研究都試圖去建立或發展一套有利教育發展的好理論。在落實幼兒創造力教育的目標之下，有關幼兒創造性發展與學習的理論、研究、教學實務三者之間的關係，是密不可分的共生體；而不同的研究派典更可為幼兒教育提供多元化研究的理論基礎，以提供多元化的幼兒創造性學習課程。

有關幼兒的研究理論與教育已為現代教育的重要趨勢，它不只意圖提供統計資料，更重要的是去從事有關幼兒跨國研究與批判反思的工作（Waller, 2005）；而幼兒研究是複雜的，然而幼兒教育研究的方向基本上可設定三個目標來評估，包括幼兒教學與學習、管理與責任、實證性研究（Nutbrown, 2006）；在研究對象的層面上有四個群眾可支援：社區機構、家庭、實務工作者、兒童（Marray, 2005）；而這些研究議題在研究方式上，則可統整為整體性的研究團隊，利用觀察、對話、行動研究方法等方式去進行研究。重要的是，幼兒工作者必須帶著適度的尊重，仔細觀察幼兒日常的生活、學習、愛與生存的過程，在最好的情境下去了解年輕公民

想試著表現的行為，然後找到最好的方式去幫助他們表現他們想表現的行為，並幫助他們去創造屬於他們本身的生命意義。

本章回顧

1.討論幼兒的概念有哪些特性。

2.請解釋幼兒「先備知識」、「迷思概念」、「另有概念」的意義。

3.討論幼兒創造力之研究可包括的範疇。

4.何謂行動研究？行動研究具有哪些特徵？

5.請問教學行動研究具有哪些功能？

參考書目

中文部分

丁興祥（1992）。《中國傑出創造人才研究：卓越成就的社會心理學》。台北：遠流。

方永泉（1996）。〈現代與後現代──後現代主義對於比較教育研究的挑戰與啓示〉。載於中華民國比較教育學會主編《教育、傳統、現代與後現代》，145-164。台北：師大書苑。

方啓敖（2004）。〈創造力教育的實踐研究──上海市中小幼實驗基地的調查報告〉。載於《2004創造力教育國際研討會論文集》，251-264。台北：國立台北師範學院。

方金祥（2006）。〈幼兒創意科學玩具之設計與在科學遊戲創意教學上之應用〉。發表於《2006南台灣幼兒保育學術研討會論文集》，1-11。美和技術學院幼兒保育系主辦。

天下雜誌（1996）。《海闊天空：教育台灣》。台北：天下雜誌。

毛連塭（1988）。〈創造力研究的理論〉。《國小特殊教育》，8，1-7。

毛連塭（1995）。《資優教育：課程與教學》。台北：五南。

毛連塭（1989）。《資優教育教學模式》。台北：心理。

毛連塭、郭有遹、陳龍安、林幸台（2001）。《創造力研究》。台北：心理。

毛松霖（1995）。〈國小五、六年級兒童「傳達」及「解釋資料」能力與天文概念架構之關係研究〉。國科會專題研究報告（NSC82-0111-S003-069-N）。

王秋絨（1991）。《教師專業社會化理論在教育實習設計上的蘊義》。台北：師大書苑。

王靜如（1997）。〈現代的學習認知研究與建構論賦權與科學教育改革的啓示〉。《科學教育》，5，2-13。

王靜如（2000）。〈國小教師教學改變之研究〉。《屏東師院學報》，13，281-315。

王翔昇譯（1998）。《教學革命──革新傳統教學技巧的ENVOY理論》。台北：世茂出版社。

王如哲(1999)。〈教育行政研究的展望〉。載於《國立中正大學教育學研究所主編教育學研究方法論文集》，99-124。高雄：麗文。

王政彥（1999）。〈終生學習的理論〉。載於中華民國成人教育學會主編，《終生學習與教育改革》。台北：師大書苑。

王振鴻（2000）。《國小教師對九年一貫課程之變革關注及其影響因素研究》。國立政

治大學教育研究所博士論文。

王嘉陵（2002）。〈從Giroux的批判教育學觀點反省課程改革中的教師角色〉。《九十一學年度師範院校教育學術論文發表會論文集》，77-89。

王茜瑩（2004）。〈幼兒園教師專業自主之探討〉。《教育資料與研究》，162，118-165。

王如哲、黃月純合譯（2004）。《教育知識管理》。台北：五南。

白雲霞（2003）。《學校本位課程發展理論、模式》。台北：高等教育文化。

中華民國成人教育學會主編（1999）。《終生學習與教育改革》。台北：師大書苑。

石銳（1990）。《人力資源管理：工業心理學與人事管理》。譯自 *Human Resources Management*（H. T. Graham著）。台北：臺華工商。

巫鐘琳（2006）。《幼稚園本位在職進修與幼教師專業成長之研究》。國立嘉義大學幼兒教育研究所碩士論文。

行政院教育改革審議委員會（1996）。《教育改革總諮議報告書》。台北：教育部。

江紹倫（1980）。《知識心理學說與應用》。台北：聯經。

江新合（1992）。〈中學生浮力相關概念發展及其相關迷思概念的分析研究〉。《高雄師大學報》，3，139-177。

江怡旻（1997）。《幼稚園方案教學之研究》。國立師範大學家政教育研究所論文。

江雪齡（1997）。《多元文化教育》。台北：師大書苑。

江美惠（2005）。《創造性問題解決教學方案對資優學童創造力及問題解決能力影響之研究》。台北市教育大學創造思考暨資賦優異教育研究所碩士論文。

朱則剛（1994）。〈建構主義知識論與情境認知的迷思：兼論其對認知心理學的意義〉。《教學科技與媒體》，13，1-14。

朱進財（1997）。〈幼稚園創造性教學模式與教學實例〉。《國立屏東師範學院幼稚園課程與教材教法學術研討會實錄》，37-59。

宋海蘭（1994）。《幼稚園創造思考教學活動方案之實驗研究》。台北市立師範學院教育研究所碩士論文。

吳靜吉（1979）。〈了解兒童的創造力〉。《學前教育月刊》，1(10)，4。

吳靜吉、丁興祥、高泉豐（1992）。〈建立「拓弄思語文創造思考測驗乙式」常模研究報告〉。台北：教育部訓委會。

吳靜吉、陳甫彥、郭俊賢、林偉文、劉士豪、陳玉樺（1999）。《新編創造思考測驗研究》。台北：教育部訓委會。

吳靜吉（2002）。〈華人學生創造力的發掘與培育〉。《應用心理研究》，15，15-40。

吳靜吉（2002）。〈創造力的研究取向之回顧與展望〉。載於《創造能力課程開發國際學術研討會手冊》。國立台北師範學院。

吳美姝、陳英進（2000）。《兒童發展與輔導》。台北：五南。

吳政憲（2001a）。《台中縣國小教師在職進修專業發展之態度、現況與成效知覺研究》。國立嘉義大學國民教育研究所碩士論文。

吳清山（1997）。〈學習型組織理論及其對教育革新的啟示〉。《國教月刊》，43，5-6期，頁1-7。

吳清山（2002）。〈創意教學的重要理念與實施策略〉。《台灣教育》，614，2-8。

吳清山、林天祐（2003）。〈創新經營〉。《教育資料與研究》，53，134-135。

吳清山（2004）。〈學校組織創新經營與策略〉。《教師天地》，128，30-44。

吳思華（2002）。〈從製造台灣到知台灣〉。《哈佛商業評論精選24：創新》。台北：天下遠見。

吳昭宜（2002）。《走入幼兒戲劇教學的殿堂：一個幼稚園大班之行動研究》。國立屏東教育大學國民教育研究所碩士論文。

吳明烈主編（2004）。《組織學習與學習型學校》。台北：高等教育出版。

吳明烈（2004）。〈一九九〇年代後終身學習概念的發展〉。《成人及終身教育雙月刊》，1，28-37。

吳巧瑜（2005）。《教師對幼兒創造力知覺之研究》。國立政治大學幼兒教育研所碩士論文。

吳耀明（2005）。〈國小五年級教師實施社會領域合作學習之行動研究〉。《屏東教育大學學報》，24，311-349。屏東市：屏東教育大學。

吳燮華（2005）。《一位幼稚園教師探索行動研究之歷程》。國立新竹教育大學人資處課程與教育碩士論文。

呂佳陵（2004）。〈創造性音樂活動在台灣中南部幼稚園的教學現況調查〉。載於《2004創造力教育國際研討會論文集》，585-609。台北：國立台北師範學院。

李丹（1991）。《兒童發展》。台北市：五南圖書出版公司。

李衣雲、林文凱、郭玉群譯（1997）。《後現代性》。台北：巨流出版社。

李茂興譯（1998）。《教學心理學》。台北：弘智。

李萃綺譯（1998）。《多元文化教育概論》。譯自*An Introduction to Multicultural Education*（J. A. Banks著）。台北：心理。

李心瑩（2000）。《再建多元智慧》。譯自*Intelligence Reframed*（H. Gardner著）。台北：遠流出版社。

李明芬（2001）。〈創造力教育白皮書子計畫（五）——創造性社會學習與社會行動創造力白皮書報告〉。台北：教育部。

李遠哲（2002）。〈無限延伸的學習空間〉。載於《啟動學習革命——全球第一個網路教育城市亞卓市》，9-11。台北：遠流。

幼兒創造性學習
理論與實務

李威伸（2003）。〈後現代教育思潮中的教育省思〉。《教育資料與研究》，51，44-46。

李佩雯（2004）。《幼稚園教師教學信念之研究》。國立花蓮師範學院幼兒教育學系碩士論文。

李瑞娥（2004）。《國民小學終身學習文化、組織學習、組織創新與學校效能之關係研究——學習型學校模型建構》。國立高雄師範大學成人教育研究所博士論文。

李瑞娥（2005）。〈後現代價值對教師知識觀的挑戰〉。載於《社會重建課程的理念與實踐：覺醒、增能與行動國際學術研討會論文集》。台北：市立台北師範大學課程與教學研究所主辦。

李瑞娥（2005）。〈國民小學組織學習、組織創新與學校效能關係之研究〉。《國立高雄師大學報》，18，45-60

李瑞娥（2005）。〈國民小學組織學習與組織創新之關係研究〉。載於《學習與創造、教育與創新國際學術研討會論文集》，422-447。台北：國立政治大學教育系編印。

李瑞娥（2006）。〈從匯合創造性理論探討新世紀的通識教育發展〉。《通識學刊——理念與實務》，1(1)，31-54。高雄：南台灣大學校院通識教育策略聯盟發行。

李賢哲、樊琳、張蘭友（2005）。〈國小學童「電池」概念之診斷——以兩段式選擇題為例〉。《科學教育學刊》，3(3)，263-288。

李建億（2006）。〈網際網路專題學習互動歷程之研究〉。《科學教育學刊》，14(1)，101-120。

李麗英（2007）。〈從「發聲」（voice）到「增能」（empowerment）——一個外籍配偶教師的創意課程實錄〉。載於《成人及終身教育雙月刊》，17，22-35。

谷瑞勉（2001）。〈初任幼兒教師實際知識發展之研究〉。《屏東師院學報》，14，297-324。

宋偉航譯（1998）。《全腦革命——激發個人與組織的創造力》。譯自 *The Whole Brain Business Book*（N. Herrmann 著）。台北：希爾。

邱皓政（2002）。〈組織創新氣氛的內涵與教師創造力的實踐：另一件國王的新衣〉。《應用心理研究》，15，191-222，。

杜明城譯（1999）。《創造力》。台北：時報。

佘曉清、連文惠、蘇蘭雅（2000）。〈中等學校實習教師之反省式科學教學行動研究〉。《科學教育學刊》，8(3)，273-286。

宋志雄（1992）。《探究國三學生酸與鹼的迷思概念並應用以發展教學診斷工具》。彰化師大科學教育研究所碩士論文。

朱敬先（1992）。《幼兒教育》。台北市：五南。

邱美虹、陳英嫻（1995）。〈月相盈虧之概念研究〉。《師大學報》，40，509-548。

邱美虹（2000）。〈概念改變研究的省思與啓示〉。《科學教育學刊》，8(1)，1-34。

沈翠蓮（2005）。《創意原理與設計》。台北：五南。

林幸台（1974）。《創造性教學對才賦優異者創造力發展的影響》。國立台灣師範大學教育研究所碩士論文。

林幸台（2002）。〈創造力評量〉。載於毛連塭（主編）《創造力研究》，264-303。台北：心理。

林寶山（1988）。《教學原理》。台北：五南。

林進財（1990）。《教師教學思考——理論、研究與應用》。高雄：復文。

林顯輝（1992）。〈國小兒童水循環概念之研究〉。國科會專題研究報告（NSC 81-0111-S-153-02-N）。

林顯輝、王龍錫（2000）。〈國小學童科學創造性特性及開發之研究〉。國科會專題研究成果報告（NSC89-2511-S-153-001）。屏東：屏東教育大學。

林顯輝、洪文東、蘇偉昭、何偉雲、李賢哲（2001）。《國小自然科學創思考教學活動設計推廣手冊》。屏東：國立屏東大學數理教育研究所編印。

林顯輝（2004）。〈國小學學童大氣壓力迷思概念研究〉。國科會專題研究成果報告。屏東：屏東教育大學。

林佩璇(1992)。《台灣省高級職業學校合作學習教學法實驗研究》。國立台灣師範大學教育研究所碩士論文。

林清江（1995）。〈原住民教育的社會學基礎〉。《成人教育》，26，2-6。

林麗寬譯（1999）。《學習革命》。台北：師大書苑。

林義屏（2001）。《市場導向、組織學習、組織創新與組織績效間關係之研究——以科學園區資訊電子產業爲例》。國立中山大學企業管理研究所博士論文。

林展立（2001）。《傑出科技創作兒童創造特質之研究》。國立台灣師範大學教育學系碩士論文。

林偉文（2002）。《國民中小學學校組織文化、教師創意教學潛能與創意教學之關係》。國立政治大學教育研究所博士論文，未出版。

林碧芬（2002）。《國民小學低年級對物體概念認知之研究》。國立台北師範學院數理教育研究所碩士論文。

林東清（2003）。《知識管理》。台北：智勝。

林春妙（2004）。《幼兒教師專業知能之研究》。國立嘉義教育大學幼保教育系碩士論文。

林乃馨、鄭博眞、蔡瓊賢譯（2005）。《幼兒創造性課程與教學》。譯自 *Creative Activities for Young Children*（M. Mayesky著）。台北：華騰。

林志哲、王鍾和（2005）。〈從教師「創意型管教行爲量表」的發展談教師管教與學生自尊之關係〉。載於《學習與創造、教育與創新論文集》，223-250。台北：國立

政治大學教育系編印。

林麗玲、陳儒晰（2006）。〈幼兒園教師實施賦權評鑑之分析：以幼小銜接為例〉。載於《2006南台灣幼兒保育學術研討會論文集》，1-11。屏東縣：美和技術學院幼保系。

周水珍（1996）。〈學校本位的國小在職進修教育之探討〉。《國教園地》，55(56)，4-7。

周淑惠（2003）。《幼兒自然科學概念與思維》。台北：心理出版社。

周淑惠（2005）。〈幼稚園課程創新──「與輪共舞」之野人獻曝〉。載於《2005幼稚園課程創新與教師專業成長論文集》，幼兒教育學術交流研討會。

周文敏（2004）。《創造性圖畫教學對國小學童創造力與繪畫表現之研究》。國立中山大學教育研究所碩士論文。

施建農（1995）。〈創造力系統模型〉。《心理學動態》，3，1-15。

施建農（2002）。〈創新教育為何為先〉。《應用心理學研究》，15，53-59。

洪碧霞譯（1983）。《有效的發問技巧》。新竹師專特教中心。

洪榮昭（1990）。《人力資源發展》。台北：師大書苑。

洪蘭譯（1999）。《不同凡想──在一窩蜂文化中開拓創造力》。（Robert J. Sternberg & Todd I. Lubart著）。台北：遠流。

洪蘭譯（1999）。《活用智慧》。譯自 *Intelligence Applied*（R. J. Sternberg著）。台北：遠流出版社。

洪蘭譯（2006）。《天性與教養》。譯自 *Nature via Nurture-genes, Experience and What Makers Us Human*（M. Ridley著）。台北：商周出版。

洪福財（2000）。《幼教教師專業成長──教學反省策略及其應用》。台北：五南。

洪文東（2000）。〈從問題解決過程培養學生的科學創造力〉。《屏師科學教育》，11，52-62。

洪玉眞（2001）。《一位幼稚園教師的教師信念研究》。國立中正大學教育研究所碩士論文。

洪瑞雲、吳庭瑜（2002）。〈法則發現的背後：合作與解釋對科學推理技能獲得的影響〉。載於《應用心理研究：創造力的發展與實踐》，15，129-161。台北：五南。

洪如玉（2004）。〈後現代思維與創造力：解構與生態重構〉。發表於2004創造力教育國際學術研討會。台北：國立師範學院主辦。

梁坤明（1998）。《台北縣國民小學教師專業發展態度、活動型式與實施成效之研究》。國立台北師範學院國教所碩士論文。

胡夢鯨（2000）。〈成人的高峰學習〉。載於《中華民國成人教育學會主編成人學習革命》，31-56。台北：師大書苑。

胡夢鯨（2001）。〈邁向知識社會的知識生產與核心能力〉。載於《知識社會與成人教

育》，55-76。台北：師大書苑。

胡夢鯨、魏惠娟、陳姚眞（2005）。〈大學生在造歷程中的學習經驗：以數位化創意學習線上課程設計爲例的探索〉。載於《學習與創造、教育與創新論文集》，251-285。國立政治大學教育學系編印。

馬祖琳、葉佳容、江淑卿、許淑瑾（2005）。〈幼兒創造力教學之教室文化型塑分析研究〉。載於《學習與創造、教育與創新論文集》，149-195。國立政治大學教育學系編印。

高敬文、朱敬財（1982）。〈創造與教學〉。載於蔡保田主編《教育發展與心理建設》，935-963。台北：中華。

高強華（1992）。〈教師信念研究及其在學校教育革新上之意義〉。《國立台灣師範大學教育研究集刊》，34，85-112。

高淑慧（1995）。《學習型組織之研究》。國立政治大學公共行政研究所碩士論文。

秦夢群（1999）。〈營造學習型組織學校：教育行政人應有的體認與策略〉。《教育資料與研究》，27，9-12。

孫志麟（1991）。《國民小學教師自我效能及其相關因素之研究》。國立政治大學教育研究所碩士論文。

孫治本譯（1999）。《全球化危機》。譯自 *Was Ist Globalisierung?*（U. Beck 著）。台北：臺灣商務印書館。

許榮富（1992）。〈科學教育的科學與認知科學〉。中華民國第八屆科學教育學術研討會發表論文。

許良榮（2003）。〈中小學生對於金屬之分類的迷思概念研究〉。《科學教育學刊》，11（3），277-296

許靜雯（2003）。《幼稚園教師專業成長以反省性思考爲例》。花蓮師範學院幼兒教育學系碩士論文。

范信賢（2000）。〈教師身分認同與課程改革：後殖民論述的探討〉。《國教學報》，12，275-280。

湯仁燕（1993）。《國小教師教學信念與教學行爲關係之研究》。國立台灣師範大學教育所碩士論文。

翁幸瑜（2006）。〈從多元文化教育的觀點論析德國外籍勞工基本教育之實踐〉。載於《中華民國成人及終身教育學會主編特殊族群成人教育》，127-156。台北：師大書苑。

徐靜嫻（2001）。〈從不同的課程統整選擇型態談統整的概念與設計〉。《台東師院學報》，12（上），21-44。

徐聯恩、林素君（2005）。〈幼兒園教學創新歷程之探討：以台北市公幼課程模式之

轉變為例〉。載於《學習與創造、教育與創新論文集》，196-222。國立政治大學教育學系編印。

莊安祺譯（1998）。《7種IQ》。譯自 *Frames of Mind*（H. Gardner 著）。台北：時報。

莊立民（2002）。《組織創新模式建構與實證研究——以台灣資訊電子業為例》。國立成功大學企業管理研究所博士論文。

莊勝義（2002）。〈多元文化教育的理念與發展〉。發表於《九十一學年度南區地方教育輔導多元文化教育理論與實務研究會論文集》，1-17。屏東：國立屏東科技大學。

莊麗娟（2004）。〈三～六歲幼兒對重量概念的認知：本質認知與保留推理〉。《科學教育學刊》，12(2)，159-182。

莊淇銘（2005）。《未來能教你的事》。台北：天下文化。

郭重吉（1991）。〈學生科學知識認知結構的評估與描述〉。《彰化師範大學學報》，1，280-319。

郭重吉（1992）。〈從建構主義的觀點探討中小學數理教學的改進〉。《科學發展月刊》，20(5)，548-570。

郭丁熒（1993）。〈中、美、英、法、日各國提升在職國小教師專業水準措施之評析〉。《初等教育學報》，6，221-251。國立台南師範學院初教育學系編印。

郭進隆（1995）。《第五項修練：學習型組織的藝術與實務》。台北：天下。

郭俊賢、陳淑惠譯（1999）。《多元智慧的教與學》。台北：遠流。

郭有遹（1994）。《創造性的問題解決法》。台北：心理。

郭有遹（2001）。《創造心理學》。台北：正中。

郭雅惠（2004）。《「創造思考教學融入綜合活動學習領域」對國中生創意表現影響之研究》。國立台灣師範大學教育心理與輔導研究所碩士論文。

郭木山（2005）。〈學校本位教師專業發展之意涵與實踐〉。《教育資料與研究》，62，108-117。

廖怡佳（2005）。《幼兒創造力及其相關因素之研究》。國立政治大學幼兒保育研究所碩士論文。

傅清雪（1994）。〈學校組織學習方案之規劃——以和順國中為例〉。載於吳明烈主編《組織學習與學習型學校》。台北：高等教育出版。

張春興、林清山（1982）。《教育心理學》。台北：東華。

張春興（2004）。《心理學概要》（重修版）。台北：東華。

張秀玉（1986）。《幼稚園創造性課程之研究》。政治大學教育研究所碩士論文。

張玉成（1993）。《思考技巧與教學》。台北：心理出版社。

張景媛（1994）。〈數學文字題錯誤概念分析及學生建構數學概念之研究〉。《教育心理學報》，27，175-200。

張靜礐（1995）。〈問題中心教學在國中發展之經過、效果及可行性之探討〉。《科學教育學刊》，3(2)，139-164。

張祖忻、朱純、胡頌蓮（1995）。《教學設計基本原理與方法》。台北：五南。

張德銳（1995）。〈「學校中心的管理」推行開放教育〉。載於尤清主編《台北縣教育改革經驗》。高雄：復文。

張德銳（1998）。〈以同儕教練模式提升教師專業〉。中華民國課程與教學學會主編《學校本位課程與教學創新》。台北：揚智。

張美惠譯（1996）。《EQ》。譯自*Emotional Intelligence*（D. Goleman著）。台北：時報文化。

張敬宜（1998）。〈教師對國小四年級學童蒸發、凝結與沸騰概念瞭解之研究〉。《台北師院學報》，11, 453-472。

張稚美（2000）。〈學校實踐多元智慧論的方針和挑戰〉。《文教新潮》，5(1)，29-33。

張敬宜（2000）。〈大台北地區國小學童對空氣相關概念認知之研究〉。《科學教育學刊》，8(2)，141-156。

張家銘（1998）。《社會學理論的歷史反思》。台北：洪葉。

張嘉育（1999）。《學校本位課程發展》。台北：師大書苑。

張武升（2002）。〈開發與培育學生創造力的理論與實踐〉。載於《應用心理研究：創造力的發展與實踐》，15，17-42。台北：五南。

張武升、廖敏（2004）。〈遊戲與幼兒創造力發展〉。載於《2004創造力教育國際研討會論文集》，373-380。台北：國立台北師範學院。

張佩玲（2003）。《從教師專業發展探討幼稚園教師在職進修之研究——以台中市為例》。國立嘉義大學幼兒教育研究所碩士論文。

張穎綺、張文欣譯（2005）。《創意是一種習慣》。台北：張老師文化。

張慶勳（2005）。〈教育研究方法：理論、研究與實際的融合〉。《屏東教育大學學報》，23，1-29。

張碧珊（2005）。《學校本位教師在職進修現況與成效之研究——以嘉義縣市三所國小為例》。國立嘉義大學國民教育研究所碩士論文。

馮曉霞（1998）。〈建構21世紀的中國幼兒園課程——幼兒主體性發展課程思考〉。嘉義師範學院主辦國際幼教課程學術研討會。

馮雯（2002）。《國民小學教師教學信念與教學效能之研究》。國立屏東師範學院國民教育學院碩士論文。

項志康（2004）。〈課堂教學中創造教育的研究報告——創造教育的研究與實踐〉。載於嘉義師範學院主辦《2004創造力教育國際研討會論文集》，269-282。台北：國立台北師範學院。

幼兒創造性學習
理論與實務

陸錦英（2004）。〈一位幼教老師的專業發展──反省思考方案教學〉。《屏東師院學報，21，217-250。

教育部（2000）。《創造力教育政策白皮書》。台北：教育部。

教育部（2001）。《創造力教育政策與環境評估專題報告書》。台北：教育部。

教育部（2002）。《終身學習法》。台北：教育部。

夏林清、鄭村棋譯（1989）。《行動科學：實踐中的探究》。台北：張老師。

夏林清（1997）。《行動研究方法導論──教師動手做研究》。臺北市：遠流。

夏林清（2000）。〈行動研究與中、小學教師的相遇〉。《教師天地》，105，4-8。

夏林清等譯（2000）。《行動研究方法導論》。臺北：遠流。

陳昭儀（2000）。〈傑出理化科學家之人格特質及創造歷程之研究〉。《師大學報》，45（科學教育類），27-45。

陳伯璋（1987）。《教育思想與教育研究》。台北：師大書苑。

陳伯璋（1990）。《教育研究方法的新取向──質的研究方法》。台北：南宏。

陳伯璋、盧美貴（2002）。〈學校本位課程發展的理念與實踐〉。載於陳伯璋、許添明主編《學校本位經營的理念與實務》，165-189。台北：高等教育文化。

陳伯璋（2003）。〈新世紀的課程研究與發展〉。《國家政策季刊》，2(3)，149-168。

陳美玉（1996）。《教師專業實踐理論與應用》。台北：師大書苑。

陳美玉（1997）。《教師專業──教學理念與實踐》。高雄：麗文。

陳美玉（2002）。《教師個人知識管理與專業發展》。台北：學富文化。

陳龍安（1997）。《創造思考教學》。台北：師大書苑。

陳龍安（1998）。《啟發孩子的創造力》。台北：師大書苑。

陳龍安（2004）。《創造思考教學──的理論與實際》。台北：心理。

陳龍安（2004）。《創造與生活》。台北：五南。

陳龍安（2006）。《創造思考教學的理論與實際》（第六版）。台北：心理出版社。

陳淑敏（1997）。〈從建構主義的教學理論談教師專業成長〉。《新幼教》，14，7-11。

陳淑敏（2001）。《幼稚園建構教學》。台北：心理。

陳淑敏、張玉倫（2004）。〈幼兒教師教學信念與教學行為之探究〉。《屏東師院學報》，21，1-36。

陳雅美（1999）。〈幼稚園方案教學團體討論之分析研究：二個不同教室之比較〉。《國立臺北師範學院學報》，12，535-570。

陳惠邦（2001）。《教育行動研究》。台北：師大書苑。

陳淑芳（2002）。〈幼稚園教師科學教具製作的創造思考研究〉。載於《創意開發學術研討會論文集》。嘉義：國立嘉義人文藝術學院。

陳李綢（1992）。《認知發展與輔導》。台北：心理。

陳俊賢、陳淑惠譯（2003）。《如何培育學生的創造力》。譯自 *How to Develop Student Creativity*（R. J. Sternberg & W. M. Williams 著）。台北：心理。

陳英偉（2004）。《創意概論》。台北：華騰。

陳彥廷、姚如芬（2004）。〈合作學習模式中學生學習表現之探討〉。《台東大學教育學報》，15(1)，127-166。

陳英娥、林福來（2004）。〈行動研究促進初任數學教師的教學成長〉。《科學教育學科學教育學刊》，12(1)，83-105

陳煜清（2004）。〈「學校本位教師進修」模式的趨勢與作法〉。《研習資訊》，21(2)，57-62。

陳文玲（2005）。〈論自我與創意〉。載於《學習與創造、教育與創新論文集》，7-34。國立政治大學教育學系編印。

陳美莉（2005）。《幼兒在創造性肢體律動活動中心流經驗之研究》。國立台東大學幼兒教育學系碩士論文。

陳彥廷（2006）。〈幼兒教師「數概念：合成與分解」教學例證之初探──教學心像取向〉。載於《2006南台灣幼兒保育學術研討會論文集》，32-56。屏東：美和技術學院幼保系主辦。

陳彥文等譯（2006）。《嬰幼兒學習環境設計與規劃》。譯自 *Creating Effective Environment Learning*（K. Wellhousen & I. Crowther 著）。台北：華騰。

甯自強（1996）。〈淺談建構教學的幾個問題〉。《教育研究雙月刊》，49，4-6。

彭仁晃（2000）。《國民小學實施學校本位教師進修現況及其成效分析》。國立台北師範學院國教師碩士論文。

葉明達（1998）。《高一學生數學合作解題與後設認知行為之個案研究》。國立高雄師範大學數學系碩士班碩士論文。

黃瑞煥、洪碧霞（1983）。《資賦優異兒童與創造能力的教學》。新竹：新竹師專特教中心。

黃達三（1993）。〈國小學生分類能力發展初探〉。國科會專題研究報告（NSC81-0111-S-143-501-N）。

黃政傑（1994）。《多元文化課程》。台北：師大書苑。

黃政傑（1995）。《課程改革》。台北：漢文。

黃政傑、林佩璇（1996）。《合作學習》。台北：五南。

黃美瑛（1995）。《意象：幼兒教師實際知識的運作之研究》。屏東：睿煜。

黃麗卿（1996）。《創造性音樂遊戲與傳統音樂教學活動中幼兒創造行為表現之差異比較》。國立台灣師範大學家政教育研究所碩士論文。

黃富順（1999）。〈終生學習的意義、源起、發展與實施〉。載於中華民國成人教育學

會主編《終生學習與教育改革》。台北：師大書苑。

黃富順（2000）。〈學習型組織緣起、意義、特性與實施〉。《台灣教育》，591，16-25。

黃俊儒（2000）。《從社會互動與認知投入的觀點探討理化實驗課中學習機會之分佈》。台北市：國立臺灣師範大學博士論文。

黃永和（2001）。《後現代課程理論之研究：一種有機典範的課程觀》。台北：師大書苑。

黃乃熒（2003）。〈後現代思潮與教師專業發展〉。《教育資料集刊》，28，1-24。

黃幸美（2003）。《兒童的問題解決思考研究》。台北：心理。

黃秀媛譯（2005）。《藍海策略》。台北：天下文化。

黃國勳、劉祥通（2006）。〈一個情境認知取向教學活動的發展與實踐——以「因數大老二」為例〉。《科學教育學刊》，14(1)，1-27

黃朝曦（2007）。〈組織智價競爭——啟動創新與終身學習的再思考〉。《成人及終身教育》，18，46-53。

葉佳容（2004）。《幼兒數學創造力教學引導策略之分析研究》。國立屏東科技大學幼兒保育系碩士論文。

葉明達（1998）。《高一學生數學合作解題與後設認知行為之個案研究》。國立高雄師範大學數學系碩士班碩士論文。

章勝傑（1999）。〈數學題目難度對合作學習小組同儕互動質與量的影響〉。《國立台東師範學院學報》，10，75-104。

詹志禹（1999）。〈知識創造的本質與脈絡：演化論觀點〉。國科會專題研究（NSC88-2519-S-004-004-C）。

詹志禹（2001）。《創造力教育政策白皮書——子計畫「小學教育創造力教育政策規劃」成果報告》。台北：教育部。

詹志禹主編（2002）。《建構論：理論基礎與教育應用》。台北：正中。

詹棟樑（2002）。《現代教育思潮》。台北：五南。

詹瓊華（2004）。《高中家政課程實施創造思考教學之成效》。國立台灣師範大學人類發展與家庭研究所碩士論文。

曾志朗（2001）。《美的教育特刊》，台北：天下雜誌。

游乾桂（1996）。《啟發孩子的創造力：在日常生活中發現、鼓勵孩子的創造力》。台北：遠流。

湯志民（2005）。〈二十世紀的優質學校——政大附中的經營理念與策略〉。載於《教育政策與行政學術團體聯合年會論文集》，46-65。國立政治大學教育系主辦。

湯明哲（2003）。《策略精論》。台北：天下。

楊坤堂（1990）。〈合作學習（上）〉。《研習資訊》，67，12-15。

楊深坑（1999）。〈教育知識的國際化或本土化？——兼論台灣近年來的教育研究。〉

參考書目

《教育學報》，27，361-379。

楊文金（1999）。〈「期望地位」對同儕互動的影響分析〉。《科學教育學刊》，7(3)，217-32。

楊文金（2000）。〈同儕友伴關係對六年級學生科學問題組對討論的影響分析〉。《科學教育學刊》，8(2)，123-140。

楊國德（1999）。〈終生學習與高等教育改革〉。載於《中華民國成人教育學會主編終生學習與教育改革》。台北：師大書苑。

楊國德（2001）。〈學習型組織的研究與創新〉。載於《中華民國成人教育學會主編學習型組織》。台北：師大書苑。

楊秋南（2003）。《學校本位進修與教師專業發展：行動研究的嘗試和反省》。國立屏東教育大學國民教育研究所碩士論。

楊國樞（1994）。《中國人的價值觀：社會科學觀點》。台北：桂冠。

甄曉蘭（1995）。〈合作行動研究——進行教育研究的另一種方式〉。《嘉義師院學報》，9，319-342。

甄曉蘭、周立勳（1999）。〈國小教師數學教學信念及其相關因素之探討〉。《課程與教學季刊》，2(1)，49-68。

甄曉蘭（2000）。〈批判俗民誌及其在教育研究上的應用〉。見中正大學教育學研究所（編）《教育學研究方法論文集》，369-393。高雄：麗文。

甄曉蘭（2001）。〈行動研究成果的評估和呈現〉。載於《中華民國課程與教學學會行動研究與課程教學革新》。台北：揚智。

熊召弟（1996）。〈真實的科學認知環境。《教學科技與媒體》，29，3-12。

董奇（1995）。《兒童創造力發展心理》。台北：五南圖書出版公司。

賈馥茗（1972）。〈數學創造能力與其相關能力發展之研究〉。《師大教育研究集刊》，14，1-49。

歐用生（1993）。《課程發展的基本原理》。高雄：復文。

歐用生（1996）。《教師專業成長》。台北：師大書苑。

歐用生（1998）。〈從課程統整概念評九年一貫課程〉。《教育研究資訊》，1，22-32。

歐用生（1999）。〈行動研究與學校教育革新〉。《國民教育》，39(5)，2-12。

歐用生（2005）。〈幼兒園教師敘說與課程主體〉。載於2005年幼兒教育學術研討會《幼稚園課程創新與教師專業成長論文集》。

鍾任琴（2000）。《教師專業權能（teacher empowerment）之研究——理論建構與實證分析》。台北：五南。

熊召弟（1996）。〈真實的科學認知環境〉。《教學科技與媒體》，29，3-12。

蔡碧璉（1993）。《國民中學教師專業成長與其形象知覺之研究》。國立政治大學教育研究所博士論文。

蔡培村（1995）。〈論析我國成人教育專業化及其發展趨勢〉。載於《中華民國成人教育學會主編成人教育專業化》，201-234。台北：正中書局。

蔡培村（2000）。〈學習型組織與學校發展〉。《高雄市教育學會研討會議手冊》。高雄師範大學主辦。

蔡啟通（1996）。《組織因素、組織成員整體創造性與組織創新之關係》。國立台灣大學企業管理研究所博士論文。

蔡芸（1997）。《學校本位教師專業發展之研究——以台灣省國民中學教師為例》。國立高雄師大學教育研究所博士論文。

蔡清田（2000）。〈行動研究及其在教育研究上的應用〉。載於《中正大學教育學研究所主編質的研究方法》。高雄：麗文。

蔡文山（2002）。〈知識經濟時代之學校本位教師專業發展〉。《人文及社會學科教學通訊》，13(4)，120-134。

蔡敏玲、陳正乾譯（1997）。《社會中的心智》。譯自 Mind in Society: Development of Higher Psychological Processes（L. S. Vygotsky, M. Cole, V. John-Steiner, & S. Scribner 編）。台北：心理。

盧偉斯（1996）。〈組織學習的干預理論：行動理論之觀點〉。《空大行政學報》，6，303-322。

潘慧玲、王麗雲（2000）。〈教師增權益能的概念與實施策略〉。《教育研究集刊》，173-195。

蕭次融、羅芳晃、房漢彬、施建輝（1999）。《動手玩科學》。台北：遠哲科學教育基金會。

齊若蘭（1995）。《第五項修練（II）——實踐篇》（上、下冊）。台北：天下。

羅世宏等譯（2005）。《文化研究——理論與實踐》。台北：五南。

羅採姝（2006）。〈幼兒園課程運作師生互動的建構歷程與分析——從一個老師觀點〉。發表於《2006南台灣幼兒保育學術研討會論文集》，250-267。美和技術學院幼兒保育系主辦。

劉秀嫚（1998）。〈合作學習的教學策略〉。《公民訓育學報》，7，285-294。

劉秀娟（1999）。《兩性教育》。台北：揚智。

劉京偉譯（2000）。《知識管理的第一本書》。台北：商周出版。

劉惠美（2001）。〈中小學教師在師生衝突情境中的角色建構與行動〉。載於《應用心理研究質性研究：理論與實作對話》，12，175-217。台北：五南書局。

劉世南、郭誌光（2002）。〈創造力理論的發展：一個心理構念演進的省思〉。《資優教育季刊》，85，20-30。

劉春芳（2006）。《台北縣國民中學組織創新與學校效能之研究》。國立政治大學學校

行政碩士論文。

鄭青青（1993）。《蒙特梭利實驗教學法與單元設計教學法對幼兒創造力發展影響之比較研究》。國立台灣師範大學家政教育研究碩士論文。

鄭博眞（2000）。〈多元智慧與教學改革〉。《八十九年度高雄市教育學會會議手冊》。

鄭英豪（2000）。《學生教師數學教學概念的學習：以「概念啓蒙例」的教學概念爲例》。國立台灣師範大學數學研究所博士論文。

鄭昭明（1993）。《認知心理學：理論與實務》。臺北：桂冠。

廖嘉桂（1999），http：//www..ahimsa @ mail.educities.edu.tw

賴姿蓉（2000）。〈二十一世紀變革的新趨勢——組織創新〉。《人事月刊》，30(1)，26-36。

賴碧慧、吳亮慧、劉冠麟譯（2005）。《幼兒藝術與創造性發展》。譯自*Art and Creative Development for Young Children*（R. Schirrmacher著）。台北：華騰出版社。

鍾聖校（1993）。《認知心理學》。台北：心理。

蘇永明（2006）。《主體的爭議與教育——以現代和後現代哲學爲範圍》。台北：心理。

濮世偉（2003）。《國小校長轉型領導、學校文化取向與學校經營關係之研究》。國立政治大學教育學系博士論文。

簡楚瑛、林麗卿（1998）。〈從課程轉型過程看教育改革落實在幼稚園學校層面之相關因素〉。國科會專題研究計畫（NSC86-2412-H-134-001-F5）。

簡楚瑛、陳淑芳、黃譯瑩（2001）。《創造力教育政策白皮書——子計畫「幼兒教育創造力教育政策規劃」成果報告》。台北：教育部。

簡文娟（1998）。《組織創新評鑑表建立——以高科技產業爲實證研究對象》。國立中央大學人力資源管理所碩士論文。

簡佩芯、劉旨峰（2005）。〈大學生創造歷程變研：以多媒體創作課程爲例〉。載於《學習與創造、教育與創新論文集》。國立政治大學教育學系編印。

顏銘志（1997）。〈國民小學教師教學信念、教師效能與教學行爲之相關研究〉。《國民教育研究》，1，263-294。

嚴眞譯（1999）。《幼兒遊戲的創意教學》。譯自*Themes with a Difference*（M. D. Green著）。台北：新視野。

魏惠娟（1995）。〈成人教育專業化的內涵與實施〉。載於《中華民國成人教育學會主編成人教育專業化》，45-64。台北：正中書局。

魏惠娟（1998）。〈學習型組織的迷思與省思〉。《成人教育》，43，35-43。

魏惠娟（2000）。〈成人全腦學習〉。載於《中華民國成人教育學會主編成人學習革命》，81-106。台北：師大書苑。

魏惠娟（2002）。《學習型學校——從概念到實踐》。台北：五南。

幼兒創造性學習
理論與實務

魏美惠（1996）。《近代幼兒教育思潮》。台北：心理。

饒見維（1996）。《教師專業發展：理論與實務》。台北：五南。

饒見維（1997）。〈學校本位的教師專業發展活動在我國之實踐途徑〉。載於《進修推廣教育的挑戰與展望》，217-228。台北：師大書苑。

饒見維（1999）。〈從九年一貫課程談「學校本位課程發展」與「學校本位教師專業發展」的同步發展策略〉。《研究資訊》，16(6)，13-24。

英文部分

Amabile, T. M. (1979). Effects of external evaluation on artistic creativity. *Journal of Personality and Social Psychology*, 37, 221-233.

Amabile, T. M. (1983). *The Social Psychology of Creativity*. New York: Springer-Verlag.

Amabile, T. M. (1988). A model of creativity and innovation in organization. *Research in Organizational Behavior*, 10, 123-167.

Amabile, T. M. (1996). *Creativity in Context: Update to the Social Psychology of Creativity*. Boulder, Colo: Westview Press.

Amabile, T. M. (1997). Motivating creativity in organizations. *California Management Review*, Fall, 43.

Alexander, P. A. and Dochy, F. J. C. (1995). Conceptions of knowledge and beliefs: A comparison across varying cultural and educational communities. *American Educational Research Journal*, 32: 413-420.

Anning, A. (2006). *Promoting Children's Learning from Birth to Five: Developing the New Early Years Professional*. Buckingham: Open University Press.

Apple, M.W. (1982). *Education and Power*. London: Routledge & Kegan.

Apps, J. W. (1985). *Improving Practice in Continuing Education*. San Fransico: Jossey-Bass.

Argins, C. & Schön, D. A. (1974). *Theory in Practice: Increasing Professional Effectiveness*. San Francisco : Jessey-Bass.

Argyris, C. & Schön, D. A. (1978). *Organizational Learning: A Theory of Action Perspective*. Addison-Wesley Publishing Company.

Argyris, C. & Schön, D. A. (1996). *Organizational Learning II: Theory, Method and Practice*. Addison-Wesley Publishing Company.

Argyris, C. (1993). *On Organizational Learning*. Cambridge: Blackwell Publishers.

Ashkanasy, N. M.; Wilderom, C. P. M. & Peterson, M. F. (2000). *Handbook of Organizational Culture Climate*. Sage Publications, Inc.

Atkinson, E. S. (2000). An investigation into the relationship between teacher monivation and pupil motivation. *Educational Psychology*, 20(1), 45-57.

Bandure, A. (1977). *Social Learning Theory*. Englewood Cliffs, NJ: Prentice-Hall.

Banks, J. A. (1994). *An Introduction to Mmulticultural Education*. Boston: Allyn & Bacon.

Banks, J. A. (1997). Multicultural education: characteristic and goals. In J. A. Banks.; C, Banks & A. McGee (eds.), *Multicultural Education: Issues and Perspectives* (3rd ed), 3-31. Boston: Allyn & Bacon.

Banks, J. A. (1997). *Teaching Strategies for Ethnic Studies* (6th ed.). Boston: Allyn & Bacon.

Barnes, M. (2006). *Caring and Social Justice*. London: Palgrave Macmilan.

Barron, F. (1988). Putting creativity to work. In R. J. Sternberg (ed.), *The Nature of Creativity*. New York: Cambridge University Press.

Bassett, C. (1999). Teacher implement of cooperative learning groups. *Contemporary Education*, Vol. 71.

Beane, J. A. (1998). *Curriculum Integration: Designing the Core of Democratic Education*. N.Y. Columbia University, Teacher College.

Beetlestone, F. (1998). *Creative Children, Imaginative Teaching*. Buckingham: Open University Press.

Bennett, N. (1976). *Teaching Styles and Pupil Progress*. Cambridge: Harvard University Press.

Bennett, C. (1995). Comprehensive Multiculture Education: *Theory and Practice* (3rd ed.). Massachusetts: Allen & Bacon.

Bennett, J. K. & O' Brien, M. J. (1995). The building blocks of the learning organization. *Training*, 31(6). 41-49.

Bennett, N. & Rogers, S. (1997). *Teaching through Play: Teachers' Thinking and Classroom Practice*. Buckingham: Open University Press.

Berk, L. E. (1994). Vygosky' s theory: The importance of make-believe. *Young Children*, 30-39.

Borko, H. & Putnam, R. T. (1996). Learning to teach. In D. C. Berliner & R. C. Calfee (eds.), *Handbook of Educational Psychology*. 673-708. NY: Macmillan.

Bloomguist, M. L. (2006). *Skills Training for Children with Behavior Problems: A Parent and Practitioner Guidebook*. New York: Guiford Press.

Bogdan, R. C., & Biklen, S. K. (1998). *Qualitative Research for Education: An Introduction to Theory and Methods* (3rd ed.). Boston: Allyn & Bacon.

Booth, T. & Ainscow, M. (1998). *From Then to Use: An International Study of Inclusion in Education*. London: Routledge.

Borko, H. & Putnam, R. T. (1996). Learning to teach. In D. C . Berliner & R. C. Calfee (eds.), *Handbook of Educational Psychology*. 673-708. New York: Macmillan .

幼兒創造性學習
理論與實務

Boud, D. & Cohen, R. & Walker, D. (1993) (eds.). *Using Experience for Learning.* Buckingham: Open University Press.

Bransford, J.D., Brown, A. L. & Cocking, R. R. (2000). *How People Learn: Brain, Mind, Experience and School.*Washington, D.C.: Academrmy Press.

Bredeskamp, S. (ed.)(1997). *Development Appropriate Practice in Early Childhood Programs Serving Birth through Age 8.* Washington D. C.: NAEYC.

Brostrom, S. (1997). Children' s play: Tools and symbols in frame play. *Early Years*, 17(2), 16-21.

Bruce, T. (1991). *Time to Play : In Early Childhood Education.* London: Hodder & Stoughton.

Bruce, T. (1996). *Helping Young Children to Learn through Play.* Stoke on Trent: Trentham.

Bruner, J. (1987). Life as narrative. *Social Research*, 54, 11-32.

Calderhead, J. (1996). Teachers: Beliefs and knowledge. In J. Calderhead, *Handbook of Education Psychology.*

Carter, K. (1993). The Place of story in the study of teaching and teacher education. *Educational Research*, 22, 5-12.

Chen, J., Krechevsky, M., & Viens, J. (1998). *Building on Children' s Strengths: The Experience of Project Spectrum.* New York: Teachers College.

Chi, M. T. H. (1992). Conceptual change within and across ontological categories: Examples form learning and discovery Science. In Giere, R. N. (ed.), *Cognitive Models of Science.* 129-186. Minneapolis, MN: University of Minnesota press.

Clandinin, D., & Connelly, F. (1995). Teachers' professional knowledge landscapes: Secret, sacred, and cover stories. In F. Connelly & D. Clandinin (eds.). *Teachers' Professional Knowledge Landscapes.* 1-15. New York: Teachers College Press.

Claxton, G. (1994). *Noises from the Dark Room: The Science and Mystery of the Mind.* London: Cassell.

Claxton, G. (2004). *Be Creative: Essential Steps to Revitalize Your Work and Life.* London : BBC Books.

Clark, B. (1983). *Growing Up Gifted* (3rd ed.). Columbus, OH: Merrill.

Clark, C. M., & Peterson, P. L. (1986). Teachers' thought processes. In Wittrock, M. C. (ed.), *Handbook of Research on Teaching* (3rd ed.), 255-296. New York: Macmillan.

Clark, D. C. (1990). *Teaching and Introduction.* Harcourt Brace Jovanovich, Inc.

Clark, M. (2001). *Assessment in Early Childhood Setting: Learning Stories.* London: Paul Chapman Publishing.

Clark, M. M. (2005). *Understanding Research in Early Education: The Relevance for the Future of Lesson from the Pace.* (2nd ed.). London & New York: Routledge.

Clarke, A. (1996). Competitiveness, technological innovation and the challenge to Europe. In P. Raggatt et al. (eds.). *The Learning Society: Challenge and Trends*. 59-77. London: The Open University.

Cochran-Smith, M. (1998). Teacher development and education reform. In Andy Hargreaves et al. (eds.). *International Handbook of Educational Change*. 576-595. London: Kluwer Acadmic Publishers

Cohen, E. G. (1986). *Design Group Work*. New York: Teachers College Press.

Cohen, L. & Manion, L. (1994). *Research Methods in Education* (4th ed.). NY: Routledge.

Craft, A. (2002). *Creativity in EarlyYear Education*. London: Continuum.

Cropley, A. J. (2001). *Creativity in Education and Learning: A Guide for Teacher and Educator*. UK: Kogan Page.

Crossan, M. M. Lane, H. W. & White, R. E. (1999). An organizational learning framework: From intuition institution. *Academy of Management Review*. 24, 522-537.

Csikszentmihalyi, M. (1988). Society, culture, and person: a systems view of creativity. In R. J. Sternberg (ed.) *The Nature of Creativity: Contemporary Psychological Perspectives*. 325-339. Cambridge: Cambridge University Press.

Csikszentmihalyi, M.(1996). *Creativity: Flow and the Psychological Discovery and Invention*. NY: HarperCollins.

Csikszentmihalyi, M.(1999). Implications of a systems perspective for the study of creativity. In R. J. Sternberg (ed.) *Handbook of Creativity*. 313-335. NY: Cambridge.

Csikszentmihalyi, M., Rathunde, K., & Whalen, S. (1993). *Talented Teenagers*. New York: Cambridge University Press.

Dacey J. S. (1989). Peak periods of creative growth across the lifespan. *The Journal of Creative Behavior*, 23(4), 147-224.

Daft, R. L. (2004). *Organization Theory and Design* (8th ed.). Paul: West Publishing.

Dahlberg, G. & Moss, P. (2005). *Ethics and Politics in Early Childhood Education*. London & New York: Routledge Falmer.

Davis, G. A. (1986). *Creativity is Forever*. Iowa: Kendall/Hunt Publishing.

Day, C.W. (1998). *The Role of Higher Education*. Oxford: Pergamon Press.

Daring-Hammond, L., Wise, A. E., Kleim, S. P. (1995). *A License to Teach: Building a Profession for 21st Century Schools*. Bualder, Colo: Westview Press.

Daring-Hammond, L. (1997). *The Right to Learn: A Blueprint for Creating School that Work*. San-Fracisco: Jossey-Bass.

Davidson, N., & O' Leary, P. W. (1990). How cooperative learning can enhance mastery teaching. *Educational Leadership*, 47, 30-40.

幼兒創造性學習
理論與實務

Delisle, R. (1997). *How to Use Problem-based Learning in the Classroom*. Association for Supervision and Curriculum Development.

Dickson, G. & Green, K. L. (2001). The external research in participatory action research. *Educational Action Research*, 9(2): 243-160.

Driver, R. (1983). *The Pupil as a Scientist*. St Edmunds, Suffolk, VA: St Edmundsbury Press.

Driver, R., & Bell, B. (1986). Students' thinking and the learning of science: A constructivist view. *School Science Review*, 67(3), 443-456.

Driver, R., Guesne, E., & Tiberghien, A. (1993). Some features of children's ideas and their implications for teaching. In R. Driver; E. Guesne & A. Tiberghien (eds.), *Children's Ideas in Science*. 193-201. Buckingham: Open University Press.

Drucker, P. F. (1995). *Managing in a Time of Great Change*. New York: Penguin.

Dudley-Marling, C. & Murphy, S. (2001). *Changing the Way We Think about Language Arts*. (ERIC# Language Arts EJ629198).

Duffy, B. (1998). *Supporting Creativity and Imagination in the Early Years*. Buckingham: Open University Press.

Duit, R. (1995). The constructivist view: A fashionable and fruitful paradigm for science education research and practice. In L. P. Steffe & J. Gale (eds.), *Constructivism in Education*. Hillsdale, NJ: Lawrence Erlbaum.

Duschl, R. A., & Gitomer, D. H. (1991). Epistemological perspectives on conceptual change: Implications for educational practice. *Journal of Research in Science Teaching*, 28(9), 839-858.

Fang, Z. (1996). A review of research on teacher beliefs and practices. *Educational Research*, 38(1), 47-65.

Fenstermacher, G. D. (1994). The knower and the known: The nature of knowledge in research on teaching. In L. Darling-Hammond (eds.), *Review of Research in Education*, 20, 3-56.

Fiol, M. C. & Lyles, M. A. (1985). Organizational learning. *Academy of Management Review*, 10, 7-8.

Fishers, R. (1990). *Teaching Children to Think*. Cheltenham: Stanley Thomes.

Forrester, M. A. (2000). *Psychology of the Image*. London: Routledge; Philadelphina, PA: Taylor & Francies.

Fox, M. N. (1981). Creativity, intelligence, and perspective. *Annual Review of Psychology*, 32, 439-476.

Franke, M. 1., Carpener, T. P., Levi, L., & Fennema, E. (2001). Capturing teachers'

generative change: A follow-up study of professional development in mathmatics. *American Educational Research Journal*, 38(3), 653-689.

Freeman, D. (1991). To make the tacit explicit: Teacher education, emerging discourse and conceptions of teaching. *Teaching and Teachers Education*, 7, 439-454.

Fryer, R. H. (1997). Learning for the twenty-first century. *First Report of the National Advisory Group for Continuing Education and Lifelong Learning*. Unpublished manuscript.

Fullan, M. & Hargreaves, A. (1992). *Teacher Development and Education Change*. Washington: The Falmer Press.

Fullan, M.G. (1991). *The New Meaning of Education Change*. New York: Teacher College Press.

Galili, I., & Bar, V. (1997). Children' s operational knowledge about weight. *International Journal of Science Education*, 19, 317-340.

Gardner, H. (1983). *Frams of Mind: The Theory of Multiple Intelligence*. New York: Basic Books.

Gardner, H. (1989). *To Open Minds*. New York: Basic Books.

Gardner, H. (1993). *Creating Minds: An Anatomy of Creativity Seen through the Lives of Freud, Einstein, Picasso, Stravinsky, Eliot, Graham, and Gandhi*. New York: Basic Books.

Garvey, C. (1977). *Play* (Enlarge Edition). MA: Harvard University Press.

Garvin, D. A. (1993). *Building a Learning Organization*. Havard Business Review, July-August, 78-91.

Gega, P. C. (1994). *Science in Elementary Education* (7th ed.). New York: Macmillan Publishing Company.

Gelder, U. (2005). The importance of equal opportunities in the early years. *Early Children Studies*, 98-106. Learning Matters Ltd.

Gelder, U. & Savage, J. (2005). Children and social policy: A case study of four-year-olds in school. *Early Children Studies*, 55-64. Learning Matters Ltd.

Gilbert M. & Cordey-Hayes, M. (1996). *Understanding the Process of Knowledge Transfer to Achieve Successful Technological Innovation*. Technovation, 16(6). 301-312.

Goleman, D. (1995). *Emotional Intelligence*. New York: Bantan Books.

Goh, S.C.(1998).Toward a learning organization: the strategic building blocks. *S.A.M Advanced Management Journal*, 63(2), pp.15-22.

Gonzalez-Mena, J. (1993). *The Child in the Family and the Community*. New York : Macmillan.

Gonzalez-Mena, J.(2005). *Foundations of Early Childhood Education: Teaching Children in a Diverse Society*(3rd ed.). Boston: McGraw-Hill.

Giddens, A. (2000). *Runaway World: How Globalization Is Reshaping Our Lives*. London: Routledge.

Ginns, I., Heidsfield, A., Atweh, B. & Watters, J. J. (2001). Beginning teachers becoming professionals through action research. *Educational Action Research*, 9(1). 111-135.

Gittins, D. (2004). The historical construction of childhood. In M. J. Kehily (ed.), *An Introduction to Children Studies*. Maidenhead: Open University Press.

Griffiths, L. (2005). Becoming a person. In Willan, J., Parker-Rees, R. & Savage, J. (eds.), *Early Children Studies*, 22-32. Learning Matters Ltd.

Greene, C. S. & Harich, K. R. (1996). The strategic relevance of innovation: a pedagogical perspective. *Journal of Education for Business*, 71. 257-263.

Guildford, J. P. (1956). The structure of intellect. *Psychological Bulletin*, 53(4). 267-293.

Guildford, J. P. (1976). Creative: Yesterday, today and tomorrow. *Journal of Creative Behavior*, 1. 3-13.

Guildford, J. P. (1977). *Way beyond the IQ*. Buffalo, NY: Creative Education Foundation.

Guns, B. (1998). *The Faster Learning Organization: Gain and Sustain the Competitive Advantage*. San Francisco: Jossey Bass Inc.

Habermas, J. (1971). *Knowledge and Human Interests*. Boston: Beacon Press.

Hall, G. E & Hord, S. M. (1987). *Change in Schools-facilitating the Process*. State University of New York Press.

Hasan, A. (1996). Lifelong learning. In A. C. Tuijnman (eds.), *International Encyclopedia of Adult Education and Training*. Oxford: Elsevier Science.

Hargreaves, D. H. (2004). *Learning for Life: The Foundations for Lifelong Learning*. UK: The Policy Press.

Hartup, W. W. (1996). The company they keep: Friendship and thire development significance. *Child Development*, 67,1-13.

Hayes, E. & Colin III, S. A. J. (1994). *Confronting Racism and Sexism*. San Francisco: Jossey-bass Publisher. (New Directions for Adult and Continuing Education)

Hayes, E. R. & Smith, L. (1994). Women in adult education: An analysis of perspectives in major in major journals. *Adult Education Quarterly*, 44(4), 201-221.

Hodge, B. J., Anthony, W. P. & Gales, L. M. (1996). *Organization Theory: A Strategic Approach*. New-Jersey: Upper Saddle River.

Holden, J., Tim, C. & Wright, S. (2003). Creative partnerships: Exciting minds. *Draft Demos Report*.

hooks, bell (1995).Toward a revolutionary feminist pedagogy. In S. B. Merriam (ed.), *Selected Writings on Philosophy and Education* (2nd ed.). 197-205. Malabar, Florida: Krieger.

Howe, R. (1997). *Handbook of Seminar on Instruction for Creative Thinking.* Taipei, Taiwan: National Taiwan Normal University.

Huber, G. P. (1991). Organizational learning: the contributing process and the literature. *Organization Science*, February, 88-115.

Huberman, M. & Mile, M. (1992). Teacher development and instruction. In M. Fullan, & A. Hargreaves, *Teacher Development and Education Change.* Washington: The Falmer Press.

Hoy, W. K., & Miskel, C. G. (2001). *Educational Administration: Theory, Research, and Practice* (6th ed.). Boston: McGraw-Hill.

Isenberg, J. & Jalongo, M. (1997). *Creative Expression and Play in Early Childhood.* New Jersey: Merrill.

James, A. & Prout, A. (1990)(eds.). *A New Parading for the Sociology of Childhood? Provenance, Promise and Problems, in Constructing Childhood.* Basingstoke: Falmer.

James, B. (1998). *The Mud Family.* London: Oxford University.

Johnson, D. W. & Johnson, R. T. (1994). *Learning Together and Alone: Cooperative, Competitive, and Individualistic Learning.* Boston: Allyn & Bacon.

Johnson, D. W., & Johnson, R. T. (1999). *Learning Together and Alone: Cooperative, Competitive, and Individualistic Learning* (5th ed.). Boston: Allyn & Bacon.

Jones, E. & Reynold, G. (1992). *The Play' s the Thing: Teachers' Roles in Children' s Play.* New York: Teachers' College Press.

Kagan, D. (1990). Ways of evaluating teacher cognition: Inferences concerning the goldilocks principle. *Review of Educational Research*, 60. 419-469

Kanter, R. N. (1988). When a thousand flowers bloom: Structural, collective, and social conditions for innovation in organization. *Reseacher in Organizational Behavior*, 10, 169-211.

Kehily, M. J. (2004). *An Introduction to Children Studies.* Maidenhead: Open University Press.

Kim, D. H. (1993). The link between individual and organizational learning. *Sloan Management Review*, Fall, 37-50.

Kolb, D. A. (1984). *Experiential Learning: Experience as the Source of Learning and Development.* Englewood Cliffs: Prentice-Hall.

Lave, J. & Wenger, E. (1991). *Situated Learning: Legitimate Peripheral Participation.* New York: Cambridge University.

L. Lin (2004.). *Proceedings of the 1999 International conference on Mathematics Teacher Education.* 110-133. Taipei: Taiwan Normal University.

Lawson, A.E. (1991). Constructivism and domains scientific knowledge: A reply to lythcott and duschl. *Science Education,* 75(4). 481-489.

Lefrancois, G. R. (1997). *Psychology for Teaching.* California: Wadsworth.

Leinhardt, G. (1990). Capturing graft knowledge in teaching. *Educational Research,* 19, 18-25.

Leithwood, K.; Begley, P. T. & Cousins, J. B. (1994). *Devolving Expert Leadership for Future Schools.* London: Falmer Press.

Leithwood, K; Jantzi, D. & Steinbach, R. (1999). *Changing Leadership for Changing Time.* London: The Open University Press.

Leithwood, K. & Louis, K. S. (1999). *Organizational Learning in Schools.* Netherland: Swets and Zeitlinger Publishers.

Leithwood. K; Aitken, R. & Jantzi, D. (2001). *Making School Smarter: A System for Monitoring School and District Progress.* Colifornia: Corwin Press.

Lessem, R. (1991). *Total Quality Learning: Building a Learning Organization.* Cambridge: Basil Blackwell Ltd.

Lin, V. (2004). Sociocultureal approaches to creativity: commencing from Vygosky' s theories on thinking.發表於國立台北師範學院主辦2004創造力教育國際學術研討會，223-238。

Lubart, T. I. (1999). Creativity across cultures. In R. J. Sternberg (ed.), *Handbook of Creativity.* 339-350. Cambridge: Cambridge University Press.

Lumsden, E. (2005). Joined up thinking in practice: an exploration of professional collaboration. In T. Waller (eds.), *An Introduction to Early Childhood: A Multidisciplinary Approach.* 27-54. London: Paulcupman Publishing.

Lynne, C. (1996). Lifelong learning and learning organization: Twin pillars of learning society. In *A National Strategy for Lifelong Learning.* (ERIC Document Reproducation Service No. ED 419878).

Lyotard, J. (1984). *The Postmodern Condition.* Minneapolis: University of Minnesota Press.

MacNaughton, G. (2003). *Shaping Early Childhood.* Maidenhead: Open University Press.

Mackey, M. (1994). The new basics: Learning to read in a multimedia world. *English in Education,* 28(1), 9-19.

Maker, C. J. (1982). *Teaching Models in Education of the Gifted.* Maryland: An Aspen Publication.

Maehr, F. & Fyans, L. (1990). *School Culture, Motivation, and Achievement.* (ERIC ED 327948).

Maehr, M. L. & Midgley, C. (1996). *Transforming School Culture*. Boulder Colo: Westview.

Marquardt, M. J. (1996). *Building the Learning Organization: A System Approach to Quantum Improvement and Global Success*. New York: Mcgraw-Hill.

Marion G., David S. L. & Talia K. (2000). *The Learning Environment of the 21st Century*. Reprinted from The IJET (6). An AACE publication. ttp://www.aace.org/pubs/ijet.

Marray, J. (2005). Studying children. In Waller, T. (ed.), *An Introduction to Early Childhood: A Multidisciplinary Approach*, 106-122. London: Paulcupman Publishing.

Mason, J. (1998). Enabling teachers to be real teachers: Necessary levels of awareness and structure of attention. *Journal of Mathematics Teacher Education*, 1(3), 243-267.

Marsick, V. J. & Watkins, K. E. (1993). *Sculpting the Learning Organization*. San Francisco: Jossey- Bass.

Marsick,V. J. & Watkins, K. E. (1999). Envisioning new organizations for learning. In D. Boud & H. Garrick, (eds.), *Understanding Learning at Work*, 199-215. New York: Routledge.

Marsick,V. J. & Watkins, K. E. (2001). *Informal and Incidental Learning in the Workplace*. London: Routledge.

May, R. (1975). *The Courage to Create*. New York: W. W. Norton.

Mayall, B. (1994). *Children' s Childhoods: Observed and Experienced*. London; Washington, D. C.: Falmer Press.

Mayer, R. E. (1999). Fifty years of creativity research. In R. J. Sternberg (eds.), *Handbook of Creativity*, 189-212. New York: Cambridg.

McLeod, J., & Cropley, A. J. (1989). *Fostering Academic Excellence*. Oxford: Pergamon.

Mezirow, J. (1990). A transformation theory of adult learning. *Annual Adult Education Research Conference Proceeding*. 141-146.

Merriam, S. B. & Caffarella, R. S. (1999). *Learn in Adult*. San Francisco. Jossey-Bass.

Midgley, C., Maehr, M. L., Hicks, L., Roeser, R., Urdan, T., Andelman, E., Kaplan, A., Arunkumar, R., & Moddleton, M. (1997). *Mannual: Patterns of Adaptive Learning Survey (PALS)*. MI: The University of Michigan.

Moon, T. A. (1999). *Refection in Learn and Professional Development Theory and Practice*. London: Kogan Page.

Mortimer, E. F. (1995). Conceptual change or conceptual profile change? in *Science and Education*, 4, 267-285.

Moss, P. & Petrie, P. (2002). *From Children' s Servers to Children' s Spaces: Public Policy, Children and Childhood*. London: Routledge.

Newll, G.; Wilsman, M; Langenfeld, M; McIntosh, A. (2002). Online profession development: Sustained learning with pried. *Teaching Children Mathematics*, 8, 505-509.

Nespor, J. (1987). The role of beliefs in the practice of teaching. *Journal of Curriculum Studies*, 19(4), 317-328.

Nevis, E. C. & DiBella, A. J. & Could, J. M. (1995). Understanding organizations as learning systems. *Sloan Management Review*, 36, 73-85.

Nonaka I. and Takeuchi H. (1995). *The Knowledge Creating Company: How Japanese Companies Create the Dynamics of Innovation*. Oxford: Oxford University Press.

Norman, D. A. (1993). Cognition in the head and in the world: An introduction to the special issue on situated action. *Cognitive Science*, 17, 1-6.

Nutrown, C. (1997). *Threads of Thinking: Young Children Learning and the Role of Early Education*. London: Paul Chapman Publishing.

Nutbrown, C. (2006). *Key Concepts in Early Childhood Education and Care*. London: Sage Publications.

Oates, J. (1994). *The Foundations of Chills Development*. Oxford: Open University in association with Blackwell.

OCED (2001). *Lifelong Learning for All*. Paris: Author.

Oldham, G. R. & Cummings, A. (1996). Employee creativity: personal and contextual factors at work. *Academy of Management Journal*, 39(3), 607-634.

O' Loughlin, M. (1989). *The Influence of Teachers' Beliefs about Knowledge, Teaching and Learning on Their Pedagogy: A Constructivist Reconceptualization and Research Agenda for Teacher Education*. (ERIC Document Reproduction Service No. 339679)

O' Neal, L. C. & Whine, S, R. (2002). A new policy to transform teacher education: doctoral preparation of teacher-scholars. *Journal of Instructional Psychology*, 29 (1), 44-50.

Pajares, M. F. (1992). Teachers' beliefs and educational research: Cleaning up a messy construct. *Review of Educational Research*, fall, 62(3): 307-332.

Parker-Rees, R. (2005). Developing communication. In J. Willan; R. Parker-Rees & J. Savage (eds.), *Early Children Studies*, 11-21. Learning Matters Ltd.

Penn, H. (2002). The world bank' s view of early children. *Childhood*, 9(1), 118-132.

Pearson, A. T. (1989). *The Teacher: Theory and Practice in Teacher Education*. New York: Rouledge.

Piaget, J. (1972). *The Child' s Conception of Physical Causality*. London: Routledge and Kegan.

Piaget, J. (1974). *Understanding Causality*. New York: Norton.

Piaget, J., & Inhelder, B. (1974). *The Child' s Construction of Quantities: Conservation and*

Atomism. London: Routledge & Kegan Paul.

Piaget, J. (1977). *The Essential Piaget*, edited by H.E. Gruber and J. J. Voneche. London : Routledge and K. Paul.

Piaget, J. (1977). *The Child' s Conception of the World*, translated by Joan and Andrew Tomlinson. London, New York: Routledge.

Piaget, J. (1983). Piaget theory. In P. H. Mussen (ed.), *Handbook of Child Psychology*. New York: John Wiley & Sons.

Piaget, J. & Inhelder, B. (1997). *The child' s Construction of Quantities: Conservation and Atomism*, translated by Arnold J. Pomerans. London : Routledge.

Postle, D. (1993). Putting the heart back into learning. In Boud, D & Cohen, R. & Walker, D., *Using Experience for Learning*. Buckingham: Open University Press.

Prawat, R. S. (1992). Teachers' belief about teaching and learning: A constructivist perspective. *American Journal of Education*, 100(3), 354-395.

Prawat. R. S. (1996). Learning community, commitment and school reform. *Curriculum Studies*, 28(1). 91-110.

Pychova, J. (1996). Fostering creativity in young adults: Some findings on the structure and dynamics of creativity. *High Ability Studies*. 7(1). 51-54.

Ranciere, J. (1991). *The Ignorant Schoolmaster: Five Lessons in Intellectual Emancioation*. Stanford, CA: Stanford University Press.

Reigeluth, C. M. (1983). *Instructional-design Theories and Models*. Hillsdale, NJ: Lawrence Erlbaum Accolates.

Ripple, R. (1999). Teaching creative. In A. Runco & S. R. Pritzker (eds.), *Encyclopedia of Creativity*. (vol. 2). CA: Academic Press.

Richardson, V. (1996). The role of attitudes and belief. In J. Sikule & T. J. Buttery & G. S. Guyton (eds.). *Handbook of Research on Teacher Education*. New York: Association of Teacher Education.

Rinaldi, C. (1998). *The Space of Childhood, in Children, Space, Relations*. London: Routledge.

Robbins, S. P. (2001). *Organizational Behavior*. New Jersey: Ablex Publishing.

Rogers, E. M. (1995). *Diffusion of Innovation*. NJ: The Free Press.

Rogers, S. (2005). Supporting creativtion. In J. Willan, R. Parker-Rees, & J. Savage (eds.), *Early Children Studies*, 107-118. Learning Matters Ltd.

Runco, M. A. (1996). Personal creativity: Definition and development issues. *New Directions for Children Development*, 72, 3-30

Runco, M. A. & Shaw, M. P. (1994). *Creativity and Affect*. NJ: Ablex Publishing.

Runco, M. A. & Walberg, H. J. (1998). Personal explicit theories of creativity. *Journal of*

Creative Behavior, 32(1), 1-17.

Russ, S. W. (1993). *Affect and Creativity: The Role of Affect and Play in the Creative Process*. New Jersey: Lawrence Erlbaum Associates.

Sadler, P. (2001). Leadership and organizational leadership. In M. Dierkes, B. Antal, J. Chils, & I. Nonaka (eds.), *Handbook of Organizational Learning and Knowledge*. 415-427. New York: Oxford University Press.

Salwen, M. (1991). Cultural imperialism: a media effects approach. *Critical Studies in Mass Communication*, 8(1), 29-38.

Sharan, S. (eds.) (1990). *Cooperative Learning: Theory and Research*. N.Y.: Preager.

Sharan, S. & Shaulov, A. (1990). Cooperative learning, motivation to learn, and academic achievement. In S. Sharan (eds.), *Cooperative Learning*. 1-22. New York: Praeger Publishers.

Sallies, E. & Jones, G. (2002). *Knowledge Management in Education: Enhancing Learning and Education*. London: Sage Publications.

Scheblanva, H. (1996). A longitudinal study of intellectual and creativity development in gifted primary school children. *High Ability Studies*. 7(1), 51-54.

Schein, E. H. (1984). Coming to a new awareness of organizational culture. *Sloan Management Review*, 25(2), 3-16.

Schein, E. H. (1986). *Organizational Culture and Leadership*. San Francisco: Jossey- Bass.

Schein, E. H & Beckhard, R. (eds)(1994). *Becoming a Learning Organization*. Great Britain: Cambridge.

Schön, D. A. (1983). *The Reflective Practitioner: How Professionals Think in Action*. New York: Basic Books.

Schön, D. A. (1987). *The Reflective Practitioner*. London: Temple Smith.

Senge, P.(1990).*The Fifth Discipline: The Art and Practice of the Learning Organization*. New York: Doubleday.

Senge, P. et al. (1999). *The Dance of Change*. New York: A Currency Book.

Senge, P. (2000). *School that Learn: A Fifth Discipline Fieldbook for Educator, Parents, and Everybody Who Care about Education*. New York: Doubleday.

Slick, S. (2002). Teachers are enthusiastic participants in a learning community. *Clearning House*, 75(4), 198-203.

Slavin, R. E. (1995). *Cooperative Learning: Theory, Research, and Practice*. Boston: Allyn and Bacon.

Smith, E. E., & Medin, D. L. (1981). *Categories and Concepts*. Cambridge, Mass: Harvard University press.

Starko, A. J. (2000). *Creativity in the Classroom: School in the Curious Delight*. N.J: LEA.

Sternberg, R. J. (1989). *Beyond IQ*. Cambridge, MA: Cambridge University Press.

Sternberg, R. J. & Wagner, R. K. (eds.)(1994). *Mind in Context*. New York: Cambridge University Press.

Sternberg, R. J. (1999). *Handbook of Creativity*. New York: Cambridge University Press.

Sternberg, R. J. & Davidson, J. E. (1999). *Conceptions of Giftedness*. New York: Cambridge University Press.

Sternberg, R. J. & Lubart, T. I. (1999). The concept of creativity: Prospects and paradigms. In R. J. Sternberg (ed.). *Handbook of Creativity*. 373-392. New York: Cambridge University Press.

Stone, S. J. (1995). Wanted: Advocates for play in the primary grades. *Young Children*, 50, 45-65.

Strike, K. (1983). Misconceptions and conceptual change: philosophical reflection on the research program. In H. Helm & J. Novak (eds.), *Proceedings of the International Seminar: Misconception in Science and Mathematics*. 66-78. Ithaca, N. Y.: Cornell University.

Staver, J. R. (1998). Constructivism: Sound theory for explicating the practice of science and science teaching. *Journal of Research in Science Teaching*, 35(5), 501-520.

Stavy, R. (1990). Children' s conception of changes in the state of matter: from liquid (or solid) to gas. *Journal of Research in Science Teaching*, 27(3), 247-266.

Stavy, R. (1991). Children' s ideas about matter. *School Science and Mathematics*, 91(6), 240- 244.

Stewart, I. & Joines, V. (1987). *TA Today: A New Approach to Transactional Analysis*. Nottingham: Lifespace Publishing.

Swerning, J. & Wierdsma, A. (1992). *Becoming a Learning Organization: Beyond the Learning Curve*. Working, England: Wesley Publishing Company Inc.

Tabachnick, B. R. & Zeichner, K. M. (1984). The impact of the student teaching experience on the development of teacher perspective. *Journal of Teacher Education*, 35(6), 28-35.

Taylor, C. W. (eds)(1990). *Frames of Mind: The Theory of Multiple Intelligence*. New York: Basic Books.

Tegano, D. & Burdette, M. (1991). Length of activity period and play behaviors of preschool children. *Journal of Research in Childhood Education*, 5(2), 34-38.

Tisdell, E. J. (1993). Feminism and adult learning: power, pedagogy, and praxis. In Merriam, S. B. (eds.), *New Direction of Adult and Continuing Education, No.57: An Update on Adult Learning Theory*, 91-103. San Francisco: Jossey-Bass.

幼兒創造性學習
理論與實務

Tisdell, E. J. (1998). Post-structural feminist pedagogy: The possibilities and limitations of feminist emancipatory adult learning theory and practice. *Adult Education Quarterly*, 48(3), 139-164.

Tobin, D. R. (1993). *Re-educating the Corporation: Foundations for the Learning Organization*. Essex Junction: Oliver Wright.

Torrance, E. P. (1962). *Guiding Creative Talent*. Englewood Cliffs, N.J. : Prentice-Hall.

Torrance, E.P. (1965). *Rewarding Creative Behavior*. NJ: Prentice-Hall.

Torrance, E. P. (1970).*Creative Learning and Teaching*. New York : Dodd, Mead.

Treffinger, D. J. & Isaksen, S. G. (2001). Teaching for creative learning and problem solving. In Cost, A. L., *Developing Minds: A Resource Book of Teaching Thinking* (3rd ed). Virginia: ASCD.

Treffinger, D. J., Isaksen, S. G., & Dorval, K. B. (2000). *Creative Approaches Problem Solving: An Introduction* (3rd ed). New Jersey: Merrill.

Tushman, M. L. & O' Relly, C. A. (1997). *Winning through Innovation: A Practical Guide to Leading Organizational Change and Renewal*. International Thomson Business Press.

Ulrich, D., & Glinow, M. A. V. & Jick. T. (1993). High-impact learning: building and diffusing learning capability. *Organization Dynamics*, Autumn, 52-66.

UNESCO Institute for Education (2003). Nurturing the treasure. *Vision and Strategy, 2002-2007*. Hamburg: UIE.

Unsworeth, L. (2006). *E-literature for Children-Enhancing Digital Literacy Learning*. London & New York: Routledge.

Usher, R., I. Bryantand R. Johnston (1997). Adult learning in post-modernity and reconfiguring the 'other' : self-experience in adult learning. In *Adult Education and the Post-modernity Challenge*. London & New York: Routledge.

Vosniadou, S. (1994). Capturing and modeling the process of conceptual change. *Learning and Instruction*, 4(1), 45-71.

Von Glaserfeld, E. (1992). An interpretation of Piaget' s constructivism. In L. Smith (ed.), *Jean Piaget: Critical Assessments* (Vol. IV). London: Routledge.

Von Glaserfeld, E. (1998). Why constructivism must be radical. In M. Larochelle; N. Bednarz & J. Garrison (eds.), *Constructivism and Education*. Cambrige: Cambrige University Press.

Vygotsky, L. A. (1962). *Thought and Language*. Cambridge, MA: The M.I.T Press.

Vygotsky, L. S. (1978). *Mind in Society: The Development of Higher Psychological Processes*. Translated by Knox and Carol. Cambridge, MA: Harvard University Press.

Vygotsky, L. A. (1986). *Thought and Language*. Cambridge, MA: The M.I.T Press.

Walter, S. (ed.)(1997). *Globalization, Adult Education and Training*. London: Zed Book.

Waller, T. (ed.)(2005). *An Introduction to Early Childhood: A Mmulti-disciplinary Approach*. London: Paulcupman Publishing.

Waller, T. & Swann, R. (2005). Children' s Learning. In T. Waller (ed.), *An Introduction to Early Childhood: A multidisciplinary Approach*, 84-105. London: Paulcupman Publishing.

Wertsch. J. V. (1985). *Culture, Communication, and Cognition: Vygotskian Perspectives*. New York, NY: Cambridge University Press.

Wertsch, J. V. & Stone, C. A. (1985). The concept of internalization in Vygotsky' s accountof the genesis of higher mental functions. In J. V. Wertsch (ed.), *Culture, Communication, and Cognition: Vygotskian Perspectives*. New York, NY: Cambridge University Press.

Wray, D. & Medwell, J. (1998). *Teaching English in Primary Schools*. London: Letts.

Webb, N. M. (1991). Task-related verbal interaction and mathematics learning in small groups. *Journal for Research in Education*, 22, 366-389.

Williams, A. (1994). *Perspectives on Partnership-secondary Initial Teacher Training*. Washington : The Falmer Press.

Willan, J., Parker-Rees, R. & Savage, J. (2005). *Early Children Studies*. Exeter: Learning Matters Ltd.

Woolfolk, A. E. (1995). *Education Psychology*. Boston: Allyn & Bacon.

Yang, L. T & Williams, W. M. (1999). Organizational Creativity. In R. J. Sternberg (ed.) *Handbook of Creativity*. 373-392. NY: Cambridge.

Young, I. M. (1997). *Intersecting Voices*. Prenceton, New Jersey: Princeton University Press.

Zee, H. (1996). The Learning society. In P. Raggatt, et al. (eds.), *The Learning Society: Challenge and Trends*. 162-183. London: The Open University Press.

幼教叢書 23

幼兒創造性學習理論與實務

作　　者 / 李瑞娥
出 版 者 / 揚智文化事業股份有限公司
發 行 人 / 葉忠賢
總 編 輯 / 閻富萍
執行編輯 / 張明玲
地　　址 / 台北縣深坑鄉北深路三段 260 號 8 樓
電　　話 / (02)2664-7780
傳　　真 / (02)2664-7633
　E-mail / service@ycrc.com.tw
印　　刷 / 鼎易印刷事業股份有限公司
　ISBN / 978-957-818-829-7
初版一刷 / 2007 年 8 月
定　　價 / 新台幣 350 元

國家圖書館出版品預行編目資料

幼兒創造性學習理論與實務＝ The theory and
practice of early children's creative learning /
李瑞娥著.－ 初版. -- 臺北縣深坑鄉：揚智
文化, 2007.08
　　　面；　　公分（幼教叢書；23）
參考書目：面

ISBN 978-957-818-829-7 (平裝)

1.幼兒教育 2. 創造思考教學

523.2　　　　　　　　　　　　　　96014009